湖南省大学生思想政治教育改革创新项目
吉首大学“立人教育”校园文化品牌丛书

编委会主任◎白晋湘
编委会副主任◎黎奇升　龙先琼　王　艳

立人读书沙龙

（2016—2018年卷）
LIREN DUSHU SHALONG
2016—2018 NIAN JUAN

主编◎胡建文

西南交通大学出版社
·成　都·

图书在版编目（CIP）数据

立人读书沙龙. 2016—2018 年卷 / 胡建文主编. —
成都：西南交通大学出版社，2020.1
ISBN 978-7-5643-7298-9

Ⅰ. ①立… Ⅱ. ①胡… Ⅲ. ①读书活动 – 湖南 – 文集
Ⅳ. ①G252.17-53

中国版本图书馆 CIP 数据核字（2019）第 288874 号

Liren Dushu Shalong
(2016—2018 Nian Juan)
立人读书沙龙
（2016—2018 年卷）
主编　胡建文

责任编辑	郭发仔
助理编辑	何宝华
封面设计	何东琳设计工作室
出版发行	西南交通大学出版社 （四川省成都市金牛区二环路北一段 111 号 西南交通大学创新大厦 21 楼）
发行部电话	028-87600564　028-87600533
邮政编码	610031
网址	http://www.xnjdcbs.com
印刷	四川煤田地质制图印刷厂
成品尺寸	170 mm × 230 mm
印张	19
插页	4
字数	308 千
版次	2020 年 1 月第 1 版
印次	2020 年 1 月第 1 次
书号	ISBN 978-7-5643-7298-9
定价	98.00 元

嘉宾风采 名家 MINGJIA

文化学者
郑佳明

文学评论家
贺绍俊

作家
王跃文

诗歌评论家
谭五昌

画家
毛光辉

诗人
吴昕孺

嘉宾风采 名师 MINGSHI

张建永教授

向成国教授

尹砥廷教授

易小明教授

嘉宾风采 名师 MINGSHI

舒湘汉教授

蒋辉博士

吴晓博士

刘泰然博士

现场掠影 掠影 LUEYING

对话名师 | 读书沙龙现场

学生提问 | 现场听众

张建永教授、尹砥廷教授为首批“立人教育校园文化品牌丛书”揭幕

团队精英 精英 JINGYING

立人读书沙龙主持人胡建文副教授

名著读书会学生负责人陈维嘉

名著读书会学生负责人邱俊宁

名著读书会学生负责人石慧琳

立人读书沙龙学生助理
左起：袁宏宇、罗荣杰、张欣、牟晓梅、陈芳玲

立人读书沙龙学生助理
左起：孙立青、汪玲芳、周婉珍、朱夕夜
易怡、刘群、石慧琳、钟兆铭、张震

湖南省作家协会主席、著名作家
王跃文题词

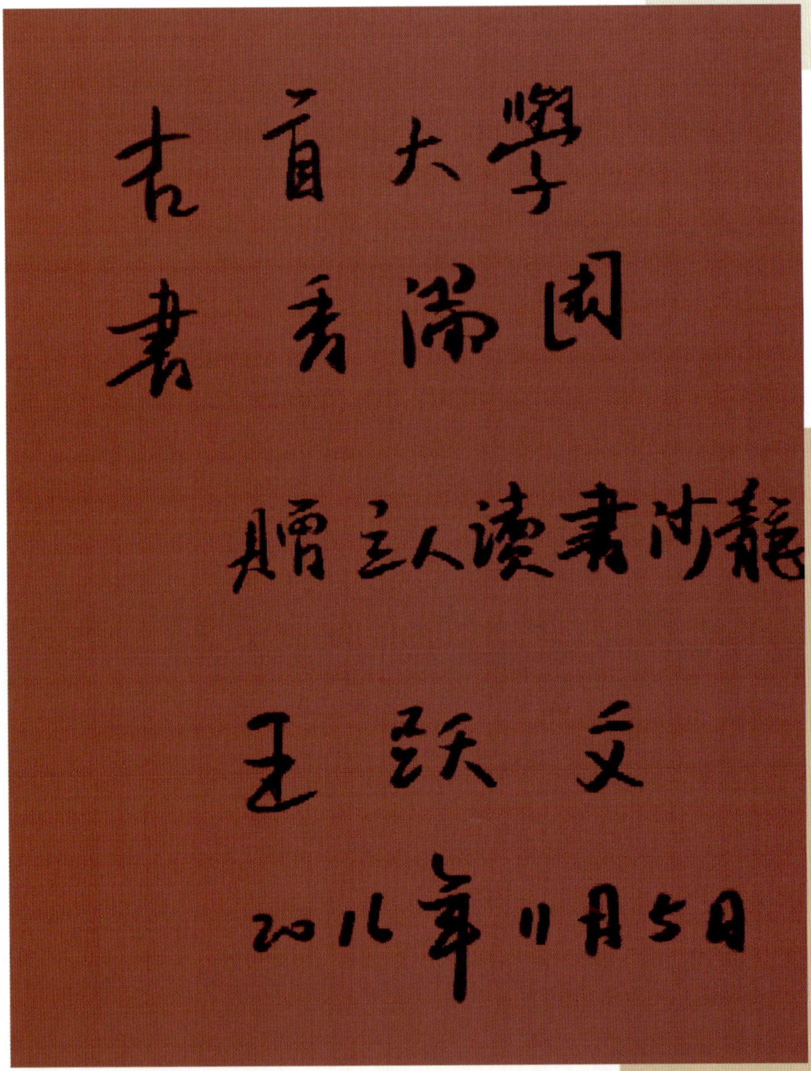

序

本书是笔者主持的湖南省大学生思想政治教育改革创新项目——经典阅读与大学生思想政治教育融合的创新实践成果。

立人读书沙龙创立于2014年10月，是在学校“立人教育”思想指导下着力打造的一个校园文化品牌。沙龙主要通过讲座、读书分享等形式进行，强调主动性、开放性、互动性。主动性是指每次活动都不是强制要求学生参加，而是通过广泛宣传发动、吸引学生自愿参与；开放性是指参加活动的人员不限于学校师生，也有社会各界读书爱好者；互动性是指讲座或读书分享的形式以互动为主，比如两个小时的讲座，至少有一个小时用于书友提问或发言，这样气氛就比较活跃。

大学是一个读书的地方，应该拥有浓厚的读书氛围。但我在日常的教学工作中发现一个问题：现在喜欢阅读的大学生越来越少了。作为一个热爱读书的思想政治教育工作者，内心的责任感驱使我想要做点事情，带动大家回到书桌旁，享受读书的乐趣，接受经典的熏陶。刚好，2014年下学期，学校素质教育中心聘请我担任“双百工程”名著读书会指导老师，于是我就策划了这个活动。

记得举办第一期读书沙龙的时候，我担心参加的人数不多，所以选在宣传部的会议室进行。会议室最多只能容纳30人。结果出乎意料，那次活动多来了几十人，很多同学都是站在走廊上听完的。第一期的成功举办，使我信心倍增，第二期就换了场地。后来，读书沙龙的影响越来越大，学校大田湾校区、师范学院、湘西职院乃至社会上的读书爱好者都闻讯参与进来，最多的时候有两三百人参加。记得有一次读书沙龙结束后，有个学生给我发来一条短信，他说上大学两年多了，没有去过一次图书馆，没有认真地读过一本书。一个偶然的机会，在室友的带动下，他抱着试试看的态度来参加了一次读书沙龙，结果一下就被吸引住了，之后一有读书沙龙，他都主动来参加。这个事情告诉我，现在的学生并不是不喜欢读书，而是读书的氛围不够。

一晃四年过去，迄今为止，立人读书沙龙已成功举办 54 期，超过 100 位嘉宾应邀出席。嘉宾中既有著名作家、诗人，文学评论家，鲁迅文学奖、茅盾文学奖评委，也不乏学识渊博的教授、博士。由于这里名家、名师荟萃，每期的话题也吸引人，且活动互动性强，氛围很好，所以效果不错。立人读书沙龙的社会反响也比较好。几年来，《光明日报》《中国教育报》、人民网、光明网、网易、新浪网、搜狐网、凤凰网、红网、华声在线、《湖南日报》《湖南工人报》、潇湘悦读网、星辰在线、《团结报》、湘西电视台、湘西网、微湘西等数十家媒体对立人读书沙龙系列活动进行了报道。经由这些媒体的大力宣传，立人读书沙龙的影响已由吉首大学扩大到社会各地。2016 年 12 月，由全国大学生思想政治教育发展研究中心、光明日报社共同举办的第九届高校校园文化建设优秀成果推选展示结果出炉，吉首大学“立人读书沙龙”榜上有名。校党委书记、校长白晋湘高度评价立人读书沙龙：“启人心智，撼动心灵，丰富人生，让学生积淀学养，给学生指点迷津，给师生员工一份宁静，一份超脱，一份秋叶烂漫，一份春光祥和，立人读书沙龙是‘立人’教育的有效载体，是文化立校的亮丽风景。”

经常有人问我，读书到底有什么用？对于急功近利的人来说，读书貌似一点实际的用处也没有。但读书最大的作用，就是它的“无用之用”。我认为，读书的“无用之用”，就是立人——帮助我们的青年大学生成为具有科学素养、人文情怀、创新精神的人，具有“独立之精神，自由之思想”的人。未来，我们将进一步呵护好、建设好“立人读书沙龙”这个校园文化品牌，积极传播阅读理念，营造书香氛围，助推立人教育，服务文化立校。

胡建文

2019 年 3 月 6 日

目 录

第一辑 特别推荐

第二辑 读书讲义

第三辑　读悟心得

第四辑　新书评论

第五辑 证文佳作

第六辑　书友留言

第一辑　特别推荐

百年新诗的光荣与梦想

◎ 谭五昌

迄今为止，以追求现代性思想艺术价值为最高目标的中国新诗已经走过百年历程。谭五昌教授的这篇文章，结合对各个历史时段的重要诗人与诗歌群体的审美风格与创作特色的精要阐释与到位分析，对百年中国新诗的发展历程进行了准确、客观、富有学理性的宏观描述与艺术概括，为读者展开了一幅百年新诗的壮阔艺术画卷，在为我们充分展示百年新诗总体风貌与非凡成就的同时，也为中国新诗的未来发展提供了合理有益的建议与思考。谨以此纪念中国新诗百年！

——编者

源远流长的中国古典诗歌因其语汇、体式、规范的不断丰富、完备与成熟而长期在中国文学史上享有一种君临一切般的荣耀，然而进入明清以来，它所享有的这种沉甸甸的荣耀却由于鲜有杰出创造者的持续加入，转而逐渐滑向一种几乎令人窒息的尴尬与窘困境地。19 世纪末叶，清醒地意识到了古典诗歌面临严重危机的诗坛有识之士，如黄遵宪、梁启超、谭嗣同、夏曾佑等人，便积极倡导“诗界革命”运动。他们勇敢地喊出了“我手写我口”等在时人听来不啻是“异端邪说”的诗歌革命口号，同时提出了革新诗歌语言和内容的具体主张，并勇敢而积极投入到他们所欲创造出来的“新体诗”的创作实践之中，表现出诗界革命先驱者过人的胆识与艺术抱负。尽管由于当时的社会、政治、文化乃至诗歌环境的不利因素的影响而使“诗界革命”最终归于失败，未能冲破旧诗的藩篱，但“诗界革命”同仁们在诗歌改革意识上的超前性觉悟却给后来者提供了思想与精神上的有力支持。

时过二十年光景，到了五四运动前夕，以胡适为代表的一大批新文化及新文学运动的闯将再次高举诗歌革命的大旗，继续先驱者们未竟的诗歌革命事业。鉴于当时的文学革命运动秉承着反帝反封建的光荣而沉重的文化启蒙使命，作为旧文学“核心堡垒”的旧诗是必须首先突破却并非容易突破的一道“文学难关”。为了达到对旧诗的有力颠覆与革新，胡适于1916年率先以“尝试者”的姿态写出了《蝴蝶》等8首努力革新旧诗语汇的“白话诗”，并在1917年2月的《新青年》杂志上集中发表出来，揭开了新诗革命的第一页。此后，胡适继续以拓荒者的过人气概用大量的口语、俗话入诗，创作出了一大批与旧诗风貌迥异的“白话诗”，毫不忌惮当时强大的诗坛保守势力对他的嘲笑、鄙薄、斥责与围攻。在胡适的大力倡导下，沈尹默、刘半农、刘大白、周作人、鲁迅、陈独秀等新文学运动的闯将们纷纷加入了“白话诗”创作的行列，汇成了一股不可阻挡的声势。与此同时，他们还以先进的眼光、激进的姿态在各种场合公开发表支持白话诗的言论与文章，从思想、理论上粉碎诗坛保守势力对于早期新诗（我在这里所使用的“新诗”概念，是指以现代口语为主要表达媒介的自由体诗，包括“白话诗”以及后来诗界通常所谓的“现代诗”在内；换言之，我把“白话诗”理解成“新诗”的初级形态，而把“现代诗”视为“新诗”的高级形态）的肆意“剿杀”，艰难地维护了新诗革命的成果，逐渐赢得了人们的理解、接受与认可。1920年，胡适的白话诗集《尝试集》正式出版，诗集很快销售一空，在社会上引起强烈反响。《尝试集》的成功，标志着中国古典诗歌时代的彻底终结以及中国新诗时代（也是中国新文学时代）的来临，这在整个中国文学史上堪称一个“开天辟地”式的“文学事件”，其意义和影响至为重大与深远。

“白话诗”的最终胜利为当时整个新文学运动的迅猛发展扫除了最大的障碍，使得新文学运动的“合法性”地位得以全面确立，也使得“新文学”的观念开始普遍深入人心。作为与中国传统诗发生深刻“断裂”而出现的一种新型诗，“白话诗”在诗艺方面的革新与贡献主要可以归结为两大点：其一，以清新、素朴、流畅的口语取代了当时陈腐、奥涩、板结的文言文；其二，以参差灵动、自然伸缩的自由句式取代了齐整划一、刻意雕琢的格律体制。概而言之，此即新诗论者通常所谓的语言与诗体的“大解放”。这种语言与诗体的双重“解放”所造就的新诗（初级形态为“白话诗”）在反映和表现当时人们日趋复杂、丰富的现代生活与思想感情方面具有古典诗词所无法比拟的艺术上的优越性，现特举新文学运动闯将刘半农作于“五四”时期的一首白话短诗《落叶》为例，兹抄录如下：

> 秋风把树叶吹落，
> 它只能悉悉索索，
> 发几阵悲凉的声响。
>
> 它不久就要化作泥，
> 但它留得一刻，
> 还要发一刻的声响，
> 虽然这已是无可奈何的声响了，
> 虽然这已是它最后的声响了。

从题材和主题来看，刘氏的这首“悲秋”诗完全可以归入古典诗歌的行列，如果他采用传统诗的语言（文言）、体式（格律）来写作，他顶多也只能把“悲秋”的情绪铺叙得入骨三分，却难以跳出旧诗词内含的古典情感模式。然而当刘氏赋予这首“悲秋”诗以新诗形貌，诗形（语言、形式）的变化也最终导致了诗质（情感体验）的微妙变化：整首诗在语言上完全采用质朴、清新的白话入诗，格式上又选取了句子参差不齐、音节自然流转的自由体，使“落叶”的形象在给人一种熟悉的古典情感的审美体验的同时，更多地流露出让传统诗读者感到“陌生”的洒脱、奔放的美感，诗的结尾处诗人运用重复手法渲染的“悲秋”情绪，更透出通常只有现代人才可能具备的那种沉痛、深刻的生命体验。《落叶》一诗所拥有的崭新的审美质素和情感内容是此前的古典诗歌所无法提供的，由此足以见出新诗不容否认的魅力与价值所在。

由胡适等人共同造就的，旨在实行语言、诗体“大解放”的“白话诗”运动无论在思想内容还是艺术形式方面都具有古典诗歌所无法比拟的优越性价值，它使得绵延数千年的中国诗歌面貌焕然一新。究其实，这背后不能不归功于胡适们超越时人的先进的诗歌观念，以及在此种先进的诗歌观念指导下所进行的积极创作实践。胡适等人从“一时代有一时代之文学”的认识高度出发，提出了“若想有一种新内容和新精神，不能不先打破那些束缚精神的枷锁镣铐”（胡适《谈新诗》）等明确的“诗学革命”主张，为新诗在诗形、诗质上全面摆脱旧诗的束缚、踏入现代化进程奠定了坚实的理论基础。以胡适为代表的新诗缔造者们以其“叛逆”的先锋姿态对传统诗歌观念和艺术方法进行了大胆革新与勇敢实践，直接为新诗领域的后来者们提供了典范与榜样。他们通常以诗潮运动、流派集结、理论宣言等具体方式来寻求诗歌观念和艺术方法的不断突破、创新与深化，同时用创作实践加以印证和推动，在新诗现代化的历程中留下了一长串值得珍视的深刻印迹。

20 世纪 20 年代中后期，针对白话诗倡导者们只重视诗形、忽视诗质从而导致作品浮于生活与生命表面所暴露出来的诗学观念的明显局限性，以李金发、穆木天、王独清等为代表的一批深受西方文艺熏陶的青年诗人勇敢地将国外象征主义诗学观念引入国内诗坛。他们不仅倡导运用象征、暗示、通感等表现手法来改进与丰富新诗的表现手段，更强调诗人要善于在日常生活境遇中捕捉与升华具有普遍的形而上意味的生命体验。作为“象征派”代表诗人之一的穆木天曾如此宣言：“诗的世界固在平常的生活中，但在平常生活的深处。诗是要暗示出人的内生命的深秘。诗是要暗示的，诗最忌说明的。说明是散文的世界里的东西。诗的背后要有大的哲学，但诗不能说明哲学。”（《谈诗》）“象征派”诗人们这些极其贴近诗之抽象本质的诗学主张及其相应的创作实践，标志着其时的中国新诗创作已经与西方现代诗潮遥相呼应并实现了最初的“对接”，正式启动了中国新诗现代化的进程。紧随其后，在 20 世纪 20 年代末至 30 年代初的诗坛上，以戴望舒、何其芳、卞之琳等为代表的“现代派”诗群继承了“象征派”诗学观念的精髓（他们因此而常常被视作“后期象征派”），同时又在诗学理论上作了局部的修正与补充。最明显的一点是“现代派”放弃了“象征派”强调音乐性（外在节奏）的诗学主张（比如戴望舒公开表示“诗不能借重音乐，它应该去了音乐的成分”），强调用视觉意象的组接来含蓄地传达诗人纷繁复杂、幽微精妙的内心感受和体验，以此扩大诗的想象（联想）与思考空间。卞之琳的《断章》只展示四个普通的视觉意象（日常生活画面），但这四个视觉意象经由诗人的精心组织与巧妙结构却令读者生发出对于人与人、人与世界关系的万千思绪，意味无穷，堪称“现代派”诗篇中的经典名作。“现代派”诗群对于“象征派”诗群创作理论上的合理修补与完善，以及与之紧密相连的活跃异常且成果颇丰的创作活动，无疑都标志着中国新诗现代化进程已进入一个迅猛发展的关键阶段。

令人遗憾的是，前景一片光明的新诗现代化进程突然被强大的诗之外的外部力量所阻断。20 世纪 30 年代中后期，由民族生存面临的严重危机所引发的社会动荡与时势艰险，使新诗的诗学建设和艺术“探险”工作不得不完全中断下来，诗人们基本上都投入到“诗歌抗战”运动中去了。至民族外患得以消除的 20 世纪 40 年代中后期，一批极具艺术抱负的青年诗人围绕着《中国新诗》刊物集结起来，自觉主动地探索新诗现代化的崭新途径。他们以良好的学养、先进的眼光对当时西方的现代主义诗潮进行了批判性地继承、改造与吸纳，形成了自足的诗学体系。在理论的宏观方面，他们倡导诗人应把忠于时代与忠于艺术高度统一起来，既追求诗的社会使命意识，又保证诗的审美品质；在理论的微观方面，他们强调感性与智性的互渗、表现的含蓄有力、思想的机智深沉，以达到“现实、象征、玄学”的有机组合。这批有着出色的诗学建构能力的青年诗人后来被命名为“九叶派”（成员包括穆旦、郑敏、杜运燮、辛笛、陈敬容、杭约赫、唐湜、唐祈、袁可嘉）。与早期的“象征派”“现代派”所发表的诗学主张相比，“九叶派”建构的新诗理论的视野更为开阔，也更显得成熟、稳健与深刻，并创作出了《旗》《森林之魅》（穆旦）、《金黄的稻束》《生的美：痛苦·斗争·忍受》（郑敏）、《追物价的人》（杜运燮）、《力的前奏》（陈敬容）、《最后的演出》（杭约赫）等众多出色的、可作理论印证的诗篇。毫无疑问，“九叶派”在理论和实践上出色的创造已足可使中国新诗现代化运动迈入成功、辉煌的境地。

历史仿佛故意给新诗的发展与成熟设置下重重障碍，“九叶派”手中现代诗的火焰刚点燃不久便被历史的暴风雨吹熄掉了。从 20 世纪 50 年代起至 70 年代后期，政治意识形态的有力支配和普遍笼罩，使得大陆的新诗现代化运动再次遭受到长久的困顿与挫折。当时，在一场关于新诗发展道路的大讨论中，人们所普遍认可的新诗必须走“民歌加古典”的发展道路所显示出来的理论上的偏误，致使大陆新诗在思想及艺术水准上长期陷于停滞不前甚至严重退化的局面。所幸的是，现代诗的火种并未被熄灭，而被转移到作为新诗重镇的台湾继续燃烧。20 世纪 50 年代，以纪弦为代表的“现代派”，以覃子豪、钟鼎文等为代表的“蓝星”诗社，以洛夫、痖弦等为代表的“创世纪”诗社相继成立，共同发起了一场声势浩大的新诗现代化运动。“现代派”公开发表《现代诗》“宣言”，并由纪弦将之归结为“现代派六大信条”，力求建构完整的现代诗学体系。由纪弦等人所提出的“新诗乃横的移植，而非纵的继承”的诗学主张尽管存在认识上的偏颇，但这种彻底革新的姿态无疑为加速台湾新诗的现代化进程作出了革命性贡献；针对“现代派”倡导“横的移植”与强调“主知”的主要诗学观点，“蓝星”诗社则反对新诗的全盘西化，也不赞同纯粹“主知”，转而主张融合智性的抒情倾向；“创世纪”诗社则在“现代派”的“主知”和“蓝星”诗社的“抒情”主张之外另辟新说，着力推崇“超现实主义”，强调诗以超现实的意象开掘人的直觉、幻觉、潜意识等深层生命体验的重要价值。“现代派”“蓝星”“创世纪”这三大台湾现代诗群表面互为对立，实质互相渗透、互相补充，它们的诗学观念与诗学主张，进一步丰富与深化了中国现代诗的内涵与特质，同时创造出了脍炙人口的新诗精品，其广泛而深刻的影响一直延续至二十世纪七八十年代，正好填补了大陆新诗此一时期诗学建设与创作成果方面的双重空白。

中国新诗史上从不缺乏革新者们活跃的身影，而且他们勇敢的革新行为总是与无所顾忌的青春激情联系在一起。20 世纪 70 年代末，一批同样具有先进的世界眼光的青年诗人围绕着民间先锋诗刊《今天》集结在一起，发起了一场旨在全面革新三十年来（1949—1978）大陆新诗僵化的观念与形式的“新诗潮”运动。在思想内容方面，他们反对“假”“大”“空”的恶劣诗风，强调诗人应表现自己真实的思想感情，“不屑于表现自我感情世界以外的丰功伟绩”（孙绍振语），同时又强调要在自我的情感体验里容纳深广的社会和历史内容；在艺术表现方面，他们提倡运用意象、隐喻、通感、变形、蒙太奇等现代手法、技巧来改革传统的诗艺。“新诗潮”的杰出代表人物北岛曾明确表示：“诗歌面临着形式的危机，许多陈旧的表现手法已经远不够用了”（见《青年诗人谈诗》）。由于他们在诗学观念及艺术话语形式上均对大陆 1949 年至 1978 年期间已成定型的“民歌加古典”型新诗构成了颠覆性的革命，使得他们的作品具有一种短时间内难以为人们所认识和接受的“陌生”面貌，他们的创作因而获得了“朦胧诗”的命名。简言之，由北岛、芒克、舒婷、顾城、江河、杨炼、梁小斌等“今天派”与“朦胧诗”的代表性诗人发起和倡导的“新诗潮”运动在 20 世纪 70 年代末至 80 年代中期的大陆诗坛引起了全方位的震荡，对许多诗歌爱好者（尤其是年轻人）进行了一场深刻的现代诗启蒙教育，影响至为深远。“朦胧诗”运动最终为人们所广泛接受与认可的诗歌事实，标志着中国新诗已经全面跃入了现代诗的崭新阶段，促成了现代诗观念的普遍深入人心，尤其“朦胧”诗人们出色的艺术创造使得大陆新时期以来（1978年以来）的新诗创作具备了与西方现代诗进行对话与交流的资格。

秉承着“朦胧诗”的叛逆姿态与革新精神，一大批接受过“朦胧诗”启蒙教育的“后来”的诗人以迫不及待的心情对“朦胧诗”发动了一场更为猛烈的“诗学革命”，掀起了所谓的“后新诗潮”（或“后朦胧诗”）运动，他们自我命名为“第三代”诗人（以他们的逻辑，北岛等人被命名为“第二代”诗人，贺敬之郭小川等人被命名为“第一代”诗人）。“第三代”诗人人员众多，内部派别林立，主张歧异，呈多元化趋向，但在拒斥“朦胧诗”的诗学观念和艺术方法方面却表现出共同的针对性：针对“朦胧诗”在美学趣味与思想内容上的贵族化、理想化与意识形态化，它提倡美学趣味与思想内容上的平民化、世俗化与个人化；针对“朦胧诗”以意象、象征、暗喻等为主要表现手段，它主张直接以当代日常生活口语作为表达方式，强调“语感”的艺术效果。“第三代”诗人（“后新诗潮”诗人）的诗学观念和艺术方法与“朦胧”诗人（“新诗潮”诗人）相比更具“前卫性”，因为它与国际化的后现代主义文化及文学思潮存在着精神气质上的“亲缘”关系。其艺术上的优越性表现在：它的题材表现领域空前扩大，而且更能切近现代人的日常生活状态、生存本相与生命体验。其中，“非非主义”“莽汉主义”“他们”是“后新诗潮”运动中三个具有代表性的诗派与团体，他们不仅贡献了有思想价值的理论文本（如非非主义理论宣言），同时也贡献了《尚义街六号》（于坚）、《有关大雁塔》（韩东）、《中文系》（李亚伟）、《我想乘上一艘慢船到巴黎去》（胡冬）以及欧阳江河的《玻璃工厂》、西川的《在哈尔盖仰望星空》、翟永明的《女人》、陆忆敏的《美国妇女杂志》、潇潇的《另一个世界的悲歌》等具有新思想艺术价值的现代诗文本。

进入20世纪90年代，由于社会文化的深刻转型，“后新诗潮”作为一场诗歌运动其群体性质日益模糊与淡化起来，诗学观念与创作实践更呈多元化格局，从总体而观呈现为一种无序的“混乱”。但是许多有抱负的诗人仍能自觉地运用自身的诗学构想来规范、引导他们的写作实践。西川、欧阳江河、王家新、臧棣、孙文波、西渡、姜涛、冷霜等诗人先后倡导过“知识分子写作”与“个人化写作”等诗学主张。“知识分子写作”（“知识分子”在此不是指其社会“身份”概念）强调诗人应该在作品中表现深沉的人文关怀与崇高的生命信念，“个人化写作”则强调诗人独特的个体经验、开阔的精神视野以及语言修辞技巧对于文本构筑的重要意义。于坚、严力、伊沙、韩东、杨克、侯马、徐江、中岛等诗人则大力提倡“口语化写作”与“民间写作”，主张用“原生态”的口语来直接表现现代人凡俗本真的生存状态与精神风貌，在美学趣味上体现出平民主义，在诗学理论上明显接近后现代主义。而莫非、树才、车前子等诗人则提出了“第三条道路写作”的诗学主张，意在“知识分子写作”与“民间写作”的对峙性写作姿态中寻找到一条更为广阔的艺术创造道路。这些诗学观念的对立、冲突与微妙互渗，也促成了诗歌文本风貌的千姿百态，在良好、正常的诗生态环境中呈现了一份“混乱的美丽”。

以上对于20世纪中国新诗发展历程的描述只是宏观性的、粗线条的，而且存在一些人为的“遗漏”与“忽略”，这是与我本人把现代诗（美学意义上的）视为新诗（语言形式意义上的）发展的价值目标这一诗学理念紧密相关的。因为中国社会乃至世界各国的现代化是不可阻挡的历史潮流，因而新诗的现代化也是一种不可阻挡的艺术潮流。因此，我只选择那些对推进新诗现代化进程具有较大影响的诗潮、流派与群体进行重点叙述，阐明其诗学观念在新诗发展的特定阶段所做出的历史性贡献。这种历史性贡献主要表现在这些诗潮与流派的诗学观念能根据其处身其中的历史文化环境创立新说，达到诗学与历史的有机结合，具备高度的历史合理性（比如“后新诗潮”对“新诗潮”的来势迅猛的“诗学革命”）。正是诗坛上众多革新者广纳同仁，以集体的力量不断勇敢地开拓诗途，才促成了20世纪中国新诗富有阶段性特征的繁荣局面的持续形成。

20世纪中国新诗的繁荣与兴旺离不开一批批诗苑开拓者们集体力量的推动，但真正将中国新诗提升到一种高端的思想与艺术水准，更离不开一批优秀与杰出诗人的个体潜能。出色的诗人依凭其超越性的诗艺与诗质上的双重创造，对诗史的纵横时空造成辐射性的深刻影响，从这一意义上而言，一部厚重的中国新诗史就是一部杰出诗人的艺术创造史。在20世纪新诗史上，郭沫若、李金发、徐志摩、戴望舒、何其芳、艾青、冯至、卞之琳、纪弦、穆旦、郑敏、李瑛、罗门、洛夫、余光中、昌耀、任洪渊、食指、北岛、舒婷、顾城、杨炼、多多、于坚、欧阳江河、翟永明、王家新、吉狄马加、西川、臧棣、海子等在时序上大体相继涌现（或同时出现）的诗人名字，基本上构成了20世纪新诗史的主力阵容。毋庸置疑，他们在或自觉或潜藏的先进诗学理念驱动下所进行的风格各异的出色诗艺创造及其独特贡献，构筑了20世纪中国新诗的真正辉煌。

从艺术方法、创作风格、美学趣味等方面综合起来所表现出的某种相似与共通性来看，郭沫若、徐志摩、艾青、纪弦、食指、顾城、翟永明、王家新、吉狄马加、海子等诗人大体可归为一类。这些诗人创作的精神风貌与浪漫主义思潮（主要受西方近代文学的启发和影响）存在着较多的“亲缘”关系，他们的作品整体上有着较多的抒情成分，可以把他们归入“泛抒情”写作的范畴，同时他们又加入了各自的创造，因而他们的作品呈现出个性鲜明的思想艺术特色。

在早期新诗（白话诗）因诗艺、诗质的双重匮乏而停滞不前的关键时刻，郭沫若以雄浑、豪放的浪漫主义诗风将新诗全面推进到一个崭新的阶段，他的作品以奔放不羁的想象与夸张等艺术手法将“五四”时期“狂飙突进”式的时代精神做出了深刻有力的生动传达，令人感受到一股强烈的“阅读震撼”，其杰作《凤凰涅槃》标志着早期新诗在思想和艺术水准上所能达到的“极限”性高度，其诗集《女神》（1921年出版）则成为新诗发展史上一座极其重要的里程碑。郭沫若的主要成就在于他以超人的气概对语言、诗体实施了彻底的解放，进行了多元化的创作实践，以其自由、大胆的艺术创造精神给予后来者们以有益启发，具有开拓性的贡献（郭沫若艺术创造力的退化另当别论）。

被视为二十世纪二三十年代诗坛上“新格律”派、“新月派”主将的徐志摩，则明显缺乏郭沫若的开阔视野与精神气度。徐志摩诗作取材比较狭窄陈旧，大体不脱旧式文人风花雪月的范围，但他仍获得了艺术上的极大成功，其主要奥秘在于：徐志摩擅长于以清新、典雅的现代口语入诗，同时采用句式大体整齐的“新格律”体，创造出流畅、悦耳的音乐美感效果（如《再别康桥》）。徐志摩诗中的意象通常单纯、明朗而又含蓄丰厚，造成其诗歌回味悠长的艺术境界（如《云游》）。徐志摩的浪漫气质表现在他敢于将他的真实灵魂放飞于诗的天空，并呈现出飘逸、空灵、华美的艺术风格。徐志摩的成功为发展期的中国新诗增添了一道独特的风景。

在作品风格的雄浑以及时代精神的充分张扬方面，20世纪30年代崛起于诗坛的艾青与郭沫若有较大的相似性。然而相形之下，艾青的精神视野显得比郭沫若更为开阔与深沉，艾青总是自觉不自觉地将目光投向整个民族的苦难的生存现实，倾听民族要求解放的心音，充当时代与民族的代言人（他的《时代》一诗可视做这一方面的诗性宣言）。艾青的浪漫精神集中体现在他对自由、光明境界的热烈追求上，因而创造了众多歌唱“太阳”的出色诗篇。艾青的诗全部以质朴、清新的口语入诗，句式参差不齐，节奏自然，具有洒脱奔放的散文美。艾青创造了真正的自由体新诗，他的处女作《大堰河，我的保姆》开创了一代诗风。他对象征主义诗艺的娴熟运用，有力地保证了作品的审美品质（如《黎明的通知》）。艾青在二十世纪三四十年代的创作中融合政治学、社会学、诗学所取得的艺术成功，为中国新诗的发展做出了独特的贡献。

二十世纪五十年代，纪弦在台湾诗坛率先发起新诗现代主义运动，不过从其作品的总体风貌上来看，纪弦还是与浪漫主义保持着更多的精神联系。纪弦的诗，大多取材于日常生活境况及自然风物，在对生活与人生的机智感悟中抒发强烈的主观情绪。纪弦的浪漫主义特征主要体现在由其内心不可遏止的激情所生发的神思飞扬及浮想联翩上（如《你的名字》《火葬》）。纪弦的作品，语言简洁有力，表达手段灵活多变，想象警拔脱俗，内蕴丰富深沉，纪弦的诗以其独特的风姿与魅力为中国新诗增添了光彩的篇章。

食指（郭路生）“崛起”于大陆新诗全面沉寂的二十世纪六七十年代之交，他的出现为当时夜色茫茫的诗坛带来了一线珍贵的曙光。食指诗中处处充溢着理想主义的光芒，表现出坚定的历史与人生信念，具有激动人心的思想力量，《相信未来》是这一方面的杰出代表作。食指以诗的方式喊出了当时人们（尤其是年轻人）的困惑、痛苦及抗争，记录了一代人特殊的心路历程（如《鱼儿三部曲》《这是四点零八分的北京》）。食指的诗并没有华丽的语言，手法也不“现代”（先锋），然而情感真挚、诗质丰富，与当时充斥诗坛的“假”“大”“空”的恶劣诗风形成有力的抗衡，有效地维持着新诗的尊严与独立品格，成为日后大陆诗坛“新诗潮”（“朦胧诗”）运动的先导。食指的诗歌创作构成了大陆新诗发展史上承上启下的有力一环，其重要贡献不容低估。

顾城作为朦胧诗代表性人物中的早慧型诗人，他的诗歌文本有着一般“朦胧”诗人所难以具备的单纯、童真、自然、空灵与神秘风格，具体而言，他的诗歌语言简洁，思维跳跃，感觉敏锐而新奇，想象丰富而优异，富有情感色彩，给读者建构了一个个成人童话般的审美幻境（如《远和近》《弧线》《我是一个任性的孩子》），同时，顾城的诗歌中又包含着自觉的社会历史意识与集体意识，他的经典代表作《一代人》被认为是有着文革经历的一代人的诗性宣言，影响广泛而深远。简言之，有着"童话诗人"称誉的顾城在其文本中能够有机融合童话性与社会性等异质因素，从而给他的诗歌文本带来某种特殊的阅读吸引力。

虽然年纪与顾城相仿，但翟永明在代际的意义上却属于晚辈诗人，翟永明是公认的"第三代"诗人中的女性代表人物。与"第三代"诗人的美学趣味相符，翟永明在其诗歌文本中提供了与"第二代"女诗人（例如舒婷）截然不同的审美经验，在 20 世纪 80 年代，从《静安庄》到《女人》再到《死亡的图案》等组诗的陆续推出，翟永明以"黑夜的意识"揭示了女性生命经验的真相与本质，令读者感受到情感上与灵魂上的震撼。翟永明因出色的诗艺创造与悲剧性的女性意识而成为那一时期"女性诗歌"的代言人。到了 20 世纪 90 年代，翟永明的诗歌写作实现了由抒情到叙事的转型，其诗歌文本中的智性元素大大增加。但综合看来，女诗人的诗歌文本并未彻底放逐抒情，而是对情感表现进行了节制性处理（如《十四首素歌》《祖母的时光》《脸谱生涯》）。总之，翟永明充满现代性特质的抒情姿态，凸显了一位重量级女性诗人的独特形象。

王家新则是一个穿越"朦胧诗"与"第三代诗歌"的生长型诗人，他虽然被认为与此两种诗歌潮流具有很深的介入关系，但他却始终与诗歌潮流本身保持着某种必要而微妙的距离，展示出诗人的独立品质与难得的艺术穿越与创造能力。在诗人身份上，王家新被公认为知识分子写作的重要代表性诗人之一，他的经典代表作《帕斯捷尔纳克》被普遍解读为两个知识分子诗人之间跨民族、跨时空的精神对话，在知识阶层产生了广泛影响力。在王家新一系列以知识分子命运为主题的诗歌文本中，虽然展现出诗人的沉思姿态，但其文本的抒情气息也是相当浓郁的。一般说来，诗人的抒情是庄重、深沉、高雅的，外表冷峻而内心炙热，甚至充满某种献身与殉道的激情（如《转向》《卡夫卡》），从中彰显出令人肃然起敬的知识分子精神立场。此外，王家新还撰写出了一系列富有独特见地的诗学随笔与评论文章，获得诗坛的普遍赞誉。

作为新时期诗坛涌现出来的彝族代表性诗人，吉狄马加携带着《初恋的歌》并以其与故乡大凉山一样苍凉而动人的抒情嗓音，带给以汉族诗人为主导的诗坛一种久违的惊喜与震撼，并由此塑造出了吉狄马加天赋歌手的形象。在很长一段时间里，与彝族诗人身份相对应，吉狄马加的诗歌文本中充斥着大凉山的自然景物与彝族文化意象符号（如岩羊、毕摩、口弦等），充满着浓厚自觉的民族情感与民族意识，他的作品，语言质朴自然，意象鲜明生动，想象丰富奇特，情感真挚饱满，展示出陌生化的审美经验，具有很强的艺术感染力（如《我是彝人》《母亲们的手》《黑色狂想曲》）。在整个20世纪80年代，吉狄马加诗歌中的民族意识与地域色彩显得非常强烈，而到了20世纪90年代后期，吉狄马加自觉调整了其精神视野，开始关心本民族以外的人类共同命运，呈现出世界性眼光，由此也使得他由一个彝族代言性诗人跃升为一个具有世界意识的中国当代重要诗人。

20世纪80年代中后期，在普遍以放逐抒情为一大宗旨的“后新诗潮”中，海子的出现堪称一种“奇迹”。在整个中国新诗史上，目前为止，还没有哪个诗人的抒情姿态比海子更为彻底。海子诗歌的强烈浪漫精神集中体现在诗人自我理想的极度张扬以及对于庸常生存现实的深刻摒弃与蔑视上（如《祖国——或以梦为马》）。同时，海子的精神视野还聚焦于生命存在主题，使得他作品中的抒情具有哲学的深度与高度，由此极大地丰富了抒情诗的内涵。海子的艺术天才表现在他土地般旺盛、卓越的原始创造力，他所独创的“麦地”“黑夜”等意象具有符咒般的艺术感染效果，成为海子诗歌的象征与标志，它在客观上强调了独创性对于一个诗人的重要性。海子诗歌超越时空的魅力与价值凸现了现代诗作为一门心灵与精神的艺术所具有的普遍意义，为中国新诗提供了不可多得的深刻启示。综合而全面地来看，这些具有不同程度的浪漫主义精神气质的出色诗人并未阻挡新诗现代化的进程，他们的创作在诗艺（表现手法）与诗质（思想内容）上都不同程度地具备现代诗的质素，从诗人们各自处身的历史环境与文化环境而言，他们的创作追求表现出进步的倾向，在现代诗发展的各个历史阶段，他们对于诗的抒情成分的共同的偏重以及由此创作出的众多魅力恒久的优秀诗篇，完全可以视作是对中国现代诗的补充与丰富。

同上述几位偏重主观抒情的“浪漫主义”气质型诗人形成对照，李金发、冯至、卞之琳、穆旦、郑敏、罗门、洛夫、北岛、杨炼、多多、于坚、欧阳江河、西川、臧棣等多位诗人的创作则共同呈现出了“主知型”的现代主义的艺术风貌与审美意向。

李金发是中国新诗现代主义运动的发起者。他在 20 世纪 20 年代初期即大胆引介西方象征主义诗学观念，并积极投入创作实践。李金发多以歌唱女性与爱情作为创作的题材与主题，但他善于把题材与主题进行形而上的抽象化处理，使之具有普遍性的思想意义。在艺术上，李金发擅长发挥活跃而新奇的想象，能把表面并不相关的事物和形象通过深层联想“强行”组合在一起，造成奇特、“朦胧”（有时难免晦涩）的艺术效果，《弃妇》是他最出色的象征主义诗篇。李金发在诗质、诗艺上对于早期新诗的现代化转型具有不容忽视的开拓性贡献。

冯至作为一名中国现代诗人的基本品格在其 20 世纪 20 年代因感觉特异、表现出色而备受赞誉的抒情诗创作中（如《我是一条小河》《蛇》）得以初步显露，至 20 世纪 40 年代初《十四行集》创作时期得以最充分的展示。《十四行集》集中探讨人与自然、宇宙关系的形而上主题（这类主题通常为西方现代诗人所关注），在当时的诗坛具有“填补空白”的开拓意义。《十四行集》中的作品，语言明净、硬朗，极富质感，意象密集而又跳跃有致，沉潜的感性体验与敏锐的悟性穿透互相融渗，诗风深沉凝重，诗艺圆融浑成。冯至的《十四行集》充分显示了中国现代诗创作的非凡实绩，为中国现代诗获取了与世界现代诗平等交流的资格，并为现代诗如何在喧嚣动荡的外部环境中坚持独立的诗学品格树立了可贵的榜样。

与冯至相类似，卞之琳也是以智性写作著称的现代诗人，卞之琳有意节制与摈弃诗中的抒情成分，他将对事物的观察与沉思赋予诗的形式，换言之，诗成了作者观察、思考与冥想的合适载体，经验、思想、感悟、智慧成为诗文本所要呈现的重要内容，卞之琳的《断章》因展示事物之间无限复杂微妙的主客体关系而成为智性写作最具代表性的经典文本。卞之琳的诗作善于展现戏剧性场景，事物表象之间缺乏关联性，展现出现代诗较为典型的晦涩特质。尽管如此，卞之琳的现代诗文本还是存在隐形的解读线索，而且他的大多数文本还是颇为耐读的，具有很高的思想艺术水准（如《古镇的梦》《雨同我》）。

继承冯至等前驱者对现代诗的勇敢开拓精神，穆旦更以横空出世的姿态屹立于 20 世纪 40 年代的诗坛上。从主题开拓的角度来看，穆旦的诗在揭示现代人灵魂深处自我搏斗的尖锐性质所达到的深度方面，可谓罕有其匹。比如，在纯粹以爱情为题材的《诗八首》一诗中，诗人对恋爱双方在情感与理智方面层次繁多的冲突、磨合与纠葛的深入揭示，给人以空前的“阅读震撼”。穆旦在“带电的肉体与搏斗的灵魂”这样典型化的现代主义母题探索中，又融入了历史意识与民族情感（如《赞美》），极大地丰富了现代主义的主题。作为一名杰出的现代诗艺“探险者”，穆旦在创作中成功地借鉴了大量的西方现代诗的意象和语汇，全面刷新了中国现代诗的语言面貌，造成了一种“陌生”的语言美感效果。穆旦的诗，感觉敏锐奇特，联想丰富，语言、意象鲜活生动，异质事物的“强行组合”常常获得引人入胜的艺术效果（如《森木之魅》《春》）。穆旦在艺术思维、表达方式、审美趣味等方面对于传统诗的震荡性革命及其出色的创作成就，标志着中国现代诗的创作接近巅峰状态。

郑敏与穆旦同为“九叶派”的代表性诗人，而且都呈现出智性写作这一相同诗学追求，但郑敏的诗歌文本具有鲜明的艺术个性与创作风格，她的艺术个性与创作风格主要体现在两个向度上：其一，与穆旦等男性“主知型”诗人的情感状态相比，郑敏诗中的情感体验显得庄重、优雅、慈悲、宽容，尽显东方女性阴柔美的精神特质；其二，与穆旦等男性“主知型”诗人的智性表达相比，郑敏的智性表达更显纯粹，因为她诗文本中的思想诉求通常不是以感悟的形态出现的，而是生命哲思的直接呈现。在作品表达形而上哲思的层面上，郑敏与她心仪的冯至先生完全对接了。郑敏的诗，通常追求作品的雕塑感与色彩感以及感性与知性的合二为一，她的经典文本《金黄的稻束》是其早期影响广泛的代表作。同时，郑敏具有杰出的诗学建构能力与阐释能力，由此催生了她一系列精品力作的问世（如《树》《心像》《诗人与死》等）。

罗门与洛夫是二十世纪五六十年代台湾现代主义诗潮中并驾齐驱的两员健将，他们的创作活力一直延贯至今。他们两位都曾奉“超现实主义”为圭臬，但在艺术风貌及表现兴趣等方面呈现明显的个体性差异。就艺术手法与技巧方面而论，从整体程度上来看，罗门要比洛夫更具先锋色彩（罗门是整个台湾诗坛前卫意识最强的诗人）。罗门具有优异的想象及联想能力，具有“灵视”的穿透性，这使得他的作品常因突发的奇思妙想而富有情趣撩人的艺术效果（如《伞》）。此外，罗门还善于运用句法乖谬、情境错位等“颠倒”手法来反映现代人的精神风貌，风格冷峻而深邃。洛夫的想象力同样非常出色，但幻觉色彩相对较淡，其情境设置具有某种可以触摸的质感，因而容易产生阅读心理上的亲切效果（如《子夜读信》）。洛夫很少采用罗门式的“颠倒”“变形”等先锋手法（《石室之死亡》时期例外），他通常只追求语言的简洁锤炼（炼字炼意）、感觉意象的奇特鲜明、情感的内在张力所形成的综合的作品效果。在题材与主题的选择上，罗门充分显示出现代诗人的典型品质，常常以时间、存在、生命、死亡、战争等形而上重大命题作为自己诗的思聚焦点，成功地创作了关于战争与死亡这一关系人类命运的“巨型思想纪念碑”式的杰出作品《麦坚利堡》。罗门长期致力于“都市”题材的创作并使其具备了自足的美学品格，丰富了中国现代诗的表现领域，这是罗门值得称许的一种贡献；洛夫诗的取材面也较广，但大多与自己的人生遭遇联系在一起，其作品主题的社会性、现实性较强，缺乏罗门作品主题的形而上性质。但是，洛夫在对于人性复杂性的深刻揭示中所表现的创作观念上的先锋性（如《午夜削梨》），尤其是诗人穿越古今的优异艺术想象力却是值得充分肯定与倡导的（如《与李贺共饮》）。总之，罗门与洛夫是台湾诗坛两大巨擘，难分伯仲，他们风格不同的现代诗创作增添了中国现代诗的丰富性。

作为大陆“朦胧诗”运动（“新诗潮”）最杰出的代表，北岛的现代诗创作凸现了“朦胧诗”最为优秀可贵的品质。北岛诗作中充溢的对于历史的大胆怀疑与勇敢抗争精神是其作品最具分量与光彩的部分。他在《回答》一诗开头所写下的两句诗：“卑鄙是卑鄙者的通行证/高尚是高尚者的墓志铭”所显示出来的穿透重重迷雾的历史洞察力和犀利无比的批判锋芒，浓缩并彰显出了北岛诗的思想价值。这是北岛诗超越同时代诗人创作的关键所在。北岛诗中的人道主义思想是其历史批判意识的衍生之物，并不构成北岛诗的主导性价值。与北岛诗思想意义上的历史进步性相对称，北岛诗在艺术方法上也表现出历史的进步性。北岛的诗，常常采用象征、隐喻、变形以及意象叠加与转换的电影蒙太奇手法来曲折地传达诗人内在思想感情，留有开阔的想象及思想空间。其作品语言质地坚硬，诗风冷峻深邃（如《宣告》《雨夜》《触电》）。北岛诗以其卓越的思想与艺术力量，实现了对于自穆旦以来已中断三十年的大陆现代诗的有力恢复与承续，将大陆现代诗推进到一个全面复兴的崭新阶段。

从李金发到北岛，前述几位“先锋派”诗人以其向世界诗潮看齐的先进眼光及各自出色的创造与贡献，有力地推动了中国新诗的现代化进程，为中国新诗加入世界文学一体化格局，储备了丰富的艺术经验。

杨炼与北岛同属于“朦胧诗”运动的中坚力量，但与北岛对不合理现实持批判精神的写作向度不同，杨炼在诗歌创作中更多的精力放在民族文化精神的重建上，他的早期著名代表作《诺日朗》可以看作是关于英雄主义情结的一次宏大叙事，或一场充满诗意的文化英雄招魂仪式。杨炼对民族历史文化的高度认同与推崇心态成为他20世纪80年代的诗歌文本的一大主题（如《大雁塔》），因而诗人对文化史诗的热情书写便变得顺理成章。宏大的构思与结构，磅礴的气势，成为这类作品的基本特征。而到了20世纪90年代，随着诗人流寓海外的经验诉求的逐渐强烈，杨炼开始大面积地触及精神困境（如精神死亡）等尖锐生命主题（如《死者之年》），并对此进行了充满智慧的探讨。杨炼对历史、文化、死亡、命运等重大命题的关注体现出诗人创作精神体量上的丰富与博大（例如诗集《大海停止之处》），值得我们高度重视。

多多属于北岛的同时代诗人，他与芒克、林莽、根子等诗人被认为是白洋淀诗群的代表性诗人，但从创作风格与诗学理念上看，他的诗歌与“朦胧诗”其实并无本质性区别。而且，多多诗歌中的现实批判精神与启蒙意识与北岛非常相似，他的早期代表作《致太阳》《教诲》等因思想的犀利锋芒而价值独具。在意象的运用与技巧的营造上，两人也有共同之处，体现出现代主义的一般特征。只是相比而言，多多的诗歌在思想表达方面显得更加纯粹一些，因为多多还在人性探索方面用力很多且呈现到位（如《从死亡的方向看》）。总体来看，多多在诗艺方面长期进行着执着而孤独的探索与创造，旺盛的创作活力一直延续至今，显示出大诗人风范，令人赞赏。

于坚、欧阳江河、西川被视为“第三代”诗人中的中坚分子，且均在20世纪80年代开始扬名于诗坛。于坚有着“站在餐桌旁的一代”的童年记忆与自我角色认同，于是他自觉坚持民间的写作立场与平民主义的审美趣味，他的成名作《尚义街六号》真实还原了当代大学生的日常生活与精神面貌，很大程度上树立了日常生活叙述、口语写作与幽默反讽的“第三代”诗歌美学原则，而他的代表性作品《对一只乌鸦的命名》更是通过命名与遮蔽的关系梳理，展示了诗人为小人物勇敢代言的写作立场，极富文化内涵与哲思色彩。于坚在诗歌形式实践与探索方面积极自觉，时常引起诗坛强烈关注（如《0档案》），他立足于云南经验的本土性写作与精神视野开阔的人文性写作的有机结合，凸显了其重量级诗人的诗坛位置。

与于坚的写作立场形成对照，欧阳江河与西川普遍被视为“知识分子写作”的重要代表性诗人，他们二位在价值立场与审美趣味上的确属于典型的知识分子文化谱系。欧阳江河擅长处理宏大的时代经验，他的宏大叙事总是与一种精英知识分子式的英雄主义文化情怀紧密缠绕（如《傍晚走过广场》)。而且，欧阳江河具有极为出色的修辞能力，他笔下的词语自由组合，纵横开阖，联想丰富，语义发散，广为衍生，充满艺术张力，展示出无穷的语言智性空间（如《手枪》《汉英之间》)。非常可贵的是，欧阳江河尽管非常推崇诗歌技艺，但他并不是一个技术主义者，他的绝大多数文本做到了技艺与内容、修辞与思想的完美结合与有机统一，他的影响巨大的代表作《玻璃工厂》就是此方面最具典范性的文本。尤为难得的是，欧阳江河还具有非常出色的诗学理论建构与阐述能力，诗与诗论的互相印证，合二为一，使得欧阳江河在当代诗坛拥有无可置疑的重要位置。

与欧阳江河相类似，西川的语言修辞能力在华语诗坛广受认可，西川本人曾被人认为是中国当代诗歌界为数不多的“精通词语炼金术”的诗人之一。与欧阳江河语言雄辩家的诗歌语调相比，西川的诗歌语言更多了一份纯粹的文人趣味，他早期的成名作与代表作《在哈尔盖仰望星空》《十二只天鹅》《夕光中的蝙蝠》等，言语优雅，节奏从容，有一种娓娓道来的唯美感觉。进入20世纪90年代后，曾一度迷恋新古典主义的西川发生了重大的艺术转型，诗人开始全面追求诗歌经验的复杂性、思想的含量与表达的力度，并创作出了《致敬》《近景与远景》《鹰的话语》等一系列引起诗坛广泛关注与高度重视的诗歌文本，这些文本中所展示的经验同时包含有个人经验、集体经验与时代经验，具有异质混成的性质，简言之，西川的大多数诗歌文本呈现出经验的广度、深度与思想高度，且在语言技艺层面日趋自由、多样，日益臻达随心所欲之境地，其重要诗人的文学史地位由此得以确立与巩固。

同样作为“知识分子写作”的重要代表性诗人，臧棣是在20世纪90年代的诗坛上才开始产生实质性的影响的。臧棣非常看重诗歌写作的技艺问题，强调它的专业性质。他的诗歌写作讲究修辞，注重结构的营造，并将诗歌作为一种特殊的知识来予以艺术化地处理，可以说，臧棣的诗歌文本充满了极为丰富的技艺元素，诗人对技艺的要求已上升为一种写作伦理。臧棣的诗歌写作完全摈弃了传统性的抒情，转向现代性的叙事，他的叙事极具特色：在对事象进行意义增值的智性叙述中，又加入戏剧性、反讽、陌生化等方法与手段，使得被表现事物的意义空间被无限拓展，具有极高的知识与文化含量。臧棣于20世纪90年代末期出版的诗集《燕园记事》被认为是90年代诗歌叙事的典范文本，同时也是“知识分子写作”（或“学院派写作”）的重要美学收获。臧棣至今保持着旺盛的艺术生产能力，殊为难得。

与上述两批诗人的艺术风格与价值取向又呈差异，戴望舒、何其芳、李瑛、余光中、昌耀、任洪渊、舒婷等几位诗人在美学趣味上又显示出兼取西方现代诗与民族传统诗之神韵的共同倾向，因而在作品风貌上呈现出现代美与古典美的叠合特征。

戴望舒是20世纪30年代诗坛上“现代派”的领袖人物，但他的精神气质并不“现代”。戴望舒的作品中常常流溢着一股具有沧桑气息的浓浓的伤感（如《雨巷》），这种“伤感”正是绵延数千年的中国古典文学最典型的情感特征与情感模式（这种情感模式与中国儒家文化的长期熏染有关）。戴望舒在作品中采用的意象语汇几乎都是传统的、古典的，诸如“丁香”“少女”“蝴蝶”“彩翼”之类，所传达的思想情绪也是民族化的、中国化的（例如《我的记忆》中的怀旧情绪，《我用残损的手掌》中的爱国主义）。真正体现戴望舒作品“现代派”特征的，是其对象征、暗示手法的娴熟运用，以及朦胧气氛的精心酿造。戴望舒的主要贡献即表现在他善于把西方现代派表现手法加以中国化改造，用以传达符合民族审美趣味的思想内容，为西方现代诗的本土化转换提供了一大批成功的典范性文本。

“现代派”的另一位出色代表何其芳，在精神气质上与戴望舒非常相似，属于多愁善感的内敛型。何其芳现代诗的取材范围同样狭窄，使用的意象语汇更是古典而陈旧，所表达的内容无非是少男少女的心灵悸动或幽怨情思，相对缺乏新意，“现代感”亦不明显。然而何其芳20世纪30年代的现代诗创作却获得了极大的成功，其主要奥妙得益于其诗歌的纯粹性：音韵柔和婉转，意象画面鲜明生动，氛围如梦似幻，情感纯洁痴迷（女性化特征）。何其芳的诗歌作品因其纯粹性而具有的恒久魅力，为中国新诗创作提供了意味深长的启示。

作为戴望舒、何其芳二位现代诗人的诗歌晚辈，李瑛成长于中华人民共和国成立之后，他早期的诗歌创作受红色军旅文化的深刻影响，常表现出革命英雄主义的精神姿态。进入20世纪80年代以来，李瑛逐渐淡化了其军旅诗人身份，在诗歌创作上成功转型，创作出了一系列想象丰富、语言生动、大气洒脱、情思饱满、意境深远、富有中国传统文人审美底蕴的精品力作（如《清明》《端阳》《一只逆风飞行的鸟》），尤其是他诸多的怀旧题材的诗作（如《蟋蟀》）更是写得单纯质朴，深情感人，意蕴无穷，从中体现出诗人潜意识深处的古典审美趣味，这种古典审美趣味和现代性的语言表达方式与意象方式在他诗中有机融合。简言之，李瑛是以扎根古典面向现代的创作姿态在中国当代诗坛树立其诗坛常青树的形象，他数量巨大且整体艺术质量不俗的无间断创作构成了一种饶有深意的诗歌现象。

跟罗门、洛夫一起被并称为“台湾诗坛三巨柱”之一的余光中，在20世纪50年代台湾诗坛现代主义诗潮风起云涌的时候并未表现出非常先锋的姿态，而是根据自己的认识选择将传统与现代融合起来进行稳健的艺术创造。余光中在思想上接受过现代主义的洗礼，但他深受中国传统诗词的熏陶，在美学趣味上倾向于古典。余光中创作上的主要贡献在于他对“文化乡愁”（“中国情结”）这一人文主题的深入开拓与出色的艺术表现，他没有一般性地表达家国之思，而常常由家国之思导向对光辉灿烂的民族历史文化的追慕与赞美（如《白玉苦瓜》《寻李白》），这使得余光中的“文化乡愁”获得了历史的深度而更具普遍意义。此外，余光中善于运用通俗明朗的传统意象、易诵易背的民谣式语言，来对“文化乡愁”的主题给予生动有力的传达，从而具有雅俗共赏的艺术效果（如《乡愁》《民歌》）。余光中的成功充分说明了现代诗的本土化所拥有的良好前景。

由于身处西北边陲，加上诗人坎坷的命运遭际与自身孤僻、封闭的性格原因，昌耀的诗歌才华长时间内几乎无人赏识，直到20世纪90年代，昌耀才开始逐渐得到诗坛的认可与重视。昌耀的诗，语言古奥、简洁，文白混杂，意象奇崛，艺术个性极为鲜明独特，难以复制。昌耀的诗作初看上去似乎言语滞涩，语流不畅，实际上这种文言与现代口语的混合型语言具有特殊的艺术表现力，在一首诗的具体语境中，诗作中的文言对现代口语起到了一种奇异的激活作用，陌生化的汉语表达魅力由此得以生成（如《内陆高迴》)。另外，昌耀的诗歌文本视野开阔，苍茫大气，意蕴丰富而深邃，精神体量非常庞大，与青藏高原大美不言的朴拙形象构成对应关系（如《河床》《慈航》《斯人》)，同时诗人又超越了西部诗人的本土情怀，以其人类孤独者与艺术创造者的双重姿态建构出了自身伟岸诗人的非凡形象。

与昌耀的艺术命运颇为相似，任洪渊也是一位长期遭受诗坛漠视与忽略的出色诗人。吊诡的是，任洪渊被诗坛边缘化的遭际，恰恰是由于诗人超前的诗歌意识与创作实践所导致。在20世纪80年代后期，当人们的审美阅读趣味还普遍被“第三代”诗歌中的日常生活叙事流所淹没时，任洪渊已经创作出了《汉字，2000》这样表达其先进母语诗学理念的超前性诗歌文本，但读者们与作者巨大的认知差异与趣味鸿沟决定了任洪渊的前卫性诗歌文本流布不广的必然结局。通常说来，任洪渊的诗歌文本集中呈现了优异的词语想象力，文本中每一个词语的组合与搭配以及位置互换，都产生了美妙的艺术张力效果，令人回味无穷（如《永远的十八岁》《文字一个接一个灿烂成智慧的黑洞》)。从当下全球化语境的角度来看，任洪渊诗歌文本最重要的价值在于诗人对于汉语写作（母语写作）的美学特质的艺术性揭示与理论召唤，任洪渊充满理论敏感性的汉语写作（母语写作）实践行为，有力地维护了汉语写作（母语写作）的艺术魅力与尊严。

作为与北岛齐名的“朦胧诗”重要代表诗人，舒婷的诗风迥异于北岛，却与戴望舒、何其芳这两位诗坛前辈表现出较大的相似性。不过，舒婷诗的取材范围与精神视野要比戴、何两位前辈诗人开阔得多，舒婷不是一味沉浸于自我的情感世界里，而是将自我与时代自觉或不自觉地结合起来，从时代的发展趋势提升自我的情感要求，以诗的方式呼唤人性的尊严。她的《致橡树》《神女峰》《祖国啊，我亲爱的祖国》等作品，因为具备时代精神的高度而受到人们的赞誉。舒婷诗的艺术特色也极其鲜明，她对象征、隐喻、意象、蒙太奇等手法运用得非常熟练，但真正能够打动读者心灵的，还是舒婷诗中那种清新优雅的语言、款款起伏的旋律以及温柔忧伤的古典情调和充满南国色彩的意象符号与经验体系。舒婷的诗拥有非常广大的读者群，这一事实再次证明了现代诗的本土化所具有的重要意义。戴望舒、何其芳、李瑛、余光中、昌耀、任洪渊、舒婷等几位诗人各自以自己成功的创作实践印证了中国新诗现代化与民族化（本土化）中存在的互相成就与补充关系，同时充分显示了他们在新诗发展的某一特定阶段所做出的具体贡献。

上述这批优秀与杰出的诗人均以其不可替代的创作风格、个体价值与艺术魅力为 20 世纪的中国新诗史书写了辉煌的篇章。然而从史实的角度观之，要全面展示出 20 世纪中国新诗的繁荣面貌，更离不开数量众多的诗坛中坚分子的持续加盟、前后相继与倾心奉献。其中，闻一多、臧克家、苏金伞、林庚、覃子豪、辛笛、陈敬容、杭约赫、蔡其矫、杜运燮、郭小川、贺敬之、曾卓、绿原、牛汉、公刘、蓉子、向明、商禽、痖弦、管管、郑愁予、杨牧、黄翔、杜国清、淡莹、江河、林莽、韩作荣、叶延滨、芒克、曾凡华、程步涛、黄亚洲、傅天虹、伊蕾、傅天琳、李小雨、严力、梁小斌、王小妮、柏桦、周伦佑、白灵、潞潞、童蔚、雨田、宋琳、莫非、陈东东、张枣、郑单衣、唐亚平、尚仲敏、潇潇、潘维、潘洗尘、李亚伟、默默、郭力家、苏历铭、张小波、冯晏、黄灿然、赵野、树才、西渡、戈麦等新诗各个历史发展阶段涌现出来的众多优秀与杰出诗人都贡献了他们的才华和心力，由他（她）们各自提供的风格多样的出色诗歌文本所集合起来的光芒，交相辉映成 20 世纪中国新诗气势雄浑的华彩乐章！

进入 21 世纪以来，随着中国社会多元化文化格局的生成与定型，加上网络诗歌的出现，特别是近些年来自媒体诗歌的流行，对传统纸媒诗歌造成巨大的冲击，传统的诗歌格局发生了革命性的变构与重组，既有的权威秩序被打破了，新的秩序尚在建构之中。于是，当下的诗歌写作在语言风格、表现手法、题材取向、美学形态等方面也相应呈现出极为鲜明的丰富性与驳杂性，一句话，多元化格局已经成为 21 世纪中国新诗的美学主潮。从语言角度来看，“书面语写作”“口语写作”以及“书面语”加“口语”的“复合型写作”并行不悖，且持各种语言写作向度的诗人人数众多，蔚为大观。同时，在“书面语写作”内部还可以分成两种写作倾向：“学院化写作”（它通常被指称为“知识分子写作”）与“生命写作”。王家新、欧阳江河、西川、臧棣、肖开愚、孙文波、西渡、张曙光、姜涛、周瓒、森子等“知识分子”诗人延续着20世纪90年代的写作方向，在诗艺与思想层面不断拓展，收获颇丰。例如，西川创作出了《蚊子志》等一系列充满思想文化智慧的跨文体诗歌文本，臧棣创作出了一系列以“丛书”命名的充满知识与技术含量的诗篇，欧阳江河则创作出了构思宏大、气势磅礴、彰显出色修辞能力的鸿篇巨制《凤凰》，受到诗坛的广泛关注与好评。而在所有持“生命写作”价值取向的书面语写作的诗人当中，树才、蓝蓝、潇潇、马莉、林雪、胡弦、李少君、龚学敏、华清、高兴、祁人、北塔、晓音、梅尔、四月、蓝紫、李永才、陈小平、杨廷成、熊国华等一批较具代表性的诗人，为读者陆续贡献了《雅歌》（树才）、《我生如草芥》（蓝蓝）、《债主——致海子》（潇潇）、《傍晚》（李少君）、《在九寨沟丛林中穿行》（龚学敏）、《蝴蝶兰》（华清）、《兄弟》（高兴）、《和田玉》（祁人）等艺术感觉灵动曼妙、生命体验独到深刻、意境优美生动的诗歌文本，这些诗歌文本以其情感的纯度与深度而光芒独具，赢得读者的喜爱。

“口语写作”作为一种相对新颖的写作向度，自二十世纪八九十年代开始滥觞，进入21世纪则形成一股写作潮流，它在艺术方法上主要致力于对“语感”的营造，在内容上则强调对日常生活经验的表现与提升。其中，于坚、严力、伊沙、侯马、中岛、徐江、唐欣、沈浩波、马非、赵思运、陈衍强、冰峰、伍迁、斯如、陈琦、温暖的石头、龙俊、张二棍等一大批诗人在“口语写作”上表现较为突出，为诗坛提供了《纯棉的母亲》（于坚）、《黑暗之歌》（严力）、《他手记》（侯马）等一系列外表形式单纯实质思想情感厚实深刻的出色口语诗文本。

“书面语”加“口语”的“复合型写作”综合了“书面语写作”和“口语写作”所具有的艺术优点，因而持这一写作倾向的诗人在数量上更为可观。其中，陆健、莫非、梁平、车延高、骆英、姚风、商震、谷禾、谢克强、阿毛、周占林、唐诗、罗亮、高作余、张民、西可、胡建文、杨北城、胡刚毅、周瑟瑟等一大批诗人较具代表性，他们同样为诗坛奉献出了《夏娃》（陆健）、《寒了心》（莫非）、《西川佛都》（梁平）、《提心吊胆的爱你》（车延高）、《与麻雀对话》（骆英）、《耳边风》（姚风）、《结局》（商震）、《虚无的蓝》（谷禾）、《青藏铁路》（谢克强）等一大批艺术形式与思想情感内容俱佳的诗歌文本。

上述三种写作倾向形成了一种既相互对立疏离又互补互渗的复杂情

势，多元化的诗歌写作格局得以彻底彰显，并呈现出某种繁荣的态势，21世纪以来诸多“诗歌流派运动”及“诗坛论争”现象便是有力表征。其中，“70后”诗歌运动、“中间代”诗歌运动可以被视为颇具代表性的“诗歌流派运动”现象。

所谓“70后”诗人是一批出生于20世纪70年代的青年诗人集体式的自我命名，意在强调他们作为一个新起的诗歌群体不同于“前辈”诗人们的诗学追求和“代际意识”。2000年1月，由青年诗人黄礼孩精心策划并主编的民刊《诗歌与人》在广州诞生。该期刊物以“中国70年代出生的诗人诗歌展”为编辑主旨，集中推出了55位20世纪70年代出生的诗人。刘川、孙磊、吕约、蒋浩、刘春、江非、魏克、黄金明、泉子、宇向、梦亦非、谢湘南、张况、安石榴、余丛、沈浩波、朵渔、潘漠子、李红旗、李晓君、尹丽川、巫昂、王琪、徐南鹏、虫儿、黄海等被视作“70后”具代表性的诗人。“70后”诗人以其整体上与“前辈诗人”有别的鲜活风格与新锐态势，为新世纪的诗歌写作带来了新的诗歌经验，注入了新的活力。而随后出现的“80后”诗歌运动，则是对“70后”诗歌运动的完全复制，反映了一批更为年轻的诗人进入历史（当代诗歌史）的强烈愿望与焦虑心态。

2001年8月和9月，福建女诗人安琪与“70后”诗人黄礼孩合作选编了一本《大陆中间代诗人诗选》，安琪在序言中提出了“中间代”的概念，并在该诗选中将赵丽华、安琪、沈苇、潘维、古马、臧棣、马永波、余怒、路也、伊沙、杨子、刘洁岷、老刀、非亚、世宾、马策、黄梵、林茶居、雷平阳等一大批20世纪60年代出生的诗人归入到“中间代”行列。2004年6月，由安琪、远村、黄礼孩合编了一部《中间代诗全集》，同样源于文学史的焦虑心态，编选者所提出的“中间代”概念并不具有很强的学理性，认可度非常有限，但是这部诗选却集中展示了一大批风格各异的20世纪60年代出生的诗人的整体雄厚的创作实力，为21世纪中国新诗的发展前景树立了必要的信心。

与此同时，21世纪十多年来颇令诗界瞩目的“民间诗刊热”及“网络诗歌热”现象也可视为21世纪诗歌写作活跃态势的有力表征。置身于互联网时代，网络对诗歌生产的影响与作用是巨大的，是不容回避的。其中，诗生活、扬子鳄、天涯、中国诗歌流派网、中国诗歌网等诗歌网站与诗歌论坛，整体而言对21世纪的中国新诗产生了积极的推动作用

（网络诗歌良莠不齐，需要我们甄别并加以正面引导）。总之，传统诗歌与新媒体诗歌如今形成了并驾齐驱、互相促进、互为补充的局面与态势，年度诗歌作品创作数量极为繁盛（据说每年创作的诗歌作品数以十万百万计）。同时，每年推出的各种富有特色与艺术水准的年度性诗歌选本不下十余种，每年评选的各种具有特色与影响力的诗歌奖项不下几十项。21 世纪诗歌的繁荣迹象还是令人倍感欣喜的。

在 21 世纪十多年来活跃纷繁的诗歌写作中，陆续出现了六个主要的诗歌写作向度与艺术“增长点”。下面分别予以简要介绍与论述。

写作向度与艺术“增长点”之一：“先锋性写作”

所谓的“先锋性写作”是指诗人对传统诗歌理念与美学趣味的否定，对传统语言形式与艺术风格的反叛，以及对现存文化秩序的解构冲动。21 世纪出现的“先锋性写作”，首先是对第三代诗歌先锋精神的继承，然而它以极端的姿态来凸显其前卫性的诗学观念（例如“下半身写作”的诗学主张），实质上却是对 21 世纪大众文化潮流自觉或不自觉的迎合。在具体的实践过程中，“先锋性写作”与“口语写作”呈现大面积重合与交叉的现象，这是由口语诗人的写作立场导致的结果。在“先锋性写作”向度上，伊沙、沈浩波、朵渔、吕约、余怒、安琪、赵丽华、尹丽川、巫昂、徐慢、王晟、丁成等诗人表现抢眼。伊沙在 20 世纪 90 年代以充满解构精神的先锋诗歌文本《饿死诗人》《车过黄河》而受到诗坛瞩目，口语加反讽，是伊沙先锋诗歌文本两个基本元素。21 世纪以来，伊沙的创作一直保持旺盛的状态，数量可观，也时有佳作问世（如《在四川眉山彭祖祠》《枪手》），伊沙先锋诗人的姿态表现对口语诗一以贯之的坚守上。与伊沙有所不同，相对年轻的沈浩波在早期创作阶段曾受到过伊沙的影响，但在诗艺上进步很快的他并未将口语完全忠实地运用到他的诗歌文本中，而是根据创作的具体要求适度选用书面语，以维护其先锋精神的内核，他从早期对身体叙述的迷恋成功转型为对灵魂探索与独立精神品格的维护，凸显了沈浩波作为一个真正先锋诗人的形象。他的《文楼村记事》《奏鸣曲》《蝴蝶》等均是具有颇高思想艺术水准的先锋诗歌文本。与伊沙、沈浩波形成对照，作为女性诗人，吕约诗歌写作的先锋品质主要体现在她对男权文化秩序的犀利解构姿态与对女性精神立场的坚定持守上。在吕约的《老子》《欢爱时闭上的眼睛》《儿童节的代价》等代表性文本中，我们既能感受到女诗人对于女性经验深入到位的体察能力，也能体验到女诗人语言简洁、生动、尖锐，意象鲜明，思想睿智的创作特征，这凸显了吕约其出色先锋女性诗人的形象。

写作向度与艺术“增长点”之二：“神性写作”

简而言之，“神性写作”就是具有宗教性体验或准宗教性体验的写作向度，它以崇高感作为自身最高的美学准则。在文化诗学层面，“神性写作”就是对于“口语写作”有效且必要的审美反拨。从作品的一贯风格面貌来看，吉狄马加、大解、寒烟、李南、徐俊国、杜涯、姚辉、沙光、杨键、谭延桐、刘以林、鲁娟、徐柏坚、楚天舒、讴阳北方、曹有云等诗人可以视为“神性写作”的主要代表性诗人。

有着彝族文化精神背景的诗人吉狄马加对崇高事物有一种天然的亲近与热爱之情。因而，吉狄马加的诗歌文本通常采取歌唱的方式来表达诗人对神圣境界的孜孜追求，他迄今三十余年的创作生涯就是寻求神圣心灵道路的过程，最能体现吉狄马加“神性写作”诗学风格的作品，当属于他最近推出的两部长诗《我，雪豹》（2014 年）与《致马雅可夫斯基》（2016 年）。这两部长诗是诗人吉狄马加分别与纯洁精神家园象征之物“雪豹”和崇高精神信仰化身伟大诗人马雅可夫斯基一次想象中的心灵对话，两部作品的高迈立意与庄严气象对读者而言是一种精神的洗礼，“神性写作”的非凡感染力量是其他写作向度的诗篇所不能比拟的。

而汉族的大解、寒烟、李南、徐俊国、姚辉等诗人，他们本身并无充满宗教色彩的少数民族文化背景，他们更多是以一种谦卑、敬畏的心态去发现日常生活中的神秘事物与伟大力量，然后以聆听、仰望的姿态去对神圣性的事物予以细致、生动的艺术化记录与呈现，同样能够带给读者的心灵以悠长深沉的审美陶醉与感动。

写作向度与艺术“增长点”之三：“人性化写作”

如果说，“神性写作”是一种仰望神明的姿态，那么，“人性化写作”

就是一种俯视自身灵魂世界的行为，是自我精神姿态的放低与下降。“人性化写作”在诗歌的内容上普遍显示人性体验的深度与广度，显示出对人的日常生存境遇与灵魂本身复杂情形的关注。叶延滨、韩作荣、刘立云、李轻松、杨晓民、陈先发、大卫、宋晓杰、西娃、马铃薯兄弟、刘福君、王顺彬、吴海歌、孙晓杰、黄芳、倮倮、陈树照、江非等一大批基本上独立于“民间写作”与“知识分子写作”这两大“诗歌阵营”之外的诗人，均创作出了“人性化写作”的出色诗歌文本。以叶延滨的《恩仇》为例，该诗以童话般的表现手法，把母与子之间爱恨情仇的复杂纠结表现得酣畅淋漓，令人感动。再以韩作荣的《呐喊》为例，诗人以灵魂自省的方式把灵肉之间的冲突与挣扎大胆地表现出来，读之让人荡气回肠。“人性化写作”大大彰显诗歌的真实性力量，展示出诗歌的内在深度。

写作向度与艺术“增长点”之四：“长诗写作热”现象

自21世纪伊始，许多诗人便投入大量精力与心血进行着长诗的创作，意图通过营造在结构上较具规模与难度的诗歌文本来实现自己某种宏大的艺术追求。其中，洛夫的《漂木》、林莽的《记忆》、大解的《悲歌》、梁平的《重庆书》《三星堆之门》、胡丘陵的《2001年，9月11日》、赵红尘的《酒神醉了》、伊沙的《唐》、陆健的《田楼、田楼》、洪烛的《我的西域》、黄亚洲的《重走长征路》、路云的《彼岸》、郑小琼的《完整的黑暗》、侯马的《他手记》、阎志的《挽歌与纪念》、海啸的《海啸三部曲》、董迎春的《水书》、高凯的《百姓中国》、阿尔丁夫·翼人的《沉船》、汤松波的《东方星座》、南方狼的《青铜调》、雁西的《致爱神》、张绍民的《自由百科全书》、张况的《中华史诗》、翟永明的《随黄公望游富春山》等长诗均是在艺术上各有特点并引起诗坛关注的诗歌文本，较大程度上代表着21世纪以来长诗写作领域所取得的最新成果，有力彰显出21世纪中国新诗的繁荣局面。

写作向度与艺术“增长点”之五：地域性写作或地方主义写作

在当下，随着全球化时代的来临，我们的写作已置身于全球化语境之中，为了凸显中国当代诗人的文化身份及写作的有效性，对本土经验的强调就成为中国当代诗人无可回避的艺术伦理。具体到当下中国的诗歌写作语境中，则必须强调一种地域性写作或地方主义写作，即诗人的写作须立足本土，深入挖掘本土生存体验，并在作品中自觉地融入本土的风土人情与审美文化经验，使得每位诗人的创作因充分传达地方性知识与地域性生存经验而具有独特文化精神价值，进而产生独特的艺术感染力。

近些年来，地域性写作或地方主义写作在诗歌界已达成了一种共识，已有不少诗人自觉进行着写作实践并进行理论的建构（如谭克修）。在地域性写作诗歌文本中，地域文化元素（包含民族审美文化元素在内）是其突出艺术表征，由此构成了独特的文化气息与审美价值。例如，来自大凉山的彝族诗人阿库乌雾创作出了一系列描述大凉山景色、体现彝族文化风情的优秀作品，来自小凉山的普米族诗人鲁若迪基创作出了一系列具有浓郁小凉山地域文化色彩的动人诗篇，来自拉萨的诗人贺中、琼吉等在其诗作中以民谣式语言传达了颇为地道的西藏风情，来自新疆的诗人李东海、南子、绿野、堆雪等在他们的诗作中则有意无意地呈现出北疆风光与南疆风情。再例如，来自海南的诗人王凡、李孟伦、乐冰等在其诗作中对南海风光进行了艺术化的表现，来自山西长治的诗人郭新民、姚江平、金所军等在他们的作品中展示了太行山区的风土人情，来自广西的诗人刘春、刘频、田湘等在他们的作品中透露出南方大地的特有迷人气息，来自湖北地区的乡土诗人田禾与阎志在他们的作品中展示了诗人少年时代江汉平原的美丽多姿风光与贫穷生活图景，而来自甘肃地区的乡土诗人高凯则在他的怀旧性诗篇中着力刻画了萧条荒凉的陇东形象，这些充满地域色彩与元素的诗歌作品，均给人留下鲜明深刻的阅读印象。

写作向度与艺术“增长点”之六：“散文诗写作热”现象

散文诗作为诗歌的一种体裁与独立形态，在中国当代诗歌史上长期处于边缘地位，得不到诗人们的重视，这种尴尬情形直到进入 21 世纪第二个十年即 2010 年前后才得以初步破除。大约十年前，周庆荣、灵焚等长期致力于散文诗创作的诗人在北京成立了“我们”散文诗群，他们从理论到实践都非常积极热情地推广散文诗，发起了一个散文诗写作的复兴运动，吸引了国内众多诗人加盟其中。如今，散文诗的写作形成了一股热潮，呈现出某种繁荣的迹象。

在散文诗写作的庞大群体中，周庆荣、灵焚、黄恩鹏、唐朝晖、庄伟杰、爱斐儿、亚楠、喻子涵、冯明德、语伞、箫风、宓月、赵宏兴、陈旭明、王妃、南小燕等诗人在创作上表现出色或比较抢眼，他们能够恰当把握散文诗的艺术分寸，把散文诗的诗形与诗质予以全面表现，让读者在从容的节奏中领略优美的意境与深刻的思想。总之，态势兴旺的散文诗写作为21世纪诗坛增添了一道靓丽的风景，丰富了中国新诗的美学形态。

从1917年初胡适在《新青年》杂志发表白话诗算起，中国新诗迄今已走过了一个世纪多的历程。百年中国新诗所走过的历程可谓一条光荣的荆棘之路，因为它所付出的代价与它所收获的掌声与鲜花还远不成比例。除了百年来中华民族不断遭逢的内忧外患、时局动荡等各种外部力量与因素的强大干扰，中国传统诗歌观念与审美趣味对于大多数人的有力牵制和规范，使得人们对于新诗始终存在不小误解，普遍评价不是很高。其实，这是有失偏颇的。主要理由可陈述两条：其一，新诗毕竟只有百年的历史，动辄就拿唐诗宋词的标准来对照衡量，显然是过于苛刻了些，也欠公允；其二，在读者当中，大多数人的审美观念、审美趣味较为传统、保守，因此不能真正欣赏新诗的好处。实际上，新诗百年，名篇迭出，佳作如林，出现过人们争相传诵一首好诗或其中部分片段的动人情景（如艾青的《我爱这土地》、余光中的《乡愁》、北岛的《回答》、舒婷的《致橡树》、食指的《相信未来》、顾城的《一代人》、海子的《面朝大海 春暖花开》，等等）。自20世纪下半叶以来，随着中国与西方国家文化艺术交流局面的初步形成与规模的日渐扩大，众多杰出与优秀的中国诗人通过作品译介或其他交流途径先后为西方诗界及文学界所熟悉乃至获得高度赞誉。例如，著名琼籍台湾诗人罗门、蓉子夫妇于1969年应邀出席在马尼拉举行的首届世界诗人大会，荣获大会颁发的“杰出文学伉俪奖”；自20世纪80年代以来，艾青、北岛、洛夫等杰出的现代汉语诗人屡次获诺贝尔文学奖候选人提名，这无疑是属于中国现代诗人与中国新诗的光荣与骄傲！

毋庸讳言，已届百年华诞的中国新诗整体上已经取得了令人瞩目的成就，但从新诗园地众多辛勤耕耘者的内心愿望来衡量，新诗的现状与它的理想目标之间仍存在较大的距离，除了经历过几个短暂的辉煌时刻，百年新诗在绝大多数时期仍然遭受到大众的普遍淡漠。严格说来，在百年新诗发展史上，我们的诗坛上还没有出现过像艾略特、庞德、叶芝、里尔克、瓦雷里、奥登、阿赫玛托娃、帕斯捷尔纳克、聂鲁达、博尔赫斯、帕斯等那样的具有广泛国际影响的大师级诗人，也没有产生出像《荒原》《比萨诗章》《海滨墓园》《杜伊诺哀歌》《太阳石》等具有里程碑式的大师级文本。大师级诗人及大师级文本的相对匮乏，引发了中国当代诗人的普遍焦虑与内在不满。在当下，新诗由于商品经济与娱乐浪潮的冲击正处于边缘化，而且又由于相对规范的诗之标准的缺失，情形有些不容乐观，能够扭转新诗局面的只有寄希望于大师级诗人及大师级文本的出现。令我们感到欣慰的是，当今诗歌创作领域形成了老、中、青四五代人“同台竞技”的动人景观。郑敏、李瑛、屠岸、成幼殊、灰娃、任洪渊等老一辈诗人诗思活跃，宝刀不老；中青年诗人们出手不凡，艺术功力日趋深厚；而郑小琼、阿斐、熊焱、盛华厚、李浩、罗铖、曹谁、吕达、马慧聪、胡勇、戴潍娜、张琳、张元、高璨、玉珍、蓝冰琳等一大批出生于 20 世纪 80 年代及 90 年代的诗歌新人又在“悄悄”地涌现和成长，他们在诗歌写作中显露了良好的艺术潜质，很快将成为 21 世纪中国新诗舞台上的生力军，发展前景当不可估量，值得期待。我们有理由相信，只要众多中国当代诗人奋发图强、精益求精，抛掉于艺术探索不利的浮躁和虚荣心态，最大限度地争取关心新诗前途的人们的理解与支持，积极进取，不断创造出融本土经验与世界眼光于一体的出色诗歌文本，那么，已经迎来百年华诞的中国新诗必有一天会再现辉煌，重新赢得令世人称羡不已的“盛唐气象”！

作者简介：谭五昌，江西永新人。2004 年获北京大学文学博士学位，毕业后任教于北京师范大学文学院。现任北京师范大学中国当代新诗研究中心主任，兼任贵州民族大学、西南民族大学等多所高校客座教授。迄今已出版《21 世纪诗歌排行榜》《面朝大海　春暖花开——海子诗歌精品》《20 世纪中国新诗中的死亡想象》《诗意的放逐与重建——论第三代诗歌》《在北师大课堂讲诗》（五卷本）等诗歌类编著与学术专著 30 余种。

第二辑　读书讲义

《平凡的世界》的魅力

◎ 贺绍俊

今天我与大家来分享《平凡的世界》这部当代文学的优秀作品，这个题目也是主办方出的，我是来做命题作文。

《平凡的世界》的确是部优秀作品，也获得过茅盾文学奖，但为什么主办方选择了这部小说要我讲呢？我想可能与前一段在电视上播放过同名电视剧有关，那一段因为电视上播放《平凡的世界》，也使得这部小说的故事成为人们热议的话题。媒体也围绕《平凡的世界》和路遥做了不少文章，也让路遥这位已经逝世二十多年的当代作家，再一次成为人们致敬的对象。人们可能会想，幸亏影视界改编了电视剧《平凡的世界》，让这部小说又火了起来。但公平地说，《平凡的世界》作为一部当代文学的经典作品，并非是靠这次电视剧的播出才出名的，其实在电视剧播出前，这部小说一直就受读者欢迎。《平凡的世界》自出版以来，就成为一部始终受到读者喜爱的常销书，读者的欢迎持续二十多年不减。中国科学院生态环境研究中心国情研究室在 1999 年做过一次“1978—1998 大众读书生活变迁调查”，根据调查结果，评选出“到现在为止对被访者影响最大的书”，排在前三位的是《红楼梦》《三国演义》和《钢铁是怎样炼成的》，《平凡的世界》排在第六位。广西大学的老师还做过一次“茅盾文学奖获奖作品调查”，调查结果表明，在获奖作品中，读者购买最多的是《平凡的世界》，读者最喜欢的作品也是《平凡的世界》。2008 年，新浪网做过一次“读者最喜爱的茅盾文学奖获奖作品”的调查，调查结果，《平凡的世界》以 71.46% 的比例高居榜首。2012 年，“文明中国”全民阅读调查中，《平凡的世界》甚至超过了《红楼梦》，在读者最想读的图书中排在第二名，同样在这一年，由北京市委宣传部等十七家单位组织的“大众有奖荐书活动”中，《平凡的世界》是推荐者最多的一本图书。《平凡的世界》出版后，中央人民广播电台就将其搬上了小说连播的节目，20 世纪 80 年代电视还没有普及，广播电台的听众远远多于电视观众，小说播出后，中央人民广播电台收到了数千封听众来信。有一封学生的来信说，他们有二百七十人住在一幢四层楼房里，约有一百部收音机、录放机，在中午 12 点半都同时收听《平凡的世界》。现在《平凡的世界》一共印了多少册，我没有了解到确切的数字，但不久前我去西安，听与路遥女儿熟悉的朋友介绍，出版社每年给路遥女儿的版税都有上百万，可见每年出版社重印《平凡的世界》的量都是很大的。我想从下面几点，谈谈《平凡的世界》

其一，《平凡的世界》的魅力来自作家心血之凝聚

《平凡的世界》共分三部，路遥为写这部宏大的著作耗尽了心血。路遥是 1992 年去世的，他去世时才 43 岁，英年早逝，在很大程度上是因为路遥为写这部小说而透支了生命。路遥是新时期成长起来的作家，20 世纪 80 年代初他的中篇小说《人生》发表后给他带来了极大的声誉,《人生》获得了当时的全国中篇小说奖。紧接着，西安电影制片厂又邀请路遥当编剧，把《人生》改编为电影。《人生》的成功大大激励了路遥，他在写作上有了更大的雄心，他要写一部全景式反映从 1975 年之后中国城乡社会近十年间变迁的史诗性小说，当时就确定了小说的框架是三部、六卷、一百万字。从 1983 年起路遥就酝酿构思这部小说，为这部小说做前期准备。一直到 1985 年，他把构思想明白了，就背着两大箱资料和书籍，还有十几条香烟和两罐“雀巢”咖啡，来到铜川矿务局的一所煤矿医院，开始了《平凡的世界》的写作。1986 年完成第一部后，路遥又躲进吴起县武装部院的窑洞里开始写第二部，这时候路遥已经感到身体不舒服了。第二部写完时，忽然就吐了一口血。医生告诫他必须停止工作，否则就不能保命。但路遥把医院的检查结果藏起来，也不去治疗，就自己找点中药吃。1987 年，路遥又来到榆林宾馆，开始了第三部的创作，一直到 1988 年春节前夕，他终于完成了《平凡的世界》的写作。

路遥就是这样一位认真的作家。不说别的，就从他写《平凡的世界》架势中就能看出这一点。他住在西安，生活很方便，但当他决定写这部宏大构思的作品时，却专门要找一个偏僻的地方，他为的就是躲避世俗

的烦扰，一心一意地写作。光是一个开头，他就整整想了三天，动笔开了一个头，不满意，撕了，又想，又动笔，又撕了。三天了他还没有一个满意的开头。可见他的认真劲儿。但三天后他自己都慌了，就给自己的好朋友打电话，说，三天了，我还没有写出开头，如果再过三天，我还写不出开头，你一定要来一趟，看我到底出了什么问题，如果这三天我不给你打电话，就是我已渡过难关了，你就不用过来。好在三天过后，他的这位朋友没有接到电话。

那么路遥想了三天三夜还要多的时间，想出的开头是怎样的呢？我想朗读一下：

> 1975年二三月间，一个平平常常的日子，细蒙蒙的雨丝夹着一星半点的雪花，正纷纷淋淋地向大地飘洒着。时令已快到惊蛰，雪当然再不会存留，往往还没等落地，就已经消失得无踪无影了。黄土高原严寒而漫长的冬天看来就要过去，但那真正温暖的春天还远远地没有到来。
>
> 在这样雨雪交加的日子里，如果没有什么紧要事，人们宁愿一整天足不出户。因此，县城的大街小巷也比平时少了许多嘈杂。街巷背阴的地方，冬天残留的积雪和冰溜子正在雨点的敲击下蚀化，石板街上到处都漫流着肮脏的污水。风依然是寒冷的。空荡荡的街道上，有时会偶尔走过来一个乡下人，破毡帽护着脑门，胳膊上挽一筐子土豆或萝卜，有气无力地呼唤着买主。唉，城市在这样的日子里完全丧失了生气，变得没有一点可爱之处了。

很平实，也很流畅，并没有惊世骇俗之处。但因为路遥把心血全部凝聚在笔端，所以这种平实的叙述会牵着读者一点点地读下去，越读越感到有魅力。

小说写的是平凡的人物，他们的经历也是现实生活中最常见到的，也就是说，路遥不是采取传奇化的方式来讲故事的。传奇化有利于将人物塑造得更为高大，也会使得情节更有感染力，但路遥是从平凡的生活里提炼出故事情节，这样的故事情节会让读者有一种经验上的共鸣，因为他们的生活中可能也有过相似的经历。

下面我简单介绍一下小说的故事内容：

第一部写1975年初农民子弟孙少平到原西县高中读书，他贫困自尊，学习和劳动都好，与地主家庭出身的郝红梅互相爱怜，后来郝红梅却与家境优越的顾养民恋爱，孙少平又高考落榜，回乡生产。但他并没有消沉，与县革委副主任田福军女儿田晓霞建立了友情，在晓霞帮助下关注着外部世界。孙少平的哥哥孙少安一直在家劳动，与村支书田福堂女儿、县城教师田润叶是青梅竹马，却遭到田福堂反对。经过痛苦的煎熬，孙少安到山西找到了勤劳善良的贺秀莲，田润叶也只得含泪与向前结婚。这时农村生活混乱，旱灾又火上浇油，田福堂为加强自己威信，组织偷挖河坝与上游抢水，不料出了人命。为了“学大寨”，他好大喜功，炸山修田，叫人搬家又弄得天怒人怨。生活的航道已到了非改变不可的地步。

第二部写1979年春十一届三中全会后百废待兴又矛盾重重的情况。田福堂连夜召开支部会抵制责任制，孙少安却领导生产队率先实行，接着在全村推广了责任制。孙少安进城拉砖，用赚的钱建窑烧砖，成了公社的“冒尖户”。孙少平青春的梦想和追求也激励着他到外面去“闯荡世界”，他从漂泊的揽工汉成为正式的建筑工人，最后又获得了当煤矿工人的好机遇，他的女友田晓霞从师专毕业后到省报当了记者，他们相约两年后再相会。润叶远离她不爱的丈夫到团地委工作，引起钟情痴心的丈夫酒后开车致残，润叶感到内疚回到丈夫身边，开始幸福生活。她的弟弟润生也已长大成人，他在异乡与命运坎坷的郝红梅邂逅，终于两人结为夫妻。往昔主宰全村命运的强人田福堂，不仅对新时期的变革抵触，同时也为女儿、儿子的婚事窝火，加上病魔缠身，焦头烂额。

第三部写1982年秋孙少平到了煤矿，尽心尽力干活，成了一名优秀工人，一天下工时田晓霞在井口灿然地迎接了他。孙少安的砖窑也有了很大发展，他决定贷款扩建机器制砖，不料因技师根本不懂技术，砖窑蒙受很大损失，后来在朋友和县长的帮助下再度奋起。田润叶也生活幸福，生了个胖儿子，田润生和郝红梅的婚事也终于得到了父母的承认，并添了可爱的女儿。但是祸不单行，孙少安的妻子贺秀莲，在欢庆由他家出资两万元扩建的小学成立的大会上口吐鲜血，确诊肺癌。田晓霞在抗洪采访中为抢救灾民光荣献身。孙少平在一次事故中为救护徒弟也受了重伤。但他们并没有被不幸压垮，孙少平从医院出来，又充满信心地回到了矿山。

其二，《平凡的世界》的魅力来自作家真诚的写作姿态

路遥对写作抱有真诚的态度，他是发自内心地传达自己的思想和情感的，他要表达的也正是他自己力图做到的，比方说，小说中的人物积极面对苦难，也正是他自己的真实写照。

苦难，是路遥一生的伴侣，正视苦难，积极乐观地面对苦难，也是路遥最重要的文学资源。路遥小时候生活很苦，他是大伯带大的，大伯自己还有两个孩子，没有钱，大伯就不让孩子读书。路遥读了小学，准备参加全县的升初中考试，大伯不让他参加考试。路遥说："不让继续上学可以，但还是让我去考试吧，考一下证明我学习得怎么样。"就这样他参加了考试，一考考了全县第二名。路遥把录取通知书也领回来了，但大伯不吭声。直到开学报到那一天，大伯说，这学肯定不能上，天王老子说了也没用！路遥就去找村支书，他跑到村支书跟前，哭着说："干大，我想上学，你给我想想办法！"村里也穷，村支书就挨家挨户借了两斗黑豆，交给路遥，让路遥换成钱去交报名费。路遥进了城，卖了黑豆，换了钱，跑到县中学去报名，但县中学不收他了，因为学校有规定，新生超过一个星期不报到就除名。路遥再一次哭着找到村支书，说："学校已经不收我了！"村支书又专程赶到县中学，找到校长，恳求学校网开一面，校长被打动，才破例收了路遥。路遥一方面真实感受到了生活的苦难，另一方面，他也特别珍惜苦难中的友谊和善良。没有这次他努力地争取上学，也许就没有了一个伟大的作家路遥和伟大的作品《平凡的世界》，但同时，在经历苦难的过程中，路途培育起他的积极乐观的世界观，这更是成就他的关键。

在路遥的小说里，苦难是重要的内容。路遥写苦难，都有着切身的体验，比如饥饿感，对于路遥来说，是刻骨铭心的记忆。他一生经受的饥饿的折磨太多了。所以他写《平凡的世界》时，不由自主地就从孙少平吃午饭开始了小说的叙述。小说的第一章写的就是孙少平在读高中时吃午饭的尴尬情景。因为贫穷，他与另外一名女学生都是拖到最后才去取饭，这样就避免了被人嘲笑。小说写到饥饿时，都写得特别细致，比如："他站起来，用手抹了一把脸，端着半碗剩菜汤，来到西南拐角处的开水房前，在水房后墙上伸出来的管子上给菜汤里搀了一些开水，然后把高粱面馍掰碎泡进去，就蹲在房檐下狼吞虎咽地吃起来。"这样的

细节让人身临其境，这也是一个亲身感受过饥饿的作家才能写得出来的。路遥后来就说过，那时他读中学，常常饿得发晕，他交不起每月四五块钱的伙食费。后来路遥成了专业作家，情景也没有改变多少。他的《人生》获奖后，要去北京出席颁奖会，但他拿不出去北京的路费，只好打电话给他的弟弟王天乐，他弟弟在煤矿当采煤工人，弟弟从工友那里借了五百元钱，专程赶到西安火车站，送给在那里等着去北京的路遥。这样他才去北京领了奖。

路遥写《平凡的世界》采用的也是平凡人的视角，他站在平凡人的立场上，以平视的姿态去看待世界，一点也没有高高在上的心理。在这一点上他表现得特别真诚。从平凡人的立场出发，写到了平凡人的自尊心，他的叙述传达出他的真诚意愿：要尊重平凡的人。而这种态度、这种意愿，特别能够引起普通读者的共鸣。在《平凡的世界》里，路遥就塑造了许多地位卑微、自尊心却极强的人物。孙少平就是一个典型代表。孙少平家庭贫穷，在学校吃不起白面馍，每顿只能吃两个黑面馍。他虽然并不认为贫穷是可耻的，然而，他毕竟年轻，有好胜心，因此他不愿意和别的同学一起用餐，不愿意和别人形成一种鲜明的黑白对比，不愿意用自己的寒酸显出他人的富有。为了避开他人的嘲笑和自己的难堪，免于自己的自尊心受到伤害，他每天都要等到其他人都离开后，才去拿自己的两个黑面馍。小说中有很多涉及尊严和自尊的情节。比如贫家子女郝红梅，她很爱面子，很在乎自己在同学们心目中的形象。在中学毕业同学们互赠礼物作为留念时，她担心不送别人礼物会被同学看不起，于是就去偷盗供销社的手帕，但被人发现了。这时候孙少平正是出于对郝红梅自尊的保护，站出来用自己的人格作保证，才没有让郝红梅受更大的伤害。路遥尊重平凡人的态度的确发自内心，所以这种态度就会渗透在叙述中，在细微的细节设计中充分体现出来。比如他写孙少平到煤井下打工，这是很苦很累的活，在煤井下根本谈不上尊严，大家衣不蔽体，孙少平和大家一样。但是他只要从煤井上来，总要洗一个热水澡，穿上干净的衣服，其实这也是一种尊严的表现。

其三，励志的精神魅力征服了广大读者

《平凡的世界》出版后，并没有马上引起热烈反响，甚至文学界对它

的评价还不高。但这部小说逐渐受到了普通读者的欢迎，我们先引几段读者的话。

一位读者说：初冬的风呼呼地刮着，夜色从大地升起，渐次笼罩着茫茫的大平原。望着眼前的一切，我进退两难，欲哭无泪，心情降到了冰点。就在这困难的时刻，我蓦然想起了路遥，想起了《平凡的世界》里在街头秋风秋雨中茫然无路却咬牙坚持的孙少平。

另一位大学生读者说：路遥能在平凡中揭示现实生活中的人们所忽视的东西，给人一种感人至深的震撼，在平凡中告诉我的却是不平凡。生活这本书，路遥读得很认真，抓住了不为常人所注意的农村的生活现实，然后用朴实的语言写出伟大的作品。

还有一位打工者说，这本书为他们艰苦的打工生活增添了一层希望的亮色和一股奋斗的力量。

显然，读者在阅读《平凡的世界》时，能够被小说中的人物所感动、所鼓舞，他们从中获得了一种精神的力量，增添了克服困难的勇气。《平凡的世界》有着明显的励志作用，励志是这部小说最突出的精神魅力。这部小说真实地描写了中国在20世纪80年代前后发生的巨大社会变动中，生活在基层的各色普通人物为改变命运、为争取幸福而作出的努力。人的自尊、自强与自信，人生的挫折与追求，精神的痛苦与愉悦，伴随着人物的命运的展开在小说中彰显，令读者感慨万端。特别是主人公孙少平和孙少安，虽然两个农村青年选择的道路不一样，但他们的共同之处是在苦难面前敢于进行抗争，在人生道路上勇于开拓进取，读者往往都会以他们作为奋斗的楷模。

图书分类中有一种类型叫励志类图书。其实，很多读者就是把《平凡的世界》当成励志小说来读的。励志小说一般是以人物的困苦和磨难作为主要叙述内容，具有真情实感，可以达到激励他人的效果。励志小说不见得是被文学研究者公认的经典作品，但它因为励志效果，会拥有大量的读者。比较典型的励志小说有苏联的《钢铁是怎样炼成的》，也有人把21世纪出版的《杜拉拉升职记》看成是与今天这个时代相吻合的励志小说。但即使从励志的角度看，《平凡的世界》也比其他励志类图书更具有魅力。这种魅力就来自作者路遥的真诚和诚实。路遥写这部小说是以真诚的态度表达了他自己在人生磨难中的体验，诚实地书写了他对这个世界的认识。

路遥对苦难有着刻骨铭心的体验，他把这种体验不打折扣地还原在小说《平凡的世界》里，所以人们在读到那些关于苦难的书写时，才会有一种身临其境的感觉，才会被深深地打动。当然，光有真实的苦难体验，还起不到励志的作用。要说写苦难，有的作家写得比路遥更狠更惨，比如张贤亮的《绿化树》写知识分子在劳改农场遭受的苦难，又比如陈应松写的一系列以神农架山区贫困农民为对象的小说，但这两位作家对待苦难的态度是和路遥不一样的。他们对待苦难是一种悲剧性的、是带有强烈仇恨感的态度，因此他们书写苦难的主题也是侧重于批判性的。但路遥对待苦难的态度是积极的，因此他书写苦难的主题也就具有了励志的效果。他也将这种生活态度赋予小说中的主人公。比如主人公孙少平，经历了许多的生活磨难。原来他是细皮嫩肉的，后来变得又黑又粗，两只手被石头磨得全是硬茧，走路都要拱着腰，别人一看就知道他是个揽工汉。苦难在他身上留下如此明显的痕迹，同时也让他对苦难有了更深刻的理解，他建立起了“关于苦难的学说”，他说他很热爱自己的苦难，因为他相信，自己经历千辛万苦而酿造出的生活之蜜，肯定比轻而易举拿来的更有滋味。在路遥的笔下，孙少平不逃避苦难，面对苦难他反而有一种崇高的感受。这是一种不一样的精神气质，路遥把这种精神气质传达给读者，当然会有一种强烈的励志效果。

《平凡的世界》为什么受到那么多的读者，特别是生活在底层的普通读者的欢迎，还有一个重要原因，就是路遥写的是平凡人的平凡人生，写的是平凡人有不平凡的理想。小说没有轰轰烈烈的大爱大恨，完全是日常生活场景的真实呈现，但从中我们又看到了复杂的人情和真实而又无奈的人生。人们在不完美的生活中努力追求完美的路，这一切是那样的真实自然，让读者感到亲切可信。小说以陕北黄土高原双水村孙、田、金三家的命运为中心，反映了从“文化大革命”后期到改革开放初期广阔的社会面貌。双水村是个不起眼的小山村，位于横断山脉环抱的黄土高原。孙少安和孙少平这两兄弟是这部小说的主人公，他们身上也有着路遥兄弟俩的影子。他们是农村出身贫困的青年。孙少安上学时考试总是班上第一，学校的老师都说这个孩子将来准有出息。怎奈孙家家境贫寒，孙少安勉强读完高小便回到队里参加了农业生产劳动，和父亲一起挑起这副养家糊口的沉重担子。但孙少安绝不是平庸之辈，他有他的打算，也有他的抱负，他要通过他健壮的体魄和机敏的心智使他家和全村父老摆脱世代的贫困。孙少安是立志要在农村与苦难命运抗争的形象，孙少平则是走出农村、向往更大的世界的形象。孙少平进城的情景是很难堪的，他在城市尝尽了人情的冷暖：亲戚冷落、旁人冷眼、待遇不公、身体受伤。尽管如此，他没有被击倒，反而更加有了克服困难的力量。

小说写的是平凡的人物，他们的经历也是现实生活中最常见到的，但路遥从平凡的生活里提炼出故事情节，把国家大事、政治形势、家族矛盾、农民生活的艰辛、新一代的感情纠葛以及黄土高原古朴的道德风尚、生活习俗都真实而细腻地描绘了出来，构成了一幅中国 20 世纪 70 年代中期至 80 年代中期农村生活的全景式画卷，既透露出作者对家乡父老温馨动人的情愫，又体现了作者对生活、对社会、对历史、对人生富于哲理性的深刻思考与理解，读来严峻悲壮、真切动人。

其四，路遥证明了现实主义的持久魅力

《平凡的世界》采用的是典型的传统现实主义叙述方式，以生活的正常逻辑构思情节，重在塑造人物，讲述故事。而路遥又是一位具有极强叙述能力的作家，因此他采取传统现实主义的叙述方式得心应手。但当时路遥在写作上能做出这样的选择也是很艰难的。因为当时正是西方现代派文学潮流风行的时候，西方现代派的潮流一下子就冲决了我们过去修筑起来的现实主义大堤。回顾这段历史，有很多问题是值得反思的。过去我们是独尊现实主义，并且将现实主义意识形态化，从而导致了现实主义的作品及创作手法越来越远离现实主义的本来面目，变成一种僵化的现实主义、概念化的现实主义。读者阅读以这种方式写出来的小说，也感到了厌倦，因为他们从中读不到新的东西。这是 20 世纪 80 年代总的文学环境。在这种文学环境下，突破现实主义框框的写作，既受到作家的欢迎，也受到读者的欢迎。但是，路遥在这种环境中能够保持淡定和坚守，这同样也很不容易。因为现实主义在创作实践中出了问题，并不能说明现实主义本身就必须被抛弃了，现实主义还有没有生命力，这需要作家通过自己的实践来证明。路遥就宁愿做这样一名作家。这正是路遥的可贵之处。路遥并不是对新的东西没有感觉，其实他是一个对新东西特别感兴趣的作家。举一个小例子，他的中篇小说《人生》，主人公叫高加林，当时我读这个小说时，就觉得这个人物的名字比较怪，一点也不像是一个出生在农村的青年所取

的名字。后来才知道，这跟路遥中学时代的学习有关系。路遥是 1963 年考入县中学读书的，他经常到县文化馆阅览室看报。有一天在报纸上看到苏联宇航员尤里·加加林乘坐“东方一号”宇宙飞船在太空遨游的消息后，竟兴奋得一晚上没睡，他站在县中学的院子里，仰望夜空，想从满天的繁星里找到加加林乘坐的飞船。加加林成了他特别崇拜的英雄。当他写《人生》时，他要塑造一个走出乡村寻找理想的英雄时，自然想到了加加林，于是他就给他的人物取名为高加林。但路遥又是一个能够坚守的作家，他在文学上也有自己崇拜的对象，他的崇拜对象就是同为陕西作家的柳青，他不仅认同柳青的创作方式，更认同柳青对待农村和农民的立场和态度。他构思《平凡的世界》时，应该是想到了柳青写《创业史》，他也希望自己能像柳青那样，去写一部反映农村现实的史诗性的作品。路遥坚守了自己的文学立场和文学理想，他也通过自己的奋斗，证明了传统现实主义仍然具有生命力，证明了以传统现实主义叙述方式写出的作品仍然具有持久的魅力。

今天，《平凡的世界》再一次成为热门话题。我觉得在讨论《平凡的世界》时，尤其应该讨论一下传统现实主义的问题。今天的文学创作，仍然是现实主义唱主角，但今天的现实主义有了很大的变化，作家吸收了多方面的技巧，大大丰富了现实主义的表现手法。但是，传统现实主义的一些基本功能却被作家们丢弃了。从一定意义上说，传统现实主义的基本功能是叙事的基本功，这些基本功能包括塑造人物、描写细节、清晰地讲述故事。而这些基本功，在当前小说观念多元化的背景下，越来越不被作家重视，这导致作家整体的叙述能力下降，所写出的小说越来越难读。

其五，这是一部精神价值大于文学价值的小说

《平凡的世界》从第一部出版起至今，已经过了近三十年的时间，这部作品的阅读史和评价史也是一个值得探讨的话题。这次同名电视剧的热播再次将这个话题挑起，有人还由此提出了一个“《平凡的世界》现象”。所谓“《平凡的世界》现象”，就是指这部小说被广大读者看好，却不被专家学者看好。在文学史上，经常会有这种现象，好的文学作品被遮蔽了，后来的人才重新发现了它的价值。当然，《平凡的世界》并

不是一部长期被遮蔽的作品，但它也确实在最初出版时，不被文学批评界看好。甚至路遥在发表和出版这部作品的过程中都费了一些周折，其周折的原因就是因为当时文学界被现代主义思潮煽呼得热衷于新奇怪异，所以对路遥的这部还老老实实按传统现实主义方式来讲述乡村故事的小说不感兴趣。当时好几家重要的文学出版社看了路遥的第一部初稿后，都以写法太落后为由而拒绝了，为此路遥感到很苦恼。当然并不是所有的人都拒绝传统的小说。广东的花城出版社得到这一消息后，专门派《花城》杂志副主编谢望新坐飞机到西安来看稿子。谢望新看了以后，说这是近年来长篇小说的优秀之作，当时他就表示，不仅要在《花城》上发表，而且要组织召开作品研讨会，向社会推荐这部作品。

虽然从文学价值和文学独创性上而言，《平凡的世界》提供的东西并不多，但这部作品的确很受读者欢迎。这说明，读者阅读文学是有多方面的需求的。读者并不只是冲着文学性去的，读者在《平凡的世界》中更容易找到自己的影子，更容易从中获得一种现实的参照，因为受到精神上的鼓舞，更容易与其产生情感上的共鸣。同样是励志的效果，中国当代的读者，读《平凡的世界》就会比读《钢铁是怎样炼成的》要亲切得多。从文学的价值上说，路遥的《人生》比《平凡的世界》在文学价值上更大。《人生》塑了高加林这个在新旧时代交替时刻追求个人奋斗的青年形象，这个形象具有独特性。但《平凡的世界》比《人生》要有名得多。《平凡的世界》其精神价值大于文学价值，尽管它所包含的文学独创性并不突出，但它的精神价值具有持久的魅力，这本身就奠定了《平凡的世界》成为文学经典的基础。

其六，从陕西三位作家看现实主义的发展

陕西的三位作家：柳青、路遥、陈忠实，他们的创作有着一脉相承的关系，他们都是坚持现实主义创作手法的。柳青是后两位作家的前辈，路遥和陈忠实都很尊敬柳青，但他们同时又都在现实主义创作上有所发展，有所成就。从柳青到路遥再到陈忠实，从《创业史》到《平凡的世界》再到《白鹿原》，可以说构成了一条明显的文学谱系。

路遥说过，他是学习柳青的，他对柳青相当崇敬。他在很多方面都在学习柳青和《创业史》，比如他对农民和农村的描写、他的现实主义

手法、他的“史诗”情结等，都能看到学习的痕迹。但是路遥并没有停留在柳青的时代局限上，他削减了柳青的现实主义中的理想主义和乐观主义元素，拒绝拔高人物，绝不唱廉价的颂歌。于是他的现实主义与现实更加接近，他塑造的人物形象也更加丰满。路遥让现实主义面对了现实的严酷性，也让现实主义从政治的视角转向了平凡人的视角。

平凡人的视角、年轻人的心态、现实的真实感，路遥以这三个主要因素赢得了广大读者，也给社会性的现实主义注入了活力。但无论是的历史观还是文学观上，路遥并没有太大的突破。

路遥对陈忠实的“影响”也相当大。当陈忠实得知路遥的《人生》已经发表后，他“当天就到文化馆，拿到馆里订阅的第 3 期《收获》。然后迫不及待地回到自己的房间，一屁股坐在椅子上就读起来，几乎是一口气读完了这部十多万字的中篇小说。读完之后，陈忠实坐在椅子上，‘是一种瘫软的感觉’，这种‘瘫软的感觉’不是因了《人生》主人公高加林波折起伏的人生命运引起的，而是因了《人生》所创造的‘完美的艺术境界’”。“这是一种艺术的打击。陈忠实很受震撼，他当时创作激情正高涨着，读罢《人生》之后，却被几近彻底地摧毁。”后来路遥的《平凡的世界》出版了，陈忠实受到了更大的震动，他发誓要写一部可以死后垫枕头的作品。他怀着这样一股文学志气写出了恢宏浩荡的《白鹿原》。《白鹿原》完稿之后，陈忠实把稿子打出来，对他老婆说：“我五年就写出来这么一堆东西，现在把它抱到西安去。如果打响了，让你们娘儿俩到西安去，过城市生活。打不响一把火烧了！回来和你养鸡。”这颇有一点“风萧萧兮易水寒”的苍凉感。

相比于路遥的《平凡的世界》，《白鹿原》有了更大的突破。

陈忠实在《白鹿原》的开卷写下巴尔扎克的一句话：“小说被认为是一个民族的秘史。”这也透露出他写这部小说的意图。中国传统社会是一个宗法制影响很深的社会，因此家族是揭开中华民族“秘史”的最佳入口，这大概也是自现代以来家族小说特别受到作家青睐的原因之一。《白鹿原》可以视为一部纯正的家族小说，小说着重书写了白嘉轩和鹿子霖两大家族的几代子孙，他们两家的恩怨和命运，无不牵连着家仇国恨，又无不追溯到文化渊源。这是陈忠实所发现的“民族的秘史”，一个“秘”字道出了《白鹿原》的惊世骇俗之处。因为现代以来兴起的家族小说，在现代化思潮的大背景下，基本上都是从启蒙和革命的角度去描述家族史的，如巴金的《家》对封建大家庭的批判。而到了当代文学阶段，像《红旗谱》《三家巷》等家族小说完全是被当作革命史来写的。这样的家族小说揭示了历史的某一层面，也特别具有现实性，但难以深入到历史“秘”的层面。陈忠实完全摆脱了固有的家族小说思维模式，大胆地从文化的角度去描述家族史，于是便触到了中华民族的秘史和中国乡村的秘史。尽管从文化的角度构建家族叙事，陈忠实并非第一人，但他对传统文化和乡村文化有着特别深厚的钻研，他对家族命运的理解才会比别人更加透彻。他在小说中构建了一个以“仁义”为基调的宗法文化的坡塬，在这个坡塬上生活的人们，无论他们的生死哀乐，还是他们的爱恨情仇，都体现出一种说不清道不明的文化纠缠。

《白鹿原》激活了日渐贫瘠的乡土叙述，给当代文学提供了一种丰满的、富有色彩和文化意蕴的乡土叙述。乡土叙述是中国现当代文学中最有分量的叙述，而且乡土叙述奠定了现代文学的基础。具有浓郁意识形态色彩的农村题材改变了乡土叙述的路径，使乡土叙述呈现出文化贫瘠化的趋势。现代文学所开创的乡土叙述传统，是在营造一种自然的乡村、诗意的乡村和精神的乡村，而这一切均建立在文化的基础之上。由于现实中的中国乡村遭遇了文化贫瘠化的漫长过程，因此乡村叙述的文化贫瘠化可以说是文学对现实的一种折射。但作家应该意识到这一点，应该发现乡村现实中的文化稀薄和缺失，从而以一个充满文化意蕴的文学乡村去拯救现实的乡村。陈忠实在《白鹿原》中就是这样做的。这突出体现在他对白嘉轩这一形象的精心塑造上。白嘉轩可以说是中国最后一个乡绅的典型形象。中国乡村现实的文化贫瘠化，一个重要的原因就是乡村社会的乡绅阶层的彻底消失。乡绅阶层从文化的角度说，是乡村的精英，从文化功能上说，起到了乡村文化的储备、传播、积累和提升的作用。乡绅阶层始终是儒家文化最可靠的信徒，特别是在朝代更替，皇权易主的年代，乡绅捍卫儒学的决心和勇气更胜官吏一筹。他们对儒学长期不变的情有独钟，也使得乡绅阶层在社会上享有较高的文化地位。白嘉轩就非常形象地说明了这一点。要成为一个地方有威信的乡绅，既要有物质的准备，也要有精神的准备。白嘉轩相信勤劳致富，他是勤劳的，但陈忠实也丝毫不掩饰乡绅在原始积累上的罪孽，如果白嘉轩没有种植罂粟的经历，他可能还难以从众多普通农民中出人头地。但白嘉轩在精神上的准备也非常重要，他遵循着儒家的“仁义”，恪守着“学为好人”

的信仰。他在道德上的操守和践行，其实就是为当地开通了一条让文化之泉水流淌的渠道。鹿子霖看似是白嘉轩的对立面，其实从文化上说是对白嘉轩的补充，是另一种类型的乡绅，他们共同完善了乡村文化的建构。陈忠实清晰地把握了这一点，因此在他的叙述中始终贯穿着代表传统文化精髓的“白鹿精魂”。

《白鹿原》的第一句说：“白嘉轩后来引以为豪壮的是一生里娶过七房女人。”有人说这是陈忠实模仿马尔克斯的《百年孤独》的第一句。《百年孤独》第一句的“许多年以后”的确震撼了不少中国的作家，无论陈忠实是否模仿，我必须说，《白鹿原》的第一句也是一句了不起的经典，它的震撼力不亚于《百年孤独》的那一句。因为这一句浓缩了乡村宗法文化的精髓，这就是“繁衍”——人们的一切努力都是要保证家族的繁衍和兴旺。白嘉轩娶七个女人是为了达到续上白家的“香火”的目的，只有这样，他才能以族长的资格去布施儒家精神，教化民众。因此中国乡村宗法文化的“繁衍”包含着两个层面，一是生命的繁衍，一是精神的繁衍。陈忠实通过白、鹿两家的命运，写出了中国乡村的繁衍是如何的艰难和顽强，也写出了这种繁衍是如何走向衰败的。《白鹿原》就是中国乡村文化近百年来的真实写照。陈忠实在书写中多少流露出一种对历史的感伤和悲观，或许这种历史的感伤和悲观是中国现代化进程中无法回避的情绪，但陈忠实将其凝结在文学中以后，它就具有一种永恒的精神感染力。

嘉宾简介：贺绍俊，男，1951 年 9 月 16 日出生于湖南长沙。1983 年毕业于北京大学中文系。现为沈阳师范大学中国文化与文学研究所副所长，教授。曾任文艺报社常务副总编辑、小说选刊杂志社主编。中国作家协会会员，中国当代文学研究会常务理事，副秘书长。长年从事文学批评活动以及中国现当代文学研究。出版有著作：《文学批评学》（与人合著）、《文学中的性爱描写》（与人合著）、《鲁迅与读书》《还在文化荆棘地》等。撰写理论评论文章近百万字，分别发表在《文学评论》《文艺理论与研究》《当代作家评论》《小说评论》《人民日报》《光明日报》《文艺报》《文汇报》等全国性报刊上。

小说创作与阅读心得

◎　王跃文

在这篇文章中，我们讲六个关键词：题材、原创、语言、形象、真实、主题。

一、关于题材

有题材论，而不惟题材论。

过度强调题材，过去是受极左文学路线的影响；现在，理论界是偷懒，媒体界是跟风或噱头。

我们观察生活有多种视角，而题材论局限于社会学视角。社会学视角在中国往往会等同于政治视角，政治视角是比社会视角更极端、更狭隘的视角。艺术眼光同社会学眼光、政治学眼光是有区别的；同一件事，不同眼光下的结论是不同的。文学，应遵守艺术眼光。

典型的例子是司汤达的《红与黑》。它源于一桩凶杀案的报道，不过一个社会新闻。同一件事，记者眼里是个社会新闻；三流作家据此可以写一部侦探或法制小说；而司汤达用他杰出的文学眼光去观察，进而触发灵感进行虚构之后，则成为流芳百世的批判现实主义的世界名著。《安娜·卡列尼娜》的创作过程也是如此。

雨果的《悲惨世界》中，冉阿让因为偷窃一块面包而入狱，累累加刑最后被判十九年苦役，出狱之后，被一位狱警一直追踪。我们能说这是犯罪小说或法制小说吗？陀思妥耶夫斯基的《卡拉玛佐夫兄弟》，中心故事是一桩弑父案，臭名昭著的地主老卡拉玛佐夫同三个儿子争夺财产，最后被杀死，而且这桩案件疑点重重。我们能说这部小说是犯罪小说、法制小说或侦探小说吗？托尔斯泰的《复活》，地主少爷聂赫留朵夫诱奸了姑妈家的女仆玛丝洛娃，却始乱终弃。玛斯洛娃后来沦为妓女，多年后被指控谋财害命。进入上流社会的聂赫留朵夫深深自责并在内心忏悔；他替玛丝洛娃作无罪辩护未能成功，甘愿随同玛丝洛娃一起被流放到西伯利亚。他在对玛丝洛娃作劳而无功的拯救的同时，也拯救了自己的灵魂。我们能说这是犯罪小说或法制小说吗？

曹雪芹的《红楼梦》按题材论或类型小说划分，同廉政建设和法制建设都有关。只不过它提供的是廉政建设的反面材料，以贾府为代表的贵族极其腐败奢靡。而贾家最后被抄家，也与他们的诸多违法犯罪行为被泼皮倪二举报有关，如贾琏在国丧家丧期间偷娶尤二姐，贾赦为几把扇子逼死石呆子，王熙凤放高利贷，等等。我们能说《红楼梦》是反腐小说或法制小说吗？

青春小说指的是作家是青年，或写作对象是青年吗？

肖洛霍夫写《静静的顿河》时只有二十四岁；《红楼梦》的重要主人公不是贾母、贾政、王夫人等，而是宝黛钗等青年人。

作家和写作对象都是青年人的，如美国迷茫一代的作家作品，塞林格的《麦田的守望者》、凯鲁亚克的《在路上》，我们也不能简单地把这些小说叫作青春小说。

每一个人的庸常生活皆可为文学，每一张平凡的脸上都刻着历史风云。小说的本质是写人类的生存境遇、灵魂状态、精神成长。对于一个民族来说，正如巴尔扎克说的，小说是一个民族的心灵秘史。

二、关于原创

原创，即道人之所未道。

原始包含人物的原创、情节的原创、细节的原创、词语的原创、思想的原创。

1. 人物的原创

如《红楼梦》中的宝黛钗、《三国演义》中的诸葛亮及刘关张、《西游记》中的唐僧师徒四人、《水浒传》中的宋江及兄弟们、《金瓶梅》中的西门庆及潘金莲、王六儿等诸女性。还有《国画》中的朱怀镜、曾俚、李明溪，《朝夕之间》中的关隐达、隐凡。

2．情节的原创

如《红楼梦》中关于贾宝玉和林黛玉前生今世的渊源，以及警幻仙子、情天恨海，都是原创性的。

书中“贾宝玉试才题对额”一回，情节是原创的，且一举多得。贾政领着众清客及宝玉往大观园走一遭，一则展示了大观园的气派和豪华，二则让贾宝玉施展了在吟诗作对方面的才华，三则也刻画了清客们的群象，这也算得上是当时的风俗画。

《朝夕之间》中陶凡退休之后，完全忘记自己已是退休之人，第二天照常去办公室上班。走到办公室，碰上新任地委书记张兆林和吴秘书长，他居然还没有想起自己退休了。直到吴秘书长跟进办公室，问陶书记有什么指示？他才突然想起自己是个退休干部了。接下来翻江倒海的故事，都在陶凡的内心发生，描述了一位干部退休后的落寞感。这些都是原创的。

情节的累积，即是故事，所谓情节的原创的最终结果就是故事的原创。

3．细节的原创

小说细节越生动、越密实、越巧妙，小说叙事状物、传情达意的效果就越好。而越是原创性的细节，越体现作家的创造力，越能提升作品的艺术品质。

《国画》里很多细节常被人提起，就在于其原创性，且非常符合生活的真实。如朱怀镜未得意时，一个人站在电梯里大叫；皮市长走进办公楼，必须不偏不倚踩着地毯中间的线走，昂首挺胸目不斜视；而皮市长的秘书则紧紧盯着皮市长的后脑勺，不会同过往的任何人打招呼。还有朱怀镜从市长车头绕过上车，觉得非常的不自在；他私下里怪自己不懂规矩，应该从车尾绕过去上车。朱怀镜从柳秘书长家里出门，站在门口高声说谢谢，犯了大忌。还有《天气不好》里的喷嚏、《也算爱情》里的屁、《爱历元年》里刘校长翻抽屉的细节，等。

细节的累积、叠加、反复、变形，就变成了情节或故事。

比如《红楼梦》中蒋玉涵送给贾宝玉一条红汗巾、贾蔷送给龄官一只关在笼子里的鹦鹉，《天气不好》中的鱼，《大清相国》中富伦送给陈廷敬的石头，《平常日子》里市长的字和客厅里的神龛，《漫水》里余公公的笛子，《没这回事》里的铜匣子等。

4．词语的原创（概念的原创）

如《爱历元年》里"爱历"二字；《苍黄》里的"哑床""网尸"。但词语的原创不等于生造。

5．思想的原创

鲁迅先生是中国现代文学史上原创力最强的作家，不管是语言、文体、思想，都是极具原创力的。比如《阿Q正传》，通过文学作品对中国国民性进行的批判至今无出其右。

《老残游记》中对清官的批判是这部文学作品中的原创。

《堂吉诃德》是塞万提斯创作的反骑士小说，其形式和思想的原创性，彻底终结了西班牙流行几百年的骑士小说，是西方现代小说的开山之作。

三、关于语言

小说语言，至少要把两个语言系统区别开来，一是叙述语言，二是人物语言，不能二者混同或一模一样。

叙述语言，就是作家讲故事的语言；人物语言，就是作品中不同人物的对话语言和心理活动语言。

一般来说，作家的叙述语言，必须风格统一。不能一会儿土，一会儿洋；一会简约，一会儿繁复；一会儿书面腔文艺腔，一会儿直白乡土。

人物语言，必须各有腔调，且符合人物身份。不能众口一腔。众口一腔，就会千人一面。

《红楼梦》的语言最值得我们学习借鉴。其叙述语言大致分雅俗二体，凡静态描述性文字雅且文，凡讲述故事推进情节的语言则平实通俗。人物语言则一人一腔，互不混同。王熙凤的泼辣、贾宝玉的体贴、薛宝钗的老成、林黛玉的多心多疑及偶尔的刻薄、史湘云的娇憨可爱、贾政的一本正经、贾母的且慈且威、众粗人的粗鲁但鲜活生动等，都可从他们的语言里表现出来。

人物语言，还包括他们各自心理活动的语言，也要像对话语言一样各有腔调。

我自己的小说，所谓官场小说、乡土小说、历史小说，它们的语言风格都是完全不同的。什么样的题材，什么样的年代，什么样的生活，需要用什么样的语言去表达，必须恰当地把握。

如《朝夕之间》里有段张兆林的批示：

> 阅。① 欢迎大家进行工作研究，各级领导要带头。这一点朱来琪同志是做得很好的；② 庭院经济的成绩要充分肯定，其经验要发扬光大。对过去的工作采取虚无主义态度不叫做实事求是，更不叫实干；③ 庭院经济是农民群众生产经营经验的总结，这是符合历史唯物主义的。据此来否定庭院经济，则是思想方法的错误；④ 目前有一种倾向（不仅对庭院经济），只看到困难和问题，看不到成绩或者否定成绩，这对改革和发展是极其有害的。这一点，务必引起各级领导高度重视。请地委、行署各负责同志一阅，并呈陶凡同志阅示。

四、关于形象

人物形象要立体、丰富、饱满、复杂，但不能简单地处理人物性格的丰富性和复杂性。如《红楼梦》里的人物，除了王熙凤的哥王仁和周瑞家的干儿子何三是地道的反面形象，其他人物都不是可以作简单的好坏判断的。

贾政是一个正统读书人的形象，治家严，律己慎，待人诚，为官廉。但是真如此吗？没有这么简单。放一个赵姨娘在身边，其私德不言自明；清廉方面，一句话：失单是怎么开的？

王熙凤：人前人后几副嘴脸。一个大家闺秀，人也长得漂亮，在贾母、王夫人、薛姨妈等长辈面前周旋自如，极是得体；但是，人后一个动作，其大户人家出身应有的仪态就垮了。她居然一脚踏在门槛上，手拿挖耳勺剔牙；刚在王夫人前为放月钱的事平心静气地回了半日，出来走到游廊处把袖子一捋，两腿一叉说这儿过堂风好凉快，又发誓赌咒说要收拾那些在王夫人面前打小报告的人。但同时，作家也写到王熙凤的可怜之处。

王夫人平日里看上去仁慈厚道，待下人也很好，且不多事。但在金钏儿死这件事上，她的伪善就出来了，本为贾宝玉同金钏儿调情，王夫人打了金钏儿，赶出园子；金钏儿投井死了，王夫人却说原是金钏儿打坏了一件东西，罚她暂时出去，还要叫她回来的，没想到她就这么想不开，竟然就走了绝路。这件事上，写了好些人的虚伪，比如薛宝钗劝王夫人的那些话，把宝钗平日里温良贤惠的形象全毁了。

倪二是泼皮，也有仗义的时候，但泼皮被惹毛了却翻起大浪。

又如《国画》里的朱怀镜、曾俚、李明溪，《朝夕之间》里的关隐达、陶凡、张兆林，《漫水》里的余公公、慧娘娘等。

五、关于真实

小说的真实，可以从不同角度去分析，或者说包括很多方面。我认为最重要的是三种真实：事件的真实、情感的真实、表达的真实。

1. 事件的真实

这里所说的事件真实，并非生活中真实发生的事件，而是作家虚构的事件的真实，需要符合现实逻辑，符合生活逻辑，符合情理，符合经验。

那么，有人会提出极端例子，如何理解诸如《百年孤独》这类魔幻现实主义的真实？

该小说正如评论界所言，所谓魔幻现实主义，它是魔幻的，却又是非常现实的，即亦是真实的。

《百年孤独》的魔幻现实主义，一般都是在现实生活基础上的艺术夸张。只是这种夸张到了极致，就具有了魔幻效果。值得注意的是，并不是任何毫无逻辑的胡思乱想都可以称之为魔幻现实主义。夸张有夸张的逻辑，也就是夸张的艺术逻辑。

比如说，何赛·阿尔卡蒂奥·布恩迪亚的两个儿子，大儿子何赛·阿尔卡蒂奥身材高大威猛胜于常人，他成人之后进屋得从门上使劲挤进来；二儿子奥雷里亚诺·布恩迪亚生下来就睁开眼睛打量世界，而且有奇特的预见能力。这种带有魔幻色彩的形象塑造其实是有逻辑可循的。因为何赛·阿尔卡蒂奥·布恩迪亚同乌尔苏拉是近亲结婚，他们的后代很有可能产生基因变异，只不过小说把这种变异从相反的方面极度夸张了。

再比如，马孔多建村初期曾流行失眠症，这令马孔多的人兴奋不已，认为不睡觉多好，可以有更多时间干活和享受。看上去的确很荒诞，但却是人类发展过程中常常会出现的真实心理。我曾去山西曹家大院参观，听到一个真实故事。清代，这个曹家是山西最早购买发电机用上电的豪门，起初家里人白天晚上都不愿意睡觉，后来养成了晚上醒着白天睡觉的习惯。这不同马孔多的失眠症有些相似吗？再比如，我们在大跃进时期不分白天黑夜大炼钢铁，“文化大革命”时期不分白天黑夜战天斗地，不就像集体失眠的马孔多吗？那种集体的“精神狂迷”同马孔多相比有过之而无不及。

马孔多那场下了四年十一个月零两天的雨，同样是“真实”可信的。首先，哥伦比亚是热带雨林气候，雨季漫长而且降雨量很大，小说的夸张符合当地人心理真实；其次，奸商布朗先生想拖延兑现对工人的承诺，故意拖延时间，他说：“估计要等到天晴。只要雨还在下，我们的一切活动都取消。”何况，小说还设计了布朗利用科学手段故意让雨停不下来的情节，这从科学层面也是说得通的。另外，为了表现政府掩盖屠杀罢工工人的真相，作者故意用漫长的雨季使人们彻底遗忘过去，这是一种极其深刻的反讽手法，同样符合艺术夸张的规律。

2. 情感的真实

作家观察生活，不但要用真实的眼光，而且要投入真实的情感，进而在作品里表达真实的情感。事件真实但情感虚假故而导致作品失败，这种情况很常见。

如《国画》里皮市长被疯老太太感动的故事，可以作为作家投入情感不真实的比方。皮市长在这里的情感的假是自作多情，因为他不了解真实情况；但有些作家要么是因为没有体察到真实事件所包含的真实的情感因素，要么是以一种主观臆测的虚假情感去表现。比如，有位作家要写自己艰苦朴素且尊重劳动人民，一定坚持自己擦皮鞋，他觉得上街让擦鞋的人擦皮鞋不人道。

对比《漫水》结尾中余公公对慧娘娘百年之后的美好祝愿，真切但不因用力过猛而虚假，同时，也写到人的宿命和生命的庄严，哀而不伤。

余公公腿脚酸酸的发软，人落在了灵棺的后面。他抬头望去，山顶飘起了七彩祥云，火红的飞龙驾起慧娘娘，好像慢慢地升上天。笔陡的山路翻上去，那里就是漫水人老了都要去的太平垴。

3．表达的真实

表达的真实，本质是认识和情感的真实。有些认识和情感是虚假的，所以表达也无法打动人心。如大跃进时的诗：

社员打从桥上过，
洪水猛涨三尺多。
要问这是为什么？
一个红薯滚下河。

粮食堆上白云间，
对着太阳点根烟。

肥猪胜大象，
就是鼻子短。
全社杀一头，
足够吃半年。

又如《牛田洋》写的是汕头围海造田、人定胜天的故事。《牛田洋》着重描写主人公赵志海认真学习毛主席著作，注重实践、反对天才，同修正主义路线和阶级敌人作斗争，表现出一个革命者人定胜天的大无畏精神。但在海啸来临的时候，他却不顾客观规律，组织年轻战士和大学生手挽手组成人墙抵挡海啸，导致 553 人死亡。

这场天灾和违背自然规律的、不对战士和学生生命负责的人祸，却被文学作品虚假地表现得大气磅礴光芒四射，这便是表达上的不真实。

六、关于主题

1．小说必须有主题

小说必定是有主题的，哪怕作家自己没意识到。

2．小说主题可以多解

小说主题可以是很集中的、单一的，但也可以是诠释性丰富的。一句话可以提炼出主题的未必就是好小说。

3．小说主题未必需要鲜明

通常听人评价一部作品：主题鲜明。文学作品，包括小说，主题可以是非常鲜明的，但未必都需要是鲜明的。不鲜明，可能也会是好小说。恩格斯说：作者的意图越含蓄，作为艺术品就越是好的。他还说，如果一部作品真实地反映了生活，哪怕没有提出解决问题的方法，我们也认为这部作品完成了它的使命。

4．小说主题必须积极

人类这个种群总体选择是向善向美的，这是我们人类生生不息的伟大动力。

什么是好小说？好的小说应该讲述了一个好故事；塑造了几个好形象；贡献了一些好思想。

嘉宾简介：王跃文，男，汉族，湖南溆浦人，1962年9月生，中共党员，大专学历。当代作家，文学创作一级。现任湖南省作家协会主席、党组副书记，湖南省政协文教卫体和文史委员会副主任，中国作协主席团委员。曾荣获第六届鲁迅文学奖，2006年度湖南省青年文学奖，多次获《当代》《小说选刊》《中篇小说选刊》等刊物文学奖。曾被授予“湖南省德艺双馨文艺家”，被推为湖南省2010年度十大文化人物。主要作品包括：长篇小说《国画》《梅次故事》《朝夕之间》《爱历元年》《西州月》《大清相国》《亡魂鸟》《苍黄》；中篇小说《漫水》《无雪之冬》；散文随笔集《幽默的代价》；访谈录作品《王跃文文学回忆录》《无违》等。其作品既有对现实矛盾的锐利揭示，又有对历史长河的人文发现，也有对故乡的深情回望。

阅读改变命运

◎ 吴昕孺

亲爱的老师、同学们，大家好！

非常荣幸，能来到吉首大学，和朋友们一起交流阅读心得。昨天晚上，我和夫人先是绕着清幽宁静的风雨湖转了一圈，然后去了龙腾虎跃的体育场。今天上午我们参观了琳琅满目的黄永玉博物馆，又参加了激情洋溢的诗歌朗诵盛会……吉大丰富多彩的校园生活，让我们感受到一种久违了的青春活力与诗意氛围。的确，一所好大学对一个人的成长至关重要。一所好大学会给予我们知识和技能，也许还会让我们找到一份好工作。但我认为，一所好大学真正能给予一名好学生的，或者说，一名好学生能从一所好大学里真正得到的东西，应该是能受用终生的精神滋养。养成良好的阅读习惯，则是这种精神滋养最为重要部分。阅读对于一个人为什么会这么重要呢，我想从三个方面来说一说。

第一，人生而高贵，阅读是人的一种与生俱来的天性。

人一生下来就开始阅读，一般来说，他读的第一本书是母亲。母亲脸上幸福的微笑所焕发的光芒止住了他的啼哭，让他有了安全感和亲切感。接着，认字是人生的真正开始，一个人认识他人生中的第一个字，预示着命运开始了对他的种种考验。《淮南子》说仓颉造字的时候，“鬼神泣，天雨粟”。为什么文字有这么大的威力？因为，没有文字的时候，人一辈子过得浑浑噩噩，与动物没有多大的区别。仓颉发明了文字，文字向我们泄露了天地与命运的奥秘。通过文字，人类就可以大胆地向所有未知领域进军。所以，一个人开始阅读文字和用文字进行阅读的时候，也就是命运大幕徐徐拉开的时候。

接下来，我们读书了，真正的阅读开始了。高尔基有一句名言，书籍是人类进步的阶梯。具体到个体，书籍更是我们每个人进步的阶梯。我们每多读一本书，就对身处的这个世界多一份感受，多一份认知，多一份理解。运用文字和知识，我们和动物的差别越来越大，因为我们懂得的东西越来越多，我们创造的东西也越来越多。正是通过阅读而获得的知识，让我们对这个世界拥有更多的发言权，让我们在生命领域和宇宙空间探索得更加深远。我们的飞船上天，宇航员拿着国旗在太空行走，大家觉得很自豪。一只老虎再威猛，它也不可能制造运载火箭，更不可能靠自己的力量去太空行走，因为它没有阅读能力，它无法获得知识，来改变自己的命运。

我在主持《大学时代》杂志编辑工作的时候，有大学生向我诉苦，说："吴老师，你们毕业的时候国家包分配，不为工作发愁，当然好读书；我们现在一进校就要考虑出路，哪有时间读书啊？"我告诉他，你这个想法是错误的。哪个人不为自己的未来发愁，哪怕是国家包分配，哪怕已经腰缠万贯，对于未知的将来，他们都有一种紧张和惶恐。何况，工作远远不是未来的全部，未来还有婚姻，还有事业，还有晚年。而阅读是为自己攒劲，为自己积累实力，增强能量。在大学时代，阅读是一种最好的储藏，你储蓄的本钱越多，以后在工作和事业发展中的利息就会越多，你的精神就越富有。该读书的时候你不读书，忙着去找工作，即使你找到了称心如意的工作，也很可能因为自己的浅薄无知而失去那份工作，或者永远在最初的岗位上裹足不前。如果在大学四年有了足够的知识和能力储备，哪怕毕业时找到的工作差一点，也完全有可能依靠自己的知识和能力而不断进步。这样对比明显的例子我们见得太多了。

我跟大家讲一个契诃夫写的故事，故事说的是一位年轻银行家和一位年轻律师打赌。银行家说："我用两百万块钱，赌你不能在一间屋子里待上 5 年。"律师说："好，我同你赌，但我赌的不是 5 年，而是 15 年！"年轻的银行家当时特别富有，多的是钱，他为这次打赌而洋洋得意。律师被关进了一间小屋子里，打赌的规定是，他在这 15 年中，不得跨出门槛，不得见人，不得听见人类的声音，不得收信和报纸，但他可以要求得到他所需要的东西，如乐器、酒、食物和书籍等等，只要从一个小窗口抛出一张字条就能马上有人为他提供，他还可以写信出来。

开头个把月，年轻的律师在那间小屋子里喝酒、弹琴，自得其乐。但不久他就苦闷起来，他发现喝酒只会掀起欲望，弹琴又让他萎靡不堪，于是他要求看书。他一下子就被书迷住了！他全神贯注地投入到书本之中，忘了自己身处何方，也不知道今夕何夕。他有几年时间沉醉于文学作品之中，又花了几年时间狂热地研究历史、宗教和哲学，还用了几年探索医学和自然科学的奥妙……不知不觉，15年过去了。按照协定，有人提醒他，到第二天中午12点，他将走出那间小屋子，而银行家要把一张两百万的支票交给他。

15年后，当初打赌的两个年轻人都发生了巨大变化。关在小屋子里读了15年书的律师变成了一个学识渊博、心胸阔大的智者；而银行家由于好赌成性，家产已输得所剩无几，根本拿不出两百万了。银行家无比后悔15年前的那场打赌。

第二天，离中午12点还有5分钟时，律师托人交给银行家一封信，信是这样写的："这15年来，感谢你给我的书。我在你给我的书里，饮过芳香的酒，唱过歌，打过猎，爱过女人。我创造过奇迹，占领过城镇，传播过新的宗教，征服过所有的国家……那两百万块钱，我曾经一度梦想为进入人间天堂的阶梯。可是现在，我轻视它，为了在行动上表示我蔑视你所赖以生活的一切，我告诉你，我决定放弃那两百万。为了放弃我得到它的权利，我将会在约定期限之前5分钟离开这里，这样，我就等于破坏了我们的协定。"

看完这封信，这位曾经年轻、而今已人到中年的银行家落下了热泪，他从来没有，哪怕是在自己破产的时候，也没有感到自己是如此可悲。人类凭借阅读，即使被圈禁，也能得到提升。这就是人的高贵之处。

这个故事，说明了人生中十分重要的两个道理：

第一，金钱可能得而复失，地位可能由尊而卑，但你学到的知识，你通过阅读而培养的气质和学问，是谁也无法剥夺的。所以，第一个道理是，修养和学问是永久的人生财富。

第二，很多人在事业发展中会形成自己的特长，比如有的同学很会考试，有的同学特有女生缘，有的同学擅长组织活动、疏通关系。走向社会以后，有的人发了财，有的人做了官，还有人当上了教授，等等。这些事业上的成功或多或少会带来自身的骄纵与傲慢，总觉得自己天下第一，不可一世。像契诃夫故事中的那位银行家就是典型。这些人在事业成功之余，也多了一条自大的辫子或者骄傲的尾巴。

我的第一部长篇小说《高中的疼痛》，里面就写了一个自作聪明、调皮捣蛋、无法无天的高中生王子凡（取名的寓意：他自以为是王子，其实只是一个再平凡不过的人）。他长出了一条尾巴，通过不断碰壁、不断磨砺、不断地经受委屈和痛苦，终于让那条尾巴消失了。有人读了这个小说，问我王子凡屁股上那条尾巴是什么意思？尾巴就是性格上的弱点，就是傲慢和没有敬畏感，所以，我们平时说要"夹着尾巴做人"。

人稍微勤奋努力一点，再加上运气好一点，做个官、发点财都不是太难，难的是祛除自己的骄慢之气，让自己变得谦和、冲淡、大气。而喜欢阅读的人，他看惯了历朝历代的兴衰成败，他明白贱如蝼蚁也有着生命的尊严，他懂得功名荣华不过是过眼云烟，只有这样的人才知道个体的渺小与卑微，他的心中才会对世界和命运充满着敬畏。所以，这个故事告诉我们的第二个道理是：阅读让人产生敬畏感。读得越多，敬畏感就越强烈。

有人问，只知道卑微和敬畏，那还会有自信吗？我的回答是，有着这种卑微感和敬畏感的人，才会有真正的自信，才会拥有最为强大的内心力量。因为他们思考问题的维度、他们处理问题的方式，已经超越了蝇头蜗角、目光短浅的世俗功名，他们总是把自己置放于一个巨大的时空坐标中，竖轴是千万年的文明史，甚至是宇宙生成史；横轴是与他同时代的几十亿人和无数的动植物的生命。在这样一个坐标中，他和老子、孔子、庄子、柏拉图、康德、黑格尔，和荷马、但丁、李白、杜甫、苏东坡、歌德等等，都是同时代人，他读着他们的书，和他们同呼吸、共命运，为他们惊讶、叹息与欣悦。如此，他的这些优秀、杰出、伟大的"同时代人"就会通过书本、通过文字，将自己思想和智慧的力量慢慢注入他的身上；如此，各个时代的风云际会，各个时代的血腥与诗意，都会以一种沉淀下来的平静的方式，移植到他的内心，让他经历牧野之战的声势、罗马斗兽场的惊险、宗教裁判所的残暴和清明上河图的风雅。

我们看到，书读得越多的人，心胸越宽广；心胸越宽广的人，他的"同时代人"就越多。他随时可以与古代或近代的圣贤促膝谈心。那些因为没有多少知识和修养而心胸狭隘的人，他的"同时代人"就很少，他和亲人有代沟，和同学也不能交流与沟通，连他身边的人都无法成为他的"同时代人"，这不是很可怜吗？

在一般人看来，过去的东西就过去了，无法追究，即便是记录在书本上的，也是纸上云烟。但在阅读者看来，过去的东西已成为风景，是一座正在盛开的花园。他们走进去，把过去的历史在自己的指头下一一激活，他们的眼睛、大脑和心智都参与进来，他们有了另外一个世界，并巧妙地将那个世界与自己的现实世界进行对接。于是我们惊讶地发现，作为一名阅读者，他的世界比我们大得多，他的视野比我们阔远得多，他的性情比我们沉稳得多，他的胸怀比我们宽广得多，他的表现也比我们从容、自信得多。我们说的“大师风范”，就是这样子慢慢练成的。

几年前，在一个电视节目中，我和几位朋友一起谈读书。最后，节目主持人要我们每个人用一句话来概括阅读的重要性。我说的那句话是：“我们生下来其实只是半个人，另一半靠阅读来完善。”如果你不阅读，那你在世界上永远就只有半个人。因为，阅读是我们与生俱来的高贵天性，或者说，它是我们本来就有的一种文化权利。如果你不喜欢阅读，等于自动放弃了这一权利，自动放弃了对历史和宇宙的知情权，自动放弃了去感受美的权力，自动放弃了获得对抗平庸与困难的多种武器的权力，自动放弃了开阔生存视野、提升人生境界的权力。所以，你永远只是半个人。

第二，阅读改善自己和社会、和世界的关系。

现代社会，生活节奏很快，生存压力很大，人与他人、与社会、与世界的关系通常很紧张，总觉得得不到别人的理解，社会环境脏污不堪，这么大的世界容不下我，领导跟我过不去，朋友跟我过不去，家里人也跟我过不去……这个时候怎么办？

这个时候，你需要调整自己，需要正确看待自己，需要舒缓自己和这个世界的关系。我觉得，读书是非常重要的一件事情。比如，我们读《红楼梦》。里面有两个女主角，一个是林黛玉，一个是薛宝钗。林黛玉貌美、才高，却命比纸薄，就像一块玉，晶莹剔透，但一摔就碎。薛宝钗也长得不错，但相貌不炫目；也有才，但才气不逼人。就像头上的钗子，朴素而高华，她把贵气和俗气兼容得恰到好处。年轻人读《红楼梦》，大多喜欢林黛玉，因为林黛玉的心比天高以及那种决绝的姿态，正好贴合年轻人的心性。但林黛玉和世界的关系很紧张，她自视甚高、过于敏感和较真、心胸又不太宽广，弄得爱她的人奈何不了她，喜欢她的人常常被她刻薄，不喜欢她的人积怨越来越深……

而薛宝钗是一个我们称为“明白人”的人。她爱宝玉，但她明白黛玉也爱宝玉，她还明白宝玉爱黛玉甚于爱她，明白这两点之后，她就开始调适自己，转变自己“爱”的方式，一方面她将对宝玉的爱放在心里，从来不说，另一方面她开始主动关心和帮助黛玉，经常调解宝玉和黛玉这对冤家和爱侣之间的纠纷，让他们和睦相处。有人说，这多没劲呀，一个人要敢爱敢恨啊！但敢爱敢恨是有前提的，是要看条件的。如果你所谓的“敢爱”会损害你所爱的对象，那这种爱就会转变成恨，这时退一步的成全反而更能体现你的“敢爱”和“真爱”。

薛宝钗是一个通达之人。通达，就是通天达地，深知上天造物的伟大智慧，领会万物兴衰的自然规律。此一时，彼一时；盛一时，衰一时……人生苦难无穷，唯有心静如水，才可海纳百川。

有人会问，薛宝钗为什么会如此通达呢？我认为，除了性情之外，一个很重要的原因是她喜欢读书，而且她认为，一个人不仅要读书，读书还必须明理，否则不如不读书。宝钗读书，既长才情，又明理，所以她就成了通达之人。“世事洞明皆学问，人情练达即文章。”《红楼梦》里的这副对联，薛宝钗当得起。

在我看来，从哲学维度来讲，贾宝玉是一，林黛玉是二，薛宝钗则是三。一是源头，贾宝玉是贾政的独子，家族希望系于一身，没有宝玉，红楼故事就是无源之水。一生二，二是从源头生发的河流。如果用亚当夏娃来作参照，林黛玉就是贾宝玉身上的一根肋骨。一旦肋骨离不开身体，河流离不开源头，悲剧就会产生，要不身体将永远遮蔽肋骨，要不河流流不多远，就会断流。林黛玉由于只爱自己和宝玉，她眼里没有其他人，就像一条河只有来自源头的水，不接收其他支流，所以终有“断流”的那一天，林黛玉英年早逝便不足为怪了。一生二，二生三。这个二不是单纯的数字“2”，而是蕴涵着“1+1”的算式，“一生二，二生三”就好比源头加支流等于通向大海。薛宝钗就是三。我们平时说某某某“左右逢源，如鱼得水”，就是说他做人做得好，通情达理，干什么事情都顺风顺水。

“三”是中国哲学的精华所在，是中国文化的根。我们湖南有句俗话，叫“二不过三”，这说明了我们对“三”的信仰。正如《易经》所说，中国文化是“三极之道”。什么是“三极之道”？就是在不断变化的复杂世界面前，所走的中庸之道。那什么又是中庸之道呢？《礼记》说“执其两端，用其中”，也就是说，当你看清楚了事物的两个极端之后，采取适宜的、中间的办法才能解决现实问题。中庸之道的核心要义用一个字解释，是孔子的“仁”；用两个字：是包容。有容乃大。因其包容，才有和谐，才有发展，才能成其为大，所以说“三生万物”。

中国文化向来主张“你中有我，我中有你”，而不是非此即彼，非 A 即 B。长沙的岳麓山，海拔不到 300 米，山脚是著名的岳麓书院，山腰是麓山古寺，山顶是云麓宫，儒、佛、道三家各安其位，以不同的义理，从不同的维度，熔铸成博大精深的中华文化。

所以，我们提倡读书，但不提倡读死书，一边读一边要有自己的思考，要把书本知识与现实生活融会起来，这样慢慢地才能学会明理。我们平时喜欢说境界，做人的境界，做事的境界。哲学家冯友兰认为，人生有四重境界：自然境界、功利境界、道德境界和天地境界。这四种境界，前两种是“现在就是的人”，是自然的产物，是动物性的人；而后两种是“应该成为的人”，是超越了物性和兽性的人，是精神的创造。

只有前两种境界的人，生活在感觉世界，也就是我们前些年流行过的一句话“跟着感觉走”，差不多与孔子同时的西方哲学家柏拉图将之形象地比喻为“洞穴”世界：在这个感觉世界或者是洞穴世界里，人成为物质和功利的囚徒，领略不到天地宏阔、万物生发那种真正的精彩。而能上升到后两种境界的人，则生活在理智世界。

如何上升？少不了两个字，读书。林语堂认为，没有读书习惯的人，他的世界就只有眼前那一亩三分地；而会读书的人，整个宇宙都是他的。这并不是说，他占领了整个宇宙的地盘，而是通过读书、学习，一个人通晓了人伦物理，明白了事物变化的规律，他的心里通透了，豁达了，他体会到了那种“天地与我并生，而万物与我为一”的妙谛。

佛教的禅宗有一桩公案叫桶底脱落，说的就是这个意思。大家想想，一个桶子连底都脱掉了，它装得下所有东西，但所有东西都不会在桶里滞留。无论多少东西进来，都不可能改变和伤害它自身，它永远不会满溢，不会迷失。老子在《道德经》中说“为学日益，为道日损”，看上去它们是并列的，其实它们更多的是一种因果关系，勤奋学习，每天增加知识，明白事理，其目的是为了每天减少一些东西，减少事务的压力和心理的牵绊，减弱对功名的追求和对别人评价的过于在意，让自己尽量变得简单、纯净。如此使能豁然开朗，毫无挂碍，那你和社会、和世界的关系就会得到和解，你的工作和生活就会变得和谐、和顺、和美。

再举个例子，大家都知道东晋时期的大诗人陶渊明“不为五斗米折腰”的故事。陶渊明的确有气节，但他同时也懂得保护自己，他并非一味地刚烈，而有其圆通的一面。公元 418 年，新上任的江州刺史王弘是陶渊明的粉丝，他托信给诗人，说想见见他。陶渊明回信说，不见。回信之后，陶渊明又觉得这样得罪了王弘，没有必要，就又托信给王弘说：我并不是和您过不去，更不是以触犯权贵为荣，而是生性孤僻，加上又生了病，请您不要介意。后来，王弘要陶渊明的朋友庞通邀陶渊明出来喝酒，他们喝得正高兴的时候，王弘突然现身，陶渊明没有给他难堪，而是和气地敷衍了他一番。这就是现在所谓的“应酬”吧。青年诗人颜延之是陶渊明的忘年交，颜延之刚正不阿，棱角分明，时常触犯权贵。陶渊明就送了他八个字：“独正者危，至方则碍”。意思是说，只有你一个人匡扶正义是很危险的，过于方正，不能转圜，则可能走不下去。陶渊明一生历经三次改朝换代（晋改楚，楚又改晋，晋再改宋），生逢如此乱世，如果偏执于刚烈、方正，那他随时都可能有生命危险。

陶渊明的人生智慧来自哪里？一方面是由于不寻常的经历，另一方面也在于他的书读得好。他在诗文中经常提到读书。仅仅读《山海经》，他就写了 13 首诗。他在写给从弟敬远的一首诗中说自己“历览千载书，时时见遗烈”。他隐居乡里，但周围总是有一小群文友，陶渊明和他们一起“谈谐无俗调，所说圣人篇”，“奇文共欣赏，疑义相与析”……复杂的现实与落魄的经历让陶渊明痛感人生无常，生死无别，他深深地认识到“老少同一死，贤愚无复数”，“有生必有死，早终非命促”；然而，古圣先贤的经典书籍又让他感到，人在生死之外还有一种精神上的永恒。对这种永恒的追求让他明白：既要淡化甚至放弃世俗功名，又要处理好自己与社会和世界的关系；要有自己做人的原则，还要有变通的智慧，不能随随便便被人找个借口就杀掉了。因此，他读书喜静，避乱藏身，珍惜生，也不怕死，“纵浪大化中，不喜亦不惧”，这就是刚才说的“桶底脱落”，终于留下了一笔宝贵的精神财富。

第三，阅读增强自己的外在实力和内心力量。

大家知道，中国缺乏宗教传统，除了本土道教之外，佛教、基督教、伊斯兰教都是外来的。基督教徒临终前，都要由神父来涂圣油、做临终忏悔；佛教徒临终前，也要请高僧来念经，开示佛法。教徒们之所以有这样庄严的临终仪式，就是为了让逝者解除尘世的束缚，身心安妥，从而“往生极乐世界”。

中国人大多不是教徒，我们靠什么来安妥身心？靠智慧。智慧从何而来，靠“阅历”：阅读+经历。经历的好处是直接，弱点是它的面很窄，它只是一个人的一生；而阅读的弱点是它是间接的，不是亲身体验，它的好处是，借助阅读，你能抵达很多人、很多时代。

所以，读书是中国人安妥自己身心的重要途径。对于中国人而言，不仅仅书中自有千钟粟、自有颜如玉，而是书中自有天堂，书是我们灵魂的栖息之所。所以中国很多家长，无论多么贫苦，也要送孩子进学校读书，我们湖南乡下有句俗话：“养儿不读书，等于养头猪”。前些年，我去安徽游玩，在西递、宏村这样的明清古村落，在过去那些大户家里，看到最多的一副对联是：“几百年人家无非积善，第一等好事只是读书”。这就是诗书传教，诗书就是中国人的“宗教”。我们历来倡导“活到老，学到老”，孔子鼓励自己：“朝闻道，夕死可矣”。他读《易经》，把连接竹简的皮绳翻断了多次。还有我们湖南和中国的骄傲毛泽东，他喜欢读书大家都知道，但大家知不知道，他临终前七小时还在读书！

为什么有的人那么优秀、杰出，有的人幸福指数那么高，有的人那么大气、包容？我觉得，除了先天的性情，另一个很重要的因素便是，他读书读得好不好。

我想告诉大家的是，无论哪个行业、哪个时代，所有大师首先都是阅读的大师。比尔·盖茨 9 岁就读完了“百科全书”，他 31 岁成为有史以来最年轻的亿万富翁，39 岁一跃而为世界首富。按道理，他是最有理由也最有资格不读书了。但他在接下来的两年内，翻阅了四千多本经营管理书籍，做了数十万字的读书笔记。比尔·盖茨为什么要这样读书呢？他的回答是：“因为我想知道世界是怎样运作的，阅读是最好的方式。”

拿破仑，16 岁因家贫辍学，当了一名炮兵少尉，他寓居瓦朗斯城的一座咖啡馆内，咖啡馆附近有一家图书出租店，其他士兵都在放肆玩乐，这个身高不到一米七的小个子却一天到晚守着那个图书铺子，大家都把他视为神经有毛病的人。拿破仑在这家小书店里读了些什么书呢？哲学、文学、军事、历史、法律，数学、天文、风俗民情、山川形貌等，他无所不读。15 年后，这个备受战友嘲笑的小个子军人当上了法兰西的首席执政官，而那些曾经嘲笑他的人不得不俯首称臣。1798 年，拿破仑远征埃及时，随军带了一个图书馆。可见他嗜书到了什么程度。

所以我们说，读书可以提升自己的外在实力，可以增强自己的内心力量，甚至可以改变自己。我再举一个读书改变自己的例子。

长篇历史小说《曾国藩》三部曲的作者唐浩明是湖南省作协主席，也是我的老师。我曾跟唐老师聊起过曾国藩。唐老师说，曾国藩其实是个毛病很多的人，青年时期的曾国藩至少有这么一些毛病：浮躁、虚伪、狭隘、自以为是、没有恒心、好名、好利、好色，还有其他不良嗜好。但这个人最大的特点是好读书，能自省。他清楚自己的短处，决定痛改前非。于是，在31岁至39岁这几年时间里，他在翰林院埋首读书，以诚意、恭敬、谨言、静心、有恒作为每天的功课，刻苦自励，涤旧生新，终于脱胎换骨。后来，曾国藩成了一个什么样的人呢？他谦抑退让，宽容隐忍，不居功，不凌人，被誉为一代完人、千古楷模。连毛泽东这样的伟人都对曾国藩极为崇拜，他说："愚于近人，独服曾文正。"

任何东西都是可以改变的。有人说，本性难移。但只是难而已，并非不可移易。以"本性难移"为借口，让自己安于现状，不思进取，那就是懒惰的表现。此乃平庸者的常态。

有人说，我现在才开始读书是不是太晚了？我的观点是，什么时候喜欢读书，什么时候开始读，都不迟。不过，习惯养成得早，对人生的认识就可能更深刻、更通透，人生境界就可能提升得更快、更高，能拥有比同龄人更宽广的视野和胸怀，也就更能把握住各种机会。真正的读书不是实用性很强的事情，不是一个短期的、立竿见影的事，而是长期的涵养与浸润，是一个潜移默化的过程。读书本是"无用之用"，但无用之用才是大用，因为它关系到人的整整一生。

电影《叶问3》里面有句台词，叶问说："这个世界不是有权人的世界，也不是有钱人的世界，而是有心人的世界。"我深以为然。仅仅有权和仅仅有钱，都控制不了这个世界，更掌控不了自己的命运。恃权而骄和恃钱而傲，都只会对这个世界造成破坏，让自己的命运滑向水深火热之中。权和钱都是身外之物，在拥有良知和良心的人手上，它们能成为造福于民的最得力工具；在缺乏良知和良心的人手里，它们也能成为祸国殃民的最得力工具。而心，是身内之物，是人的命运的主宰。有心人，拥有良知和良心的人，哪怕他们没有权也没有钱，但因有着对世界和人生的正确认识，而完全能够掌握自己的命运，并影响周围的人。

所以，这个世界是有心人的世界。阅读，让我们智慧通明，让我们胸怀广阔，它能让我们保护自己完整的内心，保持我们的悲悯和同情，不让我们的内心被残酷的世俗生活打成筛子。如果你的心千疮百孔了，你就可能变得麻木、冷漠，对世界充满责怪和怨恨。这样的人生又有什么意义呢？

所以，我希望同学们、朋友们，趁自己还年轻，趁自己还在大学里面的时候，珍惜大好光阴，尽可能地多读书，养成让自己终生受用的阅读习惯。在这个美好的年代，做一个幸福的读书人。

谢谢大家！

嘉宾简介：吴昕孺，本名吴新宇，1967年12月出生于长沙县。1985年考入湖南师范大学政治系并开始文学创作，曾为“新乡土诗派”骨干成员。在诗歌、散文、小说、文学评论诸领域均有建树。现为湖南教育报刊社编审，湖南省诗歌学会副会长。

远去的生命和当下的应对

——沈从文的生命态度与生命张力

◎ 张建永

今天我们坐在沈从文纪念馆，一起探讨沈从文，本身就是一件有意义的事情。

沈从文先生1902年出生，距今已有117年。当年建设沈从文纪念馆是我提出的建议，我想我们应该给沈老一个安生的地方，给他一生的辛劳、一生的爱，找一个相当于家的地方来遮风挡雨，我们后辈也可以在这里纪念他。今天，我们来到这里，不论是怀着好奇还是崇敬，我觉得只要你走进了沈馆就是在缅怀沈从文，就是给沈老敬献了一瓣心香，我想沈老会感动的。

今晚，我们在沈馆讨论"远去的生命和当下的应对"。为什么选择这一个题目？因为沈从文的一生中尽管有非常短暂的心理灰暗时期，但他一生中的生命状态是非常值得我们敬佩的。他不屈不挠，不折不从，从一个标点符号都打不来的乡下人成为世界文学史上留名的著名作家，这和他的生命状态有极大关系。任何人乃至所有有机生命都有其生命状态。古人说，文以气为主，一个人如果没有"气"，他就是病恹恹的，一个民族没有"气"，这个民族就是病恹恹的。我们缅怀沈老"远去的生命"，还要在沈老的生命状态中思考我们"当下的应对"。但我感觉现在的年轻人的生命状态不尽如人意，我们那一代人不怕困难，不怕死。现在的年轻人，怕困难，但绝不怕死，一不留神就"死给你看"。这种生命状态极不理想。现在我不与你们交流大道理，我与你们交流的是沈从文这位生活勇者的生命状态。所以，我想从以下四个方面谈论。

第一。简单介绍一下沈从文；第二，探讨他的生命态度；第三，谈论他生命的张力；第四，讨论我们当下的应对。

首先，讲一下沈从文的一生。

在沈从文先生 86 年起起伏伏的生命演绎过程中，真正创作的时间并不长，大概就是短暂的 30 年左右。20 世纪 40 年代末以后，沈从文基本上被海峡两岸禁了，直到 20 世纪 80 年代，海峡两岸同时开禁。正如凌宇先生所讲，“不曾亏待历史的人，历史一定不会亏待他”。沈从文终于重新回到了文学界，重新回到了人们的心中。

沈从文出生在湘西凤凰，孩童时非常顽皮，他最大的“长处”就是逃学。每次逃学就是与玩伴捉蛐蛐、下河游泳、互相打闹。他的家人实在管束不了，决定将他送往部队当兵。于是沈从文来到了部队。这改变了他的一生。那时候，部队的长官叫陈渠珍，是湘西很有名的一个政治家、军事家。沈从文进入部队后跟他学到了很多东西。这个军人不仅会打仗，而且特别崇尚文化，他让沈从文在他身边做一个文书。陈渠珍还喜欢收藏文物，常常让沈从文帮他清点文物，沈从文对文学和文物浓厚的兴趣就是这时候培养起来的。

后来沈从文所在的部队在军阀混战中被其他军阀打散，他在芷江投靠他的亲戚熊希龄，在这里读了书，同时还期获了他的第一份爱情。但非常遗憾，这一份爱恋成为他离开湘西的原因之一。在芷江沈从文认识了两兄妹。沈从文当时是税务官，加上他母亲把老家房子卖了的钱也交由他管理，所以他手头上多少有些钱。这两兄妹就不断向他借钱，借了还，还了借，终于有一天这两兄妹不见了。沈从文在他的文章中描写过这个女孩，她的脸是白白的，圆圆的，算得上是他的初恋。他们兄妹骗钱跑了，搞得沈从文先生很郁闷。家产被拐，被初恋骗，痛不欲生，无颜见江东父老，于是他离开湘西去往北京。

其实沈从文本来也早就想去北京。那段时期轰轰烈烈的新文化运动、五四运动的余热也波及湘西，整个中国的青年都被新文化运动之火点燃了。他决心到北京去闯一闯。

他当时小学都没读完，要考取北京大学是非常难的，但是他不气馁，没考上没关系，他开始写作。到了北京第二年，他写了 60 多篇文章，五年后，就成了北京的著名作家，十年后就成了中国有影响力的作家，同时他还得到了一大批像胡适、徐志摩、林徽因等欧美留学博士、教授的支持，尤其是徐志摩。当时徐志摩在中国影响力非常大。他专文推荐沈从文，对助推沈从文起到关键作用。

胡适聘请他到上海公学去教学。在教书的过程中，他遇到了第二次爱情。这一次非常美满，当然在恋爱过程中也遭遇了非常难堪的事情。沈从文是湘西人，湘西人的特点就是“讷言”，嘴巴不太会讲。他喜欢的人叫张兆和，中文系的学生，名门之后，人称“黑牡丹”。她的一颦一笑都显示出贵族气质。沈从文当时心中熊熊的爱情之火在燃烧，虽然自己不会讲，但他会写。于是，不管对方是否回复，他坚持每天一封情书。

张兆和当时还是一个学生，万万没想到老师会追求她，心里不高兴，没有回复沈从文。由于沈从文反复来信，她终于忍不住了，就带着信到校长胡适那里抱怨。

张兆和家和胡适家是世交，胡适把信打开一看，这是沈从文写的啊！他说沈从文写得不错呢，他顽固地爱上你了。张兆和一听更生气了，心想校长怎么能这么说话，所以她当时撂下一句话：我顽固地不爱他。

沈从文抗打击力很强，他继续用他的笔坚持追求最后把这个女孩“擒拿归案”，成就了这段美好的婚姻。

婚后他进入了创作高潮期，出了很多好作品。1937 年之后，他到西南联大教过书，复原后又回到北京大学教书。他的主要创作时期就在这段时间。1949 年后，特殊历史背景让他不能再写作。他说“我和我的读者已在老去”。但他的生命还在，人活着总要干点事，生命要承载你的灵魂到处去奔跑。在这时，他选择了文物研究，并且在文物研究上做出了巨大贡献。

我们谈中国文学史喜欢用六个字代表六个人物——“鲁郭茅巴老曹”即鲁迅、郭沫若、茅盾、巴金、老舍、曹禺。那时沈从文压根排不上榜。到了 1996 年，北京大学的王一川教授在编中国文学史的时候，把沈从文排在了第二位。1998 年时，北京大学一位文学研究权威人士编了一部文学史，将沈从文排在第三位。1999 年《亚洲周刊》举办了全世界华文文学评奖，沈从文的《边城》排在第二。在我看来，经过历史和时间的筛选，沈从文再一次证明了他的伟大。诺贝尔文学奖评选，他两次被提名，特别是第二次，基本确定就是他了，但是沈从文却去世了。诺奖规定获奖者必须活着，所以这个奖项与沈从文擦肩而过。在我看来，这不是沈从文的遗憾，而是诺贝尔文学奖的遗憾。

这段时间，可用几个关键词概括沈从文：第一是顽童，第二是士兵，第三是“北漂”。他在北京“北漂”时非常苦，生活没有保障。他写了一封信向郁达夫求救。郁达夫专门赶到杨梅斜街酉西会馆来看他。看到沈从文在零下二十多度的北京，蜷缩在生不起火的房间里瑟瑟发抖。郁达夫把身上的剩下的几个大洋给了他，羊毛围巾也给了他，还请他吃了饭。这给了他很大的鼓励。他就是在这样艰难的条件下成长为伟大作家的。

临近 1949 年，郭沫若在香港发表了一篇文章批判他，这给沈从文带来了极大的压力。沈从文就像被这个时代抛弃了，认为自己没有什么用了，不能写作，生命还有什么价值呢？但湘西这块土地养育了沈从文，赋予了他顽强生命力，因此他的生命很快就恢复到一种积极工作的状态。他一直以努力工作，不纠缠个人恩怨，努力为社会做点事情的生命状态走到最后。他的一生，完全可以用百折不挠来形容。

第二，我们来探讨沈从文的生命态度。

我为什么用生命态度这个词，没有用政治态度？因为沈从文对于当时流行的政治话题是不感兴趣的，甚至反感。但沈从文作为一位伟大作家，不可没有他的政治观念。但是他的政治观念不是抽象的意识形态，不是抽象概念和某些理论家的权威理论，而是他从自己的生命感受出发，根据自己内心体验过的感受和升华的认识来判断一切。他说“我是无信仰的，我只相信生命”。他富有诗意地说：“决心用一支笔，来好好地保留最后一个浪漫派在 20 世纪生命取予的形式。”我特别欣赏几个词，一个是“最后”，一个是“浪漫派”。沈从文对自己的判断十分准确，他确认自己是一个浪漫主义者。那么作为一个浪漫主义者的他，在 20 世纪，怎么来继续他的生命呢？他选择大胆、直率、热情，让生命在一种自由状态下运行。

我觉得这就是沈从文最有价值的东西，也是他的宣言。比如说，在他的文章《一个戴獭皮帽子的朋友》《一个多情水手和一个多情妇人》中，我们能感受到沈从文用生命去感悟，用生命去体验，用生命去收割幸福，而不是被礼教框覆住。这个观点正好和五四时期讲的“民主”“自由”相关联。中国传统儒家文化经历了三个时段，第一个阶段，是原始儒学。这个阶段，是充满阳刚之气的。但是到董仲舒时期，独尊儒术之后，阴阳五行之术被并入儒学，就产生了对人性的桎梏。到宋明理学的时代，“存天理，灭人欲”使儒学走到了它的反面，而这之后，它一直成为压在中国人心里的一块石头。因此鲁迅先生觉得，我们是活在铁屋子里面，尽管我们可以走动，但我们灵魂被锁闭。鲁迅先生要“呐喊”，要救救我们的孩子，其实跟沈从文的要“取予”是相统一的。

从以上看出沈从文的生命状态有如下内容。

1．他用生命去感悟是非

他说：“我是一个乡下人，无论我到哪里，心里都带着一杆秤。我用自己这个秤去秤是非，秤对错。”他不相信跟自己生命体验没有关系或者说自己生命还没有体验到的认识。我们如果能做到这一点会非常好，但是我们似乎没做到。在网络时代，每一个热点都会引起无休止的讨论或者谩骂，大多数人都是跟风随大流，很少有人独立思考。但沈从文就坚守一条非常朴实的原理——经历过、体验过才知道对错。他说过，他的智慧应当直接从生活中吸收消化。

他坚持五四精神一辈子不变。他坚持民主自由，捍卫内心独立，保持精神独立。他坚持以美和善去改变国民性。《边城》中就流露出了沈从文“美”和“善”的思想。他坚持独立思考和自由思想。后来不能搞文学了就去搞文物，这也是他的选择。

2．他以生命感悟为批判定位

他判断事物的准则不是别的，而是依凭个体生命的感悟，绝不随风倒。新文化运动推动中国发展的同时也带来一个严重的问题——全盘西化。一些中国知识分子高呼：不要读中国书，打倒孔家店。在这个时候，从乡下来到北京的沈从文则保持了清醒头脑。他一方面看到西方文化先进的方面，另一方面反思中国传统文化，发现并非如当时那些旗手认为的毫无价值。沈从文可以说是当时为数不多的保持清醒的作家，从这点来看，他的确伟大。

沈从文当时已经触碰到了一个非常重要的问题——“中国问题”怎样解决。从历史上看，一种是引起西方文化来解决中国问题，这显然走不通；另一种是用中国传统文化解决问题，这显然也走不通。那用何种方式？当时沈从文就用自己的生命去实践、去创作，根据生命感悟去取舍，去判断是非好坏。他对待传统，认为符合人性的美善的才是对的，反之则是错的。他的观念中有传统的自信。现代化一定要建立自己的文化自信。我们不是什么都不好，我们的传统中有很多优秀的方面，所以我们要去弘扬我们优秀的方面，批判错误落后的糟粕。现在看来，沈从文在几十年前有就这样的观念，确实了不起。

3．沈从文以生命感悟来张扬生命的庄严

我觉得沈从文提出的生命的庄严就是我要提出的生命态度。我们要活得像“人”一样，有好的生命状态。在沈从文的作品里，他高度赞扬健康、阳光、朴实、勇敢、善良。他有句非常有名的话：“我知道你会来，所以我等。”这是沈从文老先生写的，他在作品里写阴阳两性的生命在雨后的交织中间获得一种畅快淋漓的爱。所以他说：“我崇拜朝气，我喜欢自由，我赞美胆量大的，精力强的。”他的生命理念和海德格尔所说的“人诗意地栖居”很类似，我认为这才是人应该有的状态。

为什么沈从文伟大？因为他向远方凝望，看得很远，不囿于眼前利益。这种生命才是庄严的。我们应该让我们的生命活得庄严，活得独立。沈从文的《边城》《萧萧》等都给我们一种生命的庄严，即使这些书没有给我们一个明晰的目标，但至少可以让我们壮实一些。所以他说美丽永远是一种善的形式，文化的向上就是追求善的象征。

第三，我们谈谈生命的张力。

沈从文一直追求“人与自然的契合”。这是他生命张力的精神基础。

文明是人类追求的一种终极目标。但是，人类在创造文明的同时，也同样创造了一些和文明相龃龉的不文明的文化。比如人格上的“阉宦人格”“阴性人格”就是如此。

怎样才能更加文明，沈从文提出的是要培植“健康、阳光、勇敢、坚毅、担当”等性格。这些主张体现了一种“生命张力”。他强调的这种张力，就是一种自然之力，一种该长高就长高，该长壮就长壮，该繁殖就繁殖的自然之力。

1．强旺的张力

沈从文看透了都市文化带给人类的种种弊端，浮华、虚饰、腐败、堕落、焦虑、浮躁等等，他认为这些都是“阴性人格”所致。他坚定不移相信乡村中存在的那种在艰难环境中砥砺而成的粗糙但坚强，野蛮但

豪放，粗心但大气的素朴人格。《石子船》中勇敢的水手八牛、《虎雏》中生鲜如豹的虎雏、《边城》中隐忍担当的傩送都是这类人格。

2．真诚的性力

性是人类不可回避的重要内容。沈从文鄙夷的是都市那种“阉宦人格”。在爱面前胆小怕事、斤斤计较、不敢担当，不能展示生命的进取力，都是不正常的性状态，这些精神阳痿症是都市人格特征，是在灯红酒绿之中培植出来的，对一个民族文化发展极为不利。《柏子》《雨后》和《一个山大王》中的山大王刘云亭都体现了这一点。

3．坚忍的耐力

生命张力不仅是进取，在沈从文这里，还包括一种韧性，一种对命运的抗打击力，一种隐忍耐受力。《菜园》就说的是一个女人好不容易把儿子养成大学生，一家人其乐融融。但是后来出现变故，儿子因革命和媳妇一起被敌人杀害，这个母亲隐忍地又坚持活了三年。最后一年才平静地了结了自己的生命。

《萧萧》把萧萧的自然人性和社会人性做了严酷对比。在自然人性方面，她获得了情窦初开的快乐，但是，在社会人性方面，她作为童养媳与花狗的媾和不合礼数，因此被罚要么沉潭要么发卖。后来被大伯留下来生下孩子，而后又是她的儿子娶了童养媳。命运轮回，萧萧遭遇到的儿子也会遭遇到。她作为一个非常弱小的农村女人，只有忍耐，并在有限的生命里完成上帝赋予的故事。

对湘西农村大量这样的平凡人物，沈从文以巨大的同情和理解，以及对他们即使得不到更好的生活也要把生命延续下去的坚忍做了悲悯的赞赏。

他说：他们那么忠实庄严地生活，担负了自己那份命运，为自己，为儿女，继续在这个世界中活下去。不论所过的是如何贫贱艰难的日子，却从不逃避为了求生而拥有的一切努力。

第四，就是当下的应对。

沈从文先生这个伟大的生命已经远去了，后面无数鲜活的生命来到这个世上。四十多年的改革开放给我们提供了一个物质生活丰富的时代，我们的经济现在到了世界第二位。物质问题解决了，但精神方面依然有一些问题未能得到解决。比如，被沈从文先生强烈批判的一种“阴性人格”。

他所说的“阴性人格”指：① 阴鄙性。仿佛细腻、其实庸俗。仿佛和平，其实阴险。仿佛清高，其实鬼鬼祟祟。正如某些应世技巧圆熟的精致的利己主义者。② 阉寺性。对国家貌作热情，对事马马虎虎，对人毫无感情。正如某些虚伪的大道理讲述者。③ 庸常性。生命无性格、生活无目的，生存无幻想。正如某些平庸的世俗混混。这些人具有生物学上的退化，这些都是市侩人生观所致。这种尖锐批判主要在都市文学系列之中。如《八骏图》《绅士的太太》等。

如何治疗这种“阴性人格”，沈从文开出良药，在哲学上提出建设“优美理想的人生哲学”，用纯洁、朴素、童心来对症下药。

他的文化理想寄存在乡村。主要代表作有《边城》《柏子》《丈夫》《神巫之爱》《月下小景》《三三》《雨后》《阿黑》《虎雏》等

翠翠、戴水獭皮帽子的兄弟、柏子都是代表。这些代表了“优美、健康、自然而又不悖乎人性的人生形式”。“美丽当永远都是善的一种形式，文化的向上就是追求善的象征。”

在这些问题上，沈从文似乎提供了一个范本供我们参考。

第一要向远方凝望，不要仅盯住眼前的几粒“花生米”，要看到远方的“麦田”。沈从文说，从五四以来，他一直抱着文学革命的态度，从来没有改变初衷，除了不得已的时候。他一直盯住远方，试图用文学改变国民。

第二是向生命问道。向生命问道，不是向书本问道，不是向大人问道，也不是向时尚问道，因为生命的感悟能告诉我们什么是正确的。火烧到皮毛上，你觉得烫，这个时候你绝对不会觉得冷。冰贴在你皮肤上，你一定觉得是冷，而不是热。其实生命给我们每个人提供的感觉是相对真实的。那种印象会帮助你做判断，帮助你问道。如果你盲从一些观点，盲从时尚，你很可能会不断觉得自己跟错了、做错了。

第三是向生活取经。向生活取经，一定是贴近大地，拥抱生活，不离开实际，不高高在上。

第四是与自然和谐。与自然和谐首先得从行动上与自然和谐，再就是灵魂与自然和谐。

第五是与快乐做伴。我觉得快乐太重要了，快乐是我们最重要的一个素质，我们不快乐大都是因为每一次阈值设得过高。快乐主要在于自己内心的态度。我们最基本的快乐是建立在健康之上的。快乐还要懂得分享，独乐乐不如众乐乐。快乐也要有担当，对国家、对民族、对家庭、对朋友、对兄弟、对姊妹、对事业要有担当，这样的快乐才是高层次的健康的快乐。最后快乐就是不要总是用一种阴暗的心理去看社会、看人生，哪怕别人是用阴暗的手段来对你，你懂得防护之后，还是要阳光地看待这个社会。

嘉宾简介：张建永，教授，吉首大学原正校级督导，现任吉首大学中国乡村旅游发展研究院院长，湖南财政经济学院人文与艺术学院名誉院长，湖南省旅游学会专家委员会首席专家，吉首大学旅游管理专业硕士点建设负责人。曾出版《湘西州乡村旅游发展研究》《东方智慧》《乡土守望与文化突围》等学术专著 10 余部。在《文艺研究》《文艺理论研究》等刊物上发表学术论文 50 余篇，发表网络旅游文学 1 200 余篇。其中多篇论文被《新华文摘》全文转载，被《人大复印资料》《中国高校社会科学文摘》转载或收录。主持完成教育部项目、省级、地厅级项目 8 项，曾获湖南省首届高校社科三等奖、湖南省社会科学三等奖，湖南省级优秀教学成果一等奖 1 项、三等奖 2 项。由他撰稿的电视艺术片《太阳、大山、人》获文化部、广电部骏马杯三等奖、省级一等奖。

心的深处有个宇宙

——在现代诗中醒来

◎ 吴昕孺

大家有没有发现一个奇怪的现象，我们都是现代人，但我们都喜欢古典诗词，都反映读不懂、甚至是不喜欢现代诗。这说明了什么问题呢？

我觉得它说明了两个问题，一个是说明了古典诗词的好，说明现代诗还有很多不好的地方。但古典诗词是经过千百年筛选之后的精华，它没有道理不好呀！中国新诗出现才一百多年，西方现代诗也不过两百多年的历史。总体来说，现代诗依然是鱼龙混杂的局面，好诗不少，坏的诗也很多，这是诗歌作者的问题。所以很多朋友不喜欢现代诗，我能够理解。

另一个问题就需要我们广大读者来思考和重视了。大家知道，诗歌是文学艺术这顶皇冠上的明珠，是文学各门类中最核心、最具引领性的文体。所以，新诗的不受待见，同样有可能是其引领性、先锋性的一个证明。

木心说，诗歌是窄门，我们不怪时代，也不怪读者。但作为读者来说，我们也不能怪诗歌。优秀的文学从来不会迎合读者，而只会引领读者、引领时代。中国新诗曾率先吹响新文化运动的号角，曾引领20世纪70年代末中国思想解放的风潮。即便它是向西方现代诗学习的结果，却始终根植于源远流长的中国文学传统之中。我个人认为，倘若无视现代诗的存在，我们将不能算是一个现代的中国人。

我们每个人都只能生活在一个时代，你再喜欢唐诗也无法回到唐代。通过唐诗去感知唐代当然很美好，这是诗歌赐予我们的巨大福利。但我们置身于现代，是不是更应该通过现代诗歌来检视、反省、回味我们身边的自然与人文环境，来丰富我们的精神领域，滋润我们的纯真理想，纠正我们的人生态度呢？我觉得，这是很有必要的。

我在讲现代诗以前，还要给朋友们说明一个概念。大家都很喜欢的古典诗词在当时都曾是现代诗。《古诗十九诗》就是汉朝的现代诗。它在继承诗经抒情传统的基础上，脱离了《诗经》的四言体和《楚辞》的骚体，是五言诗的典范之作。“涉江采芙蓉，兰泽多芳草。采之欲遗谁？所思在远道。”“河汉清且浅，相去复几许？盈盈一水间，脉脉不得语”，这样的诗歌比“昔我往矣，杨柳依依；今我来思，雨雪霏霏”更自由舒展，更情景交融，它有了人物形象，有了叙述场景，诗歌的维度得到了大大地拓展。但就是这样被后世评价为“一字千金”“可以动天地、泣鬼神”的诗歌，在当时同样不受待见。大家从《古诗十九首》的命名就可以看得出来，称之为“古诗”肯定是后世所为，汉朝的主流文体不是朴素深沉的五言诗，而是华美绮丽的赋体，《古诗十九首》的价值是被后来的读者和文学家们发现的，之后才成了中国古代文学史上的经典。

所以，所有古代诗歌文体在它们刚问世的时候，都是“新诗”；所有现代诗总有一天也会变成“古体诗”。从诗歌这个大家庭的角度来说，古诗和新诗不是断裂的，而是相互连接的。传统包含着所有的现代性，而现代性必定是对传统的继承和扬弃。所以，如果我们忽视新诗，就有可能与我们这个时代的经典擦肩而过。虽然这对我们的日常生活不会产生显而易见的影响，但大家想想，在如此高压力、快节奏、科技飞速发展的现代社会，我们常常感到紧张、迷惑、不堪重负，我们常常感到既奔波劳累又精神空虚，我们常常感到灵魂跟不上肉体，甚至找不到自己的魂了，多读点现代诗歌，或许会对我们有些许帮助吧！

那么现在，请朋友们和我一起，来揭开现代诗歌的一角神秘面纱。

现代诗的产生不是偶然的，它绝不是几个文人的心血来潮和即兴表演，而是时代发展的必然结果。文学是时代的反映，是对现实生活的观照和升华，它不可能凭空捏造出来。现代诗的产生，是远比古代复杂的现代社会和多维的现代生活要求文学作品有更加丰富的表现手法和更为自由的表现形式。

首先，我想和大家讲一讲修辞的变化与发展。

古诗中用得最多的修辞手法是什么？对偶、比喻、拟人、反复等等。这些修辞手法在现代诗中有的已不太使用，有的还经常使用，但也发生了很大的变化。

格律待中最常用的对偶基本上被现代诗所抛弃。对偶如果出现在现代诗中，一般情况下会被视为硬伤。这基于两个原因：一是现代诗排斥外在格律，追求自由句式和内在节奏；二是对偶句往往过于抽象、生硬，类似于文字游戏，而现代诗更讲究参差错落，更注重细节刻画，不喜欢那些概括性的句子。

唐代诗人李绅的“春种一粒粟，秋收万颗子”（《悯农》），而在奥地利诗人里尔克的笔下，收获是这样的：

主啊，是时候了。夏天盛极一时。
把你的阴影置于日晷上，
让风吹过牧场。
让枝头最后的果实饱满；

再给两天南方的好天气，
催它们成熟，把
最后的甘甜压进浓酒……

我们看，李绅的“春种”与“秋收”完全是一种自然形态，是一种事实陈述，包括后面两句“四海无闲田，农夫犹饿死”也是一样，它无疑是农耕时代的文学作品。但里尔克的《秋日》在描述自然形态的基础上，更表现出诗人的主动意识。“主啊，是时候了”，这简直是诗人对上帝下达命令，接下来的每一句都体现着诗人命令式的语气。在这里，诗人与上帝同时成为世界的主宰。这样的诗歌，就不仅仅停留在“春种”“秋收”等农耕活动，而是上升到了生命与创造的层面；也不仅仅停留在同情农民这个点上，而是正视整个人类的生存困境。《秋日》的最后几句是这样的：

谁此时没有房子，就不必建造，
谁此时孤独，就永远孤独，
就醒来，读书，写长长的信，
在林荫路上不停地
徘徊，落叶纷飞

整个这首诗都是诗人在向上帝发话，但我们看到，诗人并没有请求上帝给予自己任何福利，而是请求上帝让果实尽快饱满、成熟，好把最后的甘甜压进浓酒，让天下人都不挨饿，这多像诗圣杜甫的“安得广厦千万间，大庇天下寒士俱欢颜”！但古诗往往写到这里就打住了，现代诗则必须作更深的开拓。所以，《秋日》才有最后这五句。

“谁”其实就是“我”，那为什么要说“谁”而不说“我”呢？理由有三，第一，因为诗人在和上帝说话，用“谁”，淡化“我”，显得更委婉含蓄；第二，用“谁”比用“我”，转折语气更浓；第三，用“谁”比用“我”更灵活，读者更容易将自己置入进去。这几句的意思是说，上帝呀，“我”现在没有房子，你不必建个房子给我；“我”现在很孤独，你也不要管，就让“我”永远孤独吧。“我”醒来的时候，就读书，写信。

大家注意最后两句：“在林荫路上不停地/徘徊，落叶纷飞”，这是非常萧瑟的秋天场景，诗人借此刻画自己达到极致的孤独。

李绅和杜甫不是不愿意像里尔克这样写，也不是没这样的才气，而是在那个时代，他们没有这样的自觉。那是一个但求温饱、平安的时代，虽然不乏精神探求的力作，但很多停留在物质层面，这些诗歌由于反映了当时的现实和人民的呼声，能够流传下来。到了现代社会，“饿死诗人”的时代已经过去，物质丰富得甚至过剩，科技发达得让人害怕，人们要从根本上解决的，是精神领域漂泊无根与孤独无依的问题。

现代诗里，比喻依然常用，但更多地使用隐喻和暗喻。智利大诗人聂鲁达有一句名言：“诗歌，从暗喻开始。”建议大家看一部电影《邮差》，这部电影就是一堂现代诗的启蒙课。20 世纪 50 年代，聂鲁达流亡到意大利的一个小岛上，岛上全是文盲，有个叫马里奥的渔民儿子应邀为聂鲁达送信。马里奥听说聂鲁达是诗人，就跟聂鲁达学习写诗，他非常勤奋，几乎能把聂鲁达送给他的诗集背下来。

有一天，马里奥向诗人请教什么叫“暗喻”。诗人告诉他，就是用另外一件事物，来对比形容某样事物。比如“天空在流泪”是什么意思，马里奥说，是指下雨吧。聂鲁达表扬马里奥有写诗的天分，鼓励他继续努力。又过了几天，马里奥告诉聂鲁达阅读他诗歌的感受：“太奇妙了，我就像一只小船，在你的词语中颠簸！”聂鲁达欣喜万分：“马里奥，你知道你说出了什么吗？一个暗喻。”

诗人北岛认为，明喻是横向的，靠的是“好像”“仿佛”“如”“似的”这类词来连接；而暗喻是纵向的，靠的是上下、前后的呼应。比如马里奥上面说的这句话中，“我就像一只小船”这是明喻，它由本体、喻词、喻体构成，是横向的；而“在你的词语中颠簸”是暗喻，它没有喻词，只有本体“词语”，但我们一读这个句子，就明白马里奥是将词语比喻为流水。为什么呢？因为前面有“我像小船”、后面有“颠簸”相呼应。如果他说“在你的词语中睡觉”，那“词语”就像一张床了。

这个例子告诉我们明喻与暗喻的区别。明喻是线性的，是直白的，“欲把西湖比西子”“燕山雪花大如席”“问君能有几多愁，恰似一江春水向东流”等等。而暗喻是立体的，是含蓄的，它最大限度地省略了那些不需要交代的东西（比如“你的词语像流水”），让诗句显得更为简洁、新奇，更有张力，也能表达更为丰富的内容。这正是现代诗对比喻的要求。比喻在古诗那里只是一种修辞手法，而在现代诗这里，它自成一体，它可以成为诗歌本身。

我们来欣赏芬兰女诗人曼纳一首极为优美的现代诗《我以为看见一封信投在门廊》：

我以为看见一封信投在门廊，
可那只是一片月光。
我从地板上拾了起来。
多轻啊，这月光的便笺，
而一切下垂，像铁一样弯曲，在那边。

古今中外的诗人都在同一个地球上，处于同一个自然世界，对于诗歌来说，原材料都是差不多的。古人写清风明月，现代人也写清风明月，只是古代的很多动植物现代人看不到了，而现代的高科技产品古代人也看不到，但清风明月是大家共同拥有的。用差不多相同的原材料，古今诗人借助不同的表达方式，解决不同的人生课题。

写月亮的古诗多如牛毛，但绝大部分写月亮的中国古诗都是直接抒情，爱情、友情、乡情。写爱情比如杜牧：“美人何处在，明月万山头。”写友情比如李白送给王昌龄的：“我寄愁心与明月，随君直到夜郎西。”写乡情的如“春风又绿江南岸，明月何时照我还”等。而张若虚的《春江花月夜》：“江畔何人初见月，江月何年初照人”“不知江月待何人，但见长江送流水”，优美而博大，自然而瑰丽，是继屈原的《离骚》《天问》之后，罕见的具有宇宙意识的诗篇，所以它“孤篇横绝全唐”。

我们看到芬兰诗人曼纳将月光比喻成一封信，这个也不新奇，宋代词人李清照在《一剪梅》中就将月光和信联系在一起：“云中谁寄锦书来？雁字回时，月满西楼。”曼纳的《我以为看见一封信投在门廊》仅仅五句，比李白的《静夜思》只多一句，比很多词都要短，但这位现代女诗人通过将月光比喻为一封投递在门廊的信，让我们对月夜有了新的认识。

“我以为看见一封信投在门廊/可那只是一片月光”，有点李白“床前明月光，疑是地上霜”的味道，只不过曼纳“疑是一封信”。接下来，运用的就是诗歌的现代技巧了。“我从地板上拾了起来”——在此，不同的事物悄然完成转换，月光变成了信笺——“多轻啊，这月光的便笺”，这一句，既是顺势而为，月光的便笺自然是轻的，又为结尾做好了铺垫，积蓄了能量。

重点在最后一句，用一个“而”字转折之后，蓦然宕开，由月而至月夜，由虚而实，由近向远，由轻到重，诗歌脱离单纯抒情的轨道，向智性拓展：“一切下垂，像铁一样弯曲。”描写黑夜，还有比这更简捷、精准的诗句吗？

“在那边”，千万别小看了这三个字，它指向的是黑暗。这里可以有两种理解，一种是我们在明亮的月光下，不要忽视了“那边”的黑暗——月光这张便笺上，或许就是写的这句话，这就是月光要告诉我们的秘密。另一种是月亮这张便笺是从黑暗“那边”寄过来的，这种明亮、宁静的日子来源于“一切下垂，像铁一样弯曲”的那边，好比我们的幸福总是来源于苦难一样。可见，没有“在那边”三字，“信”的含义便落不住脚。写诗，不能累赘，也不能脱线，必得丝丝入扣才行。而且，如此丰富、复杂的内涵，没有现代诗歌的表现技巧，是很难达到的。

现代诗里，当然会有拟人，但“拟”的规格更高。现代诗更多的时候不是“拟”人，而是认为某一物体就是人，就是生命。

古诗中的拟人，大多是将一些非人的事物赋予人的部分能力。比如杜甫的“感时花溅泪，恨别鸟惊心”，意思是说乱世中的别离，让花为之溅泪，鸟为之惊心。而在现代诗歌中，任何事物都可能像一个完整的人一样，有感情，能思维，人能干什么它就能干什么，而不仅仅只具有诗人赋予的某项技能。比如“溅泪”“惊心”。

2013 年，我出版了一部三千多行的长诗《原野》。第九章《植物志》，写了六种植物，有茅草、垂柳、青蒿、蒲公英、玫瑰、古樟。其中有一首《玫瑰》是这样写的：

我一生都在致力于
从花圃回到原野
以至于我害怕自己的美艳
刺，是我拼命挤出来
的疤痕——
那尖锐的穹顶
隐含看不见的伤痛

我一生都在致力于
摆脱爱情的象征
我贵过黄金，爱情却往往
薄如轻纱，迷失在
誓言的风中。如果能
回到植物学，我愿意交出
自己的所有颜色

这里的玫瑰，和人没有两样。这首诗是玫瑰的自述，也完全可以看作诗人的自述，或者一个女孩的自述，因为它在植物学的基础上，隐含着社会学和美学，隐含着普通植物不具备的意志与情感。

第一句“我一生都在致力于”，这明显是一句人的话语，但在这里，它是玫瑰说的。第二句“从花圃回到原野”点明玫瑰的身份。玫瑰为什么会从原野被人移到花圃里去呢？因为她太美了，所以她才害怕自己的美艳，宁愿自己长得丑。玫瑰的刺本是自然生长的，但由于诗中的玫瑰具有人一样的主动性，所以，我将它说成是玫瑰拼命挤出来的疤痕。玫瑰刺下圆上尖，就像尖锐的穹顶。“穹顶”这个词是有讲究的，它有教堂的意味。教堂庇护众生，包容着人的罪过，抚慰着人的痛苦。由于刺与穹顶相联系，它才能“隐含看不见的伤痛”，而且使玫瑰的“致力于”显得更加庄重。

第二段开头重复第一段开头那句话“我一生都在致力于”，这是古诗中反复的修辞手法在现代诗歌中的运用。古诗中的反复一般是字和短句的接连反复，比如李清照的“寻寻觅觅，冷冷清清，凄凄惨惨戚戚”，还有辛弃疾的“欲说还休，欲说还休”，而现代诗往往是句段的间接反复，或者说跳跃式反复；古诗的反复是要起强调作用，而现代诗的反复是要起递进作用的。

第二段的第二句就是对第一段第二句的递进，或者说是诠释。为什么“我”要致力于从花圃回到原野呢？因为“我”要摆脱爱情的象征。“我”本来只是一种植物，与爱情没任何关系，所谓“爱情的象征”纯粹是人类强加于我的。有人说，爱情多美好啊！让你成为“爱情的象征”还有什么可抱怨的？接下来，玫瑰对这个问题又给予了递进式的回答：“我贵过黄金，爱情却往往/薄如轻纱，迷失在/誓言的风中。”

这是整首诗的关键所在。“我”不是不愿意成为爱情的象征，可你们人类那是什么爱情啊！情人节的时候“我”的价钱贵，可转眼情人们就一个个出轨，当初的誓言往往随风而逝。充当这种爱情的象征，“我”都会羞死！所以，请让“我”回到植物吧，把“我”还原成一株植物吧，“我”愿意交出自己所有的颜色，“我”不做玫瑰了行不行！

借物抒情、寄物咏志是中国古诗的主要表现手法。尤其是咏物诗中，不乏以某一事物为主体、借以表达人之情志的作品，比如于谦的《石灰吟》、郑板桥的《竹石》等，但大多是从物性直达人性，“咬定青山不放松，立根原在破岩中。千磨万击还坚劲，任尔东西南北风”(《竹石》)，它表现得比较直白，直接告诉了你所有东西，就像格言警句。其优点是好懂、励志，其缺点是读者不需要思考，无从咀嚼和回味，也很难产生灵魂上的战栗与震撼。

除了对偶、拟人、比喻、反复，还有夸张、借代、通感等修辞手法，现代诗对古典诗词既有继承，又有发扬，这里就不一一赘述。总之，修辞手法的变化与发展只是诗歌现代化的一个方面，新诗对旧体诗的革命在于，它打破了旧体诗的固有模式，摒弃了旧体诗近乎机械的格律，创造出更加丰富的表现手法和更加深广的写作空间。这就好比让诗歌像玫瑰一样，从修剪得整整齐齐的花圃回到了辽阔无边、可以自由生长的原野。由此，诗歌拥有了全新的语言，在这个日新月异、一切皆有可能的时代，能根据读者的内心需要，被人们从不同方面解读，呈现出自身的开放性。我们来欣赏顾城的一首诗《弧线》：

鸟儿在疾风中
迅速转向

少年去捡拾
一枚分币

葡藤因幻想
而延伸的触丝

海浪因退缩
而耸起的背脊

这首诗就给了读者很大的思考空间，你可以从很多方面来理解它。人们可以说它是哲理诗，可以说它是意象派，还可以说它是童话诗、叙事诗。但无论你如何理解，它都是美的。它纯净而动感的美，总能打动你。

我们试着来分析：这首诗每段两句，共四段，我们先把它分为两组。

第一、二段为第一组，将鸟儿在疾风中转向与少年捡拾分币这两种弧线组合起来。它们有什么样的联系呢？大家想，一枚分币价值极小，成年人可能理都不理，或者一脚踢开，少年却会将它捡拾起来，会珍惜这一份小小的收获。少年这一捡拾分币的动作，就像鸟儿在风中转向一样自然、纯真。

第三、四段为第二组，将葡藤延伸的触丝与海浪耸起的背脊这两种弧线组合起来。这两段各有一个关键词要注意，第三段的关键词是“幻想”；第四段的关键词是“退缩”。两种弧线看上去那么相似，但一种是因幻想而产生，一种是因退缩而产生。

能进能退是人生策略，是从生活熔炉里锻炼出来的大智慧。有的人耽于幻想，只有因幻想延伸而产生的弧线，却没有适当退缩、自我调整的弧线；有的人过于现实，只有不断退缩而产生的弧线，却没有敢想敢为、奋力向前延伸的弧线。这两种人生都是欠缺的。大家知道，葡藤并不是一味延伸，而是回环往复，这样才能硕果累累；海浪更不是一味退缩，那“耸起的背脊”正是积蓄力量，准备勇往直前。因此，既有梦想，又接地气；既能一往无前，又能适当退缩，以退为进，这样的人生才会铸就美好风光。

这是把诗分开了看，如果再从整体上看。第一段的主角是鸟，第二段的主角是少年，第三段的主角是葡藤，第四段的主角是海浪，它们分别代表着动物、人类、植物和物质世界。也就是说，这八句诗、四小段呈现的是整个“大自然”的美。这个大自然美在哪里？

顾城告诉我们，美在单纯，美在弧线，美在能进能退，美在相安无事、各得其所。大家想想，如果把这首诗改成三段，去掉其中任何一种，大自然会变成什么样子——我们能想象没有鸟类的大自然吗？能想象没有植物的大自然吗？能想象没有海浪的大自然吗？当然，我们更不能想象没有人类的大自然。

有人会惊讶，现代诗原来可以呈现这么多主题啊！是的，这正是现代诗与古体诗大为不同的地方。古诗中也有多主题的变奏与呈现，比如李商隐那首有名的短诗《登乐游原》："向晚意不适，驱车登古原。夕阳无限好，只是近黄昏。"老年人读了可能会认为，夕阳多么灿烂美好啊，可惜已经到了垂暮时分。把阅读的重心放在第四句，心情悲观一点。年轻人读了就可能会认为，只有临近夜晚的时刻，太阳才有这无边的绚丽与灿烂！把阅读的重心放在了第三句，充满不惧黑暗、拥抱夕阳的豪迈与激情。但大多数的古体诗的主题较现代诗更狭窄，经典的现代诗总能呈现多主题、多元化的解读，在赋予我们诗意的同时，也给予我们智性的开拓。

有人曾问我，诗歌是不是一定要有某种思想和意义在里面？我说，不是那么回事，诗歌本身就是一个自足的宇宙，它不需要任何附加的东西。一首诗就是一首诗，而不是一首附属于爱情或思想的诗。

当代捷克斯洛伐克最重要的诗人、1984年诺贝尔文学奖得主塞弗尔特就认为："一首诗，它首先应该是诗。"具体说来，他认为诗歌应该具有某种直觉的成分，能触及人类情感最深的部位和他们生活中最微妙之处。一首诗如果过于追求所谓艺术性，就会导致矫揉造作；如果过于强调所谓思想性，就会失之于生硬浮泛。所以，艺术性也好，思想性也好，都只是某种诗歌元素而已。好比一栋真正漂亮的房子，你会忽视建筑它的材料，你会说，这房子真漂亮啊！而不会说，建筑这房子的沙子水泥真棒啊！

当然，如果你很较真，特别想提高自己的鉴赏与创作水平，特别想知道一首诗的内部结构是怎么一回事，那也可以像我写《心的深处有个宇宙》一样，结合诗人的身世经历、写作背景，一字一句地去解剖麻雀，厘清思路，探析幽妙，明白沙子、水泥是如何建筑成一栋大厦的，那你很可能会成为一名优秀诗人，至少是优秀的读者。

但是，一般情况下，我们读一首诗，完全可以不拘泥于它所表达的主题和意义，而是要慢慢学会去"意会"一首诗，学会去欣赏一首诗，就像我们欣赏一朵花和一只蝴蝶那样。你觉得那朵花很漂亮，欣赏它就是，何必去追问它的主题和意义呢？一朵花的主题就是开放，它的意义就是存在。人生也是这样，我们何必苦苦追问人生的意义，难道人生没有意义我们就不能把日子过得充实而快乐吗？难道还有比生活本身更大、更重要的意义吗？因此，千万不要被所谓的“人生意义”绑架了，抛却那些大而无当的意义，你可能会活得更有意思。

诗歌也是这样，它在那里，你完全可以不去读它。不读诗，不会对你人生的实际利益产生任何影响。但一旦读到它，你就会领略到诗行中某种微妙的东西。这种东西要你说出来，你可能也说不出，但你会会心一笑，你会沉吟良久，或者仰天长啸一声。你只会比没读过这首诗的人，多这一点点东西。如果你觉得这一点点东西根本不重要，尽可不去读诗，去打麻将、玩游戏好了；如果你觉得这一点点东西很有趣，或许你会为之着迷。

我们再来欣赏一首希腊诗人扬尼斯·里索斯的伟大作品《第三个》。扬尼斯·里索斯这个诗人，我不知道大家听说过没有。但他是 20 世纪最伟大的诗人之一，被誉为“20 世纪的雨果”。他不太走运，多次与诺贝尔文学奖失之交臂，只获得过一次列宁和平奖。

他们中的三个人坐在窗边看海。
一个谈着海，一个听着。第三个
既不谈也不听；他沉浸在海的深处；他漂流着。
在玻璃窗格的后面，在纤薄而苍白的蓝色中
他的移动缓慢、清晰。他正在探查一艘沉船。
他敲响废钟去察看，突然
精美的水泡带着轻柔的声音往上升，
“他淹死了吗？”一个问；另一个回答：“他淹死了。”
那第三个
从海底无助地望着他们，那眼神
就像望着淹死的人。

这首诗就像一篇荒诞派小说。第一句，我们一般会写成“三个人坐在窗边看海”，为什么里索斯要说“他们中的三个人”？这个差别就很大了。如果只说“三个人”，那这三个人很可能是特殊的三个人，不具备普遍性。诗歌一定要反映普遍事物才能引人共鸣。所以诗人说是“他们中的三个人”，就表明了这三个人的普遍性。这不是特殊的三个人，而是普普通通的三个人。

三个人坐在窗边看海，这是一个很休闲、很温馨的画面，他们也许是三个好朋友，也许是三个陌生人。但不管怎样，能一起坐在窗边看海，是难得的缘分啊！我们平时说珍惜缘分，就是要珍惜人与人之间这种或长久或短暂的交集。

这三个人，一个谈着海，一个听着，第三个既不谈也不听，而是“沉浸在海的深处”。这是怎么回事呢？第一个看到了海就口若悬河地谈海，这类似于纸上谈兵；而听的那个人更不想事，海明明就在眼前，他却还要从同伴的口里去了解海。第三个则不一样，他觉得要真正了解海，必须下到海里去，而不是在窗边看看就好。所以，他才沉浸在海的深处，漂流着，还敲响废钟去探查一艘沉船，引起一些“精美的水泡带着轻柔的声音往上升”。

这三个人中，大家最欣赏哪一个？自然是第三个。他有一种不发空论、勇于实践的精神。然而，大家知道，在复杂的社会里面，第三个往往被看作异类。这种人太较真，不合时宜，不讨人喜欢。所以，当看到从海里冒出来的水泡时，上面的那两个人一个问：“他淹死了吗？”另一个回答：“他淹死了。”而那第三个，从海底“无助地”望着他们，眼神“就像望着淹死的人”。为什么说第三个“无助地”地望着岸上的两个？诗人认为，那两个不可救药的人，反而更像“淹死的人”！

这是多么生动而深刻的一幅浮世绘！岸上的人何等冷酷，他们谈着大海的宏阔与壮美，却坐视沉没在海里的人“被淹死”。然而，反过来的是，那在海里的“第三个”，他真正了解大海，享受着大海。对于他来说，那些坐在岸上空谈大海壮美的人，才是真正被大海“淹死的人”。

很多读者反感现代诗的难读、难懂。我经常跟他们说，其实绝大部分优秀的、经典的现代诗歌是不难懂的。我们之所以觉得难懂，是因为我们不习惯它的表达方式，很多人先入为主，一看到现代诗就摇头，不去用心、细心地体会它，感知它。你离它远远的，它也离你远远的。尤其有为数不少的读者，他们忌惮阅读中的难点和问题，他们只读自己能够读懂的书，或者一本书中容易读懂的部分。也就是说，他们只喜欢吃肉，从不啃骨头。这样，他们就会长成一个阅读上的“胖子”，读了很多很多书，见识却不见长，智慧也不见长，内心力量更不见长。这种阅读上的“胖子”，久而久之，就会变成刚才那首诗《第三个》里面的“第一个人”，他会被“淹死”在阅读里面。

有人问，你们写诗的、写文学作品的，难道不考虑读者吗？你们不为读者写作，那为谁写作？我的回答可能会让大家失望：真正的写作者是从不为读者写作的，文学史上真正经典的文学作品从来不是迎合读者而写出来的。相反，伟大的经典作品是来开导读者、引领读者、提升读者的。阅读能否真正作用于一个人，让他变得饱满有力，取决于他能否从经典作品中获取营养，而不是靠读畅销书打发时间。

我们要知道，弗洛伊德的代表作《梦的解析》十年间才卖出几百本，现在风靡全球；普鲁斯特的《追忆似水年华》很长时间找不到出版社，现在被誉为20世纪最伟大的长篇小说；奥地利业余作家卡夫卡生前默默无闻，没几个人读他的小说，现在他被称为西方现代文学的先驱和大师。大家更为熟悉的博尔赫斯，他的第一本书只卖掉了17册。博尔赫斯说："我为自己而写，可能还为五六个朋友而写，这就够了。"

我不反对大家读官场小说、读抒情小品、读汪国真的诗，但我希望我们在座的各位同学，不仅仅满足于做一名阅读者，而要努力做一名优秀，甚至是伟大的阅读者。与伟大的作家和作品为伍，你才能领略这个时代最绚丽的精神风景，攀登这个时代最伟岸的思想高峰。你或许依然是一个普通人，但你的眼神会更加坚定，你的内心会更加温柔，你的灵魂会更加干净，你会成为一个小小的美的中心，影响你周围的人，进而影响这个世界。

同样的道理，诗歌的发展不是由诗歌读者的数量来决定的，而是由人类精神成长的需要来决定的。我们不读现代诗，对诗歌本身没有任何损害，反而是我们，将失去一次重要的精神成长的机会。

这就是我今天特别想来和各位同学分享现代诗歌的一个重要原因，我希望我们成为"诗友"——热爱诗歌的朋友，一起享受现代诗歌的清风明月，在诗歌的陪伴和引领下，走向心灵的深处，走向宇宙的远方。让我们在现代诗中，醒来！

嘉宾简介：吴昕孺，本名吴新宇，1967年12月出生于长沙县。1985年考入湖南师范大学政治系并开始文学创作，曾为"新乡土诗派"骨干成员。在诗歌、散文、小说、文学评论诸领域均有建树。现为湖南教育报刊社编审，湖南省诗歌学会副会长。

湘西文化的宣言书

——沈从文《湘西》读解

◎ 向成国

《湘西》是沈从文以湘西为题材的一部重要散文，最初连载于1938年8月13日—11月17日的香港《大公报·文艺》。1939年8月由长沙商务印书馆结集出版。这部散文对湘西各方面略加说明，把湘西“近于历史陈迹的社会风景”好好地保留了下来，它是沈从文关于湘西文化的宣言书，值得认真地研读。

一、何谓“湘西”

沈从文在《湘西》中指出：“湘西包括的范围很宽，接近鄂西的桑植、大庸、慈利、临澧各县应当在内，接近湘南的武冈、安化、绥宁、通道、邵阳、溆浦各县也应当在内。不过一般记载说起湘西时，常常不免以沅水流域各县作主体，就是如地图所指，西南各路沿沅水由常德到晃县一段路，和西水各县一段路”。[①]

“湘西”本是个地域概念，但最早是作为行政概念出现的。公元257年，设湘西县，治所在今株洲南湘江西岸，隋改名为衡山县。此后1600多年，“湘西”这一称谓一直没有出现过。现代意义上的“湘西”是在1913年8月，湖南设湘南、零陵、长岳、常澧、湘西五镇守使，袁世凯任命田应诏为湘西镇守使，使署驻凤凰厅城，这便有了湘西的称谓。1914年，北洋政府颁布省、道、县的行政设置，湖南省设湘江道、衡阳道、辰沅道三道。辰沅道初置凤凰，1916年移芷江，辖沅陵、芷江、靖县、晃县、辰溪、溆浦、保靖、龙山、桑植、古丈、乾城、凤凰、永绥、大

① 沈从文：《沈从文别集·凤凰集》，岳麓书社，1992，第93页。

庸、桃源、石门、慈利等县，于是依道的方位，也就有了“湘西”的方位。此后“湘西”一词频频出现。

1917年9月护法战争中，张学济宣布成立湘西护法军（第一军），田应诏接着组建湘西护法军第二军，周则范组建湘西护法第三军，谢重光组建第四军，林德轩组建第五军，1918年7月护法军改称湘西靖国联军。为统一湘西军政要务，五军联合成立“湘西军民两政评论委员会”和“湘西临时众议会”。这样“湘西”作为行政概念就基本形成了。这个行政概念与地域概念是基本一致的，即湘西是指沅水流域、澧水流域的广大区域。

需说明的是，1952年成了湘西苗族自治区，首府驻吉首，辖永馁、凤凰、乾城、古丈、保靖、泸溪六县，同年12月，永顺、大庸、桑植、龙山4县划归自治区管辖，1955年改为湘西苗族自治州。1957年9月成立了湘西土家族苗族自治州，辖上述10县。1981年，吉首改为县级市，1985年，大庸改县为市。1988年，大庸、桑植析出，与常德慈利县组建为张家界市，现在的湘西自治州仅8县市，这是狭义上的“湘西”。

二、创作《湘西》的目的

创作《湘西》是为了“辟谬理惑”。

1937年“8.13”淞沪抗战以后，战火不断向内地推进，到11月，南京国民政府发表迁都重庆宣言后，各机关迅速向重庆、汉口、长沙等地迁移。不久南京失陷，战火已逼近到长江中游，洞庭湖泽地带中国大谷仓的争夺战只是早晚之事。当时湘西已成了军事后方，一面是向川滇迁移的机关、学校需从湘西过境，一面是大批工厂、学校和流离失所的难民及公私机关得陆续由湘西向内地疏散。同时，湘西还可以动员丰富的人力和物资，作军事上后勤物资供应和兵役补充的保证。但是湘西当时存在着许多不安定的因素。首先，历史遗留下来的歧视压迫少数民族的社会问题一直没有得到解决。乾嘉苗民起义后，清王朝在苗区推行的屯田制直到20世纪30年代还没废除。于是1937年湘西永绥、凤凰等地的苗民爆发了轰轰烈烈的革屯运动，他们举起湘西革屯抗日救国军的旗帜，宣布“抗租、抗日、倒何”（何指何键），最终迫使国民党政府废除屯田旧制，改组湖南省政府。主席何键调任内政部长，由张治中接任省主席。后湘西苗民抗日革屯军接受改编，组成暂六师，开赴抗日前线。

虽说湘西苗民革屯运动是反封建的正义之举，它以废除屯田旧制的胜利而结束，当时对解放生产力、发展生产、调动湘西全民抗战的积极性产生了重大影响。但是在客观上，这也造成了地方一度混乱。屯田旧制废除了，然而湘西的苗民问题仍未得到解决，湘西仍存在许多不利于抗战的不安定因素。其次，湘西自民国以后，地方人事习惯，即近于割据分治。地方各县，有时亦不免由二三实力派各自负隅，划境而守，和外面在某种意义上近乎隔绝。抗战事起，虽有128师英勇抗战，然而地方有个传统孤立底子，又和三省边界毗连，人民流动性大。再次，地方还有一些与情绪隔离状态相关的问题，如地方与政府的摩擦，本地与外省的摩擦等等。第四，更为重要的是当时对湘西，对湘西文化的误解、甚至妖魔化的社会偏见广为流传。沈从文在《湘西·引子》中指出：

> （一个外地人，）人到长沙前后，自然从一般记载和传说，对湘西有如下几种片段印象或想象：
>
> 一、湘西是个苗区，同时又是个匪区。妇人多会放蛊，男子特别喜欢杀人。
>
> 二、公路极坏，地极险，人极蛮。因此旅行者通过，实在冒几重危险。若想住下，那简直是探险了。
>
> 三、……车过武陵，就是《桃花源记》上所述的渔人本家，说不定还有避秦的遗民，可以招待客人。经过辰州，那地方出辰州符，出辰砂。且有人会“赶尸”。若眼福好，必有机会见到一群死尸在公路上行走，汽车近身时，还知道避让路旁，完全同活人一样！
>
> 四、地方文化水准极低，土地极贫瘠，人民蛮悍而又十分愚蠢。

因此，湘西就这样成为一个特殊区域，充满原始神秘的恐怖，交织着野蛮与优美。

战争正在向内地延伸。沈从文指出，我军战略若是将主力离开铁路线，诱敌入山地，则湘西沅水流域必将成为一个大战场，未来湘西的重要，显而易见。

为了前方的抗战，作为军事后方的湘西必须安定。“至于湘西人民，也应当有一种新的认识，充满热情勇气，怀着信心自重，才可望支持抗战到底，为将来当家做主建设国家作准备。只有这样，才可望改变社会面貌。”为此，沈从文在寓居沅陵期间，曾作过多种宣传，回到昆明后，写了《湘西》，“比较有系统把一条纵横延长将达千里的沅水流域和五个支流地方的‘人事’生产’做个概括性的介绍，并用沅陵和凤凰作为重点，人事上的好处和坏处，都叙述得比较详尽些，将此作为‘土仪’芹献给世人，取得‘辟谬理惑’的效果。而把外人对于两地一些荒唐不经的传说，试为加以较客观分析。某些方面实由于外来贪污官吏无知，商人的造作附会，某些方面又和地方历史积习分不开。特别是地方政治上显明不过的弱点，新的负责人，也应当明白有许多责任待尽应尽”。“我的目的只在减少旅行者不必有的忧虑，补充他一些不可免的好奇心，以及给他一点来到湘西为安全和快乐应当需要的常识，并希望这本小书的读者，在掩卷时，能对这边鄙之地给予少许值得给予的同情。”

《湘西》是一部地方史志式的散文，当时使“家乡人的自尊信心，和外来者的同情与理解”，“作成一种新的调和或混合”，对抗战起了积极作用。10年以后，沈从文作《湖南的西北角（序）》的时候，结合当时的形势，仍肯定这部作品的价值。他说，“我的工作并不白费，这本小书直到十年后的现在看来，意义犹未完全消失。尤其是一个同乡知识分子，面临当前地方由于战争复员所感到的社会变化和经济贫乏，以及十年战争壮丁牺牲殆尽所形成的种种，引起了他对地方责任感和无所措手足痛苦时，读了我这本小书，必然还可以得到一点点新生的憧憬，以及对于地方重造所抱的勇气和信心！”即使到了今天，当我们对湘西的一些特殊文化民俗抱有好奇和疑惑时，读了《湘西》也会得到有益的启发的。

三、湘西文化的宣言书

我们说，《湘西》可以看作湘西文化的宣言书，这主要表现在两方面：一是对湘西文化的妖魔化进行了澄清，二是对湘西文化的神秘给予了科学的解释和说明。

（一）湘西文化的妖魔化主要表现在三方面：

1．匪

当时有种偏见认为：湘西是个匪区。湘西人上山为匪，下山为民，有的地方民匪不分。湘西有匪，是事实，但对“匪”要有历史的分析和阶级的分析。统治阶级认为是匪的其实很多是劳苦百姓被逼落草的。在《湘西》中，经常提到匪，沅陵的匪、西望山的匪，但作者真正展现在读者面前的只有沅陵一个山大王，那夜为抢黄草尾的周家幺妹，他组织四百喽啰，假攻沅陵县城，在城边放了一夜的枪。抢得幺妹，征得幺妹同意，让她作了压寨夫人。记述虽简略，但这山大王团长那人性纯正善良的一面表现得淋漓尽致。

怎么看湘西的匪？沈从文说，沅陵一切事业女子都有份，男子到哪里去了呢？“男子大部分都当兵去了。因兵役法的缺陷和执行兵役法的中间层保甲制度人选不完善，逃避兵役的人也多，这些壮丁抛下他的耕牛、向山中走，就去当匪。匪多的原因，外来官吏苛索实为主因。乡下人都愿意好好活下去，官吏的老式方法大多不让他们那么好好活下去。乡下人照例一入兵营就成为一个好战士，可是办兵役的，却觉得如果人人都乐于应兵役，就毫无利益可图。土匪多时，当局另外派大部队伍来维持治安，守在几个城区，别的不再过问。分布乡下的土匪得了相当的武器后，在报复情结下就是对公务员特别不客气，凡搜括过多的外来人，一落到他们手里时，必然是先收所有的得到，再来取那个命。许多人对于湘西民或匪都留下一个特别蛮悍嗜杀印象，就由这种教训而来。”①

沈从文指出，“湘西人充过兵役的，被贪官污吏坏保甲逼到无可奈何时，容易入山作匪，并非乐于为匪”。湘西地方固然另外还有一种以匪为职业的游民，这种游民分子本源复杂，不尽是湘西人，尤其不是安土重迁的善良的苗民，而是几十年来中国内战的产物。这些土匪容身四省边界上，来去无定。这种土匪使湘西受到“污染”，且背负一个“匪区”名分。②

可是“湘西的民众，是可以为国家完成任何伟大理想的。只要领导有人，交付他们更困难的工作，也可能办得很好”，“即或无人领导，关于求生技术，各凭经验在不断努力中，也可望把地方征服，使生产增加”，“只要在上的不过分苛索他们，鱼肉他们，这种勤俭耐劳的人民，就不至于铤而走险发生问题”③。“他们中的大多数在现在中国人中，实在还

① 沈从文:《沈从文别集·凤凰集》，第 33 页。
② 沈从文:《沈从文别集·凤凰集》，第 215 页。
③ 沈从文:《沈从文别集·凤凰集》，第 124-125 页。

是一种最勤苦、俭朴、能生产而又奉公守法、极其可爱的善良公民。”

这就是湘西人！对湘西土匪，过分地夸大其匪气，甚至将其作为湘西的代名词，这是对湘西的妖魔化，是对湘西的诬蔑、侮辱！

2．蛮

“蛮”即野蛮。有种偏见认为，湘西是个野蛮的“化外之地”，湘西的“蛮”有一个历史形成的过程：

这里是古荆蛮由云梦洞庭湖泽地带被逼近退守的一隅。地有五溪，称“五溪蛮”。当年马援征蛮，困死于壶头山，沅水流域每一码头都修建有伏波宫。楚屈原被放逐，曾驾舟溯流而上，沿途的山洞精灵，臭草香花被他当作题材，创作出了伟大的诗篇，他作品中那些酬神的宗教仪式有许多还保留在湘西人民的宗教仪式中。

土司制在中国历史上绵延了 800 多年，以至在酉水流域几个县，还遗留下一些土司的统治方式。湘西屯田练勇、改土归流为清代两百年来处理苗族的方策，且是产业共存共享一种雏形试验。直到 20 世纪 30 年代才被废除。

湘西的蛮正是在这种历史进程中形成的。

同时，湘西人的蛮也与湘西人本身的性格有关，这就是湘西人的负气与自弃。负气与自弃本来是两件事，负气出于山民的强悍本性，自弃出于缺少知识养成的习惯，两种弱点合二为一，于是产生一种极顽固的拒他性，不仅对一切进步的理想加以拒绝，便是一切进步的事实，也不太放在眼里。负气与自弃影响到政治方面，则容易有“马上得天下，马上治之”的观念，少弹性，少膨胀性，少黏附团结性，少随时代应有的变通性。影响到普遍社会方面，则一切容易趋于保守，对任何改革都无热情，难兴奋。沈从文指出：“负气与自弃使湘西地方被称为苗蛮匪区，湘西人被称为苗蛮土匪，这是湘西人全体的羞辱。”①

所以湘西过去某一时，是被人当作蛮族看待的。它虽愿意成为附庸，终不免被视同化外。这种被歧视，有两种原因：

一是政治的策略，统治一省的负责者，在习惯上有着错误，他们照例认为必抑此扬彼，方能控制这个苗汉混处的区域。二是缺少认识，负责者对于湘西茫然无知，既不作当前社会各方面的调查，也从不作历史

① 沈从文：《沈从文别集·凤凰集》，第 99 页。

上民族性的分析，只凭一群毫无知识诈伪依法的小官小吏来到湘西所得的印象，决定所谓应付湘西的政治策略。

蛮是湘西民族性的重要特征，一方面，它产生负气与自弃，这是消极的。但另一方面它又有培养出强悍勇猛的品格和个性的潜在能量，这是积极的。近现代湘西走出一批又一批英雄儿女，正是这强悍勇猛精神的显现。在《湘西》中，作者列举了一系列湘西人物：如乾城的傅良佐、杨安铭；麻阳的张秋潭；常德的丁玲、戴修瓒、余嘉锡；桃源的宋教仁、覃振；永顺的向伯翔；永绥的石宏规；溆浦的向警予、向达、武培干、舒新成；晃县的姚继虞、唐伯庚；凤凰的熊希龄、顾家齐、戴季韬、田星六、田三怒等等，他们是湘西的精英，他们的蛮是湘西精神的脊梁。

这些都是中国历史上有广泛影响的人物，他们由蛮而智、而勇，在不同的历史时期，为中国社会发展作出过重要贡献。

《湘西》最后一章谈到苗民问题：很多人关心的"不是苗民如何改造，倒是这些被逼迫到边地的可怜同胞，他们是不是当真逢货即抢，见人必杀？他们是不是野蛮到无可理喻？……所以湘西未来的治理，必须交给湘西人负责，必须放弃二三千年以征服者自居的心理状态，应当有一根本原则，即一律平等，教育经济以及人事上的位置，应力求平等。去歧视、去成见、去因习惯而发生的一切苛扰"①。

3．穷，即湘西"地瘠民贫、贫穷落后"

沈从文指出："富源虽在本地，到处都是穷人。"②湘西资源丰富，穷的是百姓。湘西的桐油、茶叶、木材、竹、棕，都有很好的出产，地下的煤、铁和锑、砒、银、钨、锰、汞、金等特殊金属埋藏丰富。由于湘西物产丰富，又有沅水、白河流经全境，水上交通便利，于是形成了特别繁荣的水上经济。水上经济的发展，带来了沿岸码头城镇的繁荣，从常德以上，桃源、沅陵、浦市、辰溪到黔阳、洪江、托口、芷江、晃州、白河以上王村、茶峒、保靖、里耶到石堤，都是繁华码头。当时洪江有"小南京""小重庆"之称，其货物转口吞吐量和货币流通量仅次于省会城市长沙，排湖南省第二位。酉水上游的里耶，川盐入湘在这个地方上税，边地若干处桐油在这个码头集中。沅水五溪流域都产桐油，近代史

① 沈从文：《沈从文别集·凤凰集》，第214页。
② 沈从文：《沈从文别集·凤凰集》，第168页。

上，桐油生产一直是湘西的支柱产业。仅里耶常年返往常德与武汉之间的载重量在200～400桶油（每桶140斤，即70公斤）的大小船只就有150多艘，这些船下行时主要运桐油。物产这么丰富，为什么湘西到处是穷人？一是百姓受到残酷的剥削和压榨。在《辰溪的煤》中沈从文写到煤矿工人向大成一家的凄苦生活：向大成四十四岁，每天到后坡××公司第三号井里去挖煤，工作十二小时，收入一毛八分钱，妻子李氏到河码头去给船户补衣裳裤子，每天可得二百钱。一家人无法生活下去，女儿被逼卖身，凄惨死去。后来向大成在煤井里被煤块砸死……[①] 这是百姓贫穷的典型例证。二是外来资本对湘西的搜刮。湘西每吨煤以一块钱到二块六毛钱的价格运往下江，同时却用二百五十块钱左右一吨的价钱从下江运回美孚行的煤油，作为湘西各县市点灯用油。[②] 这其中的利差是惊人的。由此看出外来资本对湘西资源财富的掠夺也是惊人的。第三，湘西经济被政府和武汉、上海等外地大公司老板垄断。沈从文指出："湘西地方商业，规模较大的出口货——近百年的习惯，就无不操纵在江西帮、汉口帮大商人手里。"[③] 常德是湘西门户，湘西的大宗商品大都由这里转口，《常德的船》写了沅水、酉水上游各地的船，说明这里转口贸易的繁荣。里耶在民国初年成立了龙山商会里耶分会，1918年加入上海总商会，开办了"协易和桐油庄"，紧随其后，江西商人、四川商人群集而来，形成了江西街、四川街。下江实力雄厚的数十家大庄号在里耶设立分庄号，到1934年，里耶成规模的商户达423家。本地的经济全掌握在外地商户（即大资本财团）手里。他们唯一目的，就是残酷地搜刮当地财富！第四，各路军阀，凭借武力强行掠夺湘西财富，洪江是湘西经济最发达、油水最丰厚的地方，地方的财富与市场的繁荣，也就增加了军人争夺的可能性。民国以来，贵州省的政治变局，都是洪江地方直接、间接促进的。贵州军人卢焘、王殿轮、王小珊、周西成、王家烈全以洪江为发祥地。湖南军人周则范、蔡钜猷、陈汉章全以洪江为根据地。军阀每过一次洪江，大肆搜刮民财，必发展壮大一次。但军阀之间相互争夺，灾难必然是湘西人民承担。在护法、护国战争期间，湘西军阀有张学济的靖国联军第一军，陈渠珍的第二军，周则范的第三军等

① 沈从文：《沈从文别集·凤凰集》，第168-170页。
② 沈从文：《沈从文别集·凤凰集》，第167页。
③ 沈从文：《沈从文别集·凤凰集》，第98页。

五大军事势力。到二十世纪二三十年代，又形成了国民党的中央军、省军和地方军几大势力。他们为争夺政治权力和经济利益，内讧不断，杀来杀去，遭殃的是百姓，每一次军阀战争，都是对百姓生命和地方经济的血洗，百姓如何得富？更为凄惨的是，烟毒从 19 世纪初叶到中叶在湘西泛滥。仅龙山，1948 年，全县种植鸦片的达 3 万多户，占全县人口总户数的 90% 以上。广大百姓在极度贫穷的条件下，又为烟毒所害，这更是雪上加霜。所以作者在《湘西》中写到晃县时说："边境的悲剧或喜剧，常常与烟土有密切关系。"这里的人们，"与其说是在挣扎生活，不如说是在混生活。生存是无目的无所为的……活时活下去；死了，完事。'野心'在多数人生活中都不存在，'希望'也不会存在……这是传说中的古夜郎国，可是到如今'自大'两字也似乎早已消灭了"①。湘西人不仅经济上贫穷，在精神也贫穷得毫无知觉了。

这是湘西的穷。

（二）湘西文化的神秘

《湘西》通过对湘西有选择性地介绍，除了为湘西正名外，更为重要的是揭示湘西文化的神秘。

沈从文说："湘西就在这种情形中成为一个特殊区域，充满原始神秘的恐怖，交织野蛮与优美。"②因此，"只有这一个区域不易了解，值得了解"③。

如何认识湘西的神秘？作者引导我们——

1. 湘西历史悠久，充满着古远的浪漫情调

在《题记》中，作者简要地叙述了湘西的历史：从古代荆蛮由云梦洞庭湖泽地被逼迫退守到湘西一隅，直到辛亥革命，到抗战时期湘西革屯……这是一部湘西历史、它波澜壮阔，曲折宏远，从中我们看到了隐伏于凝固了的历史事件中的变动着的社会和从残酷、野蛮的厮杀中走出来的人类文明。对这种变化着的社会历史的疏忽、偏见或无知，都是导致神秘的根源，更何况，这历史由于悠久，在令人不可解的情况下，必

① 沈从文：《沈从文别集·凤凰集》，第 184-185 页。
② 沈从文：《沈从文别集·凤凰集》，第 102 页。
③ 沈从文：《沈从文别集·凤凰集》，第 190 页。

产生一种幻想浪漫情调。精神在远离现实的时空中遨游，一切处在不可解的昏蒙状态。时间越是古远，幻想的成分越重，其神秘感越是强烈。

2．宗教情绪与幻想情绪的结合将生活抽象化

抽象不可解，便产生神秘。宗教情绪是湘西本土生长起来的原始信仰引发的情绪。早在四万多年前，辰州（今沅陵）的巫文化就相当发达，巫文化以灵物、祖先为崇拜对象。幻想情绪是楚文化基本形态。我们知道“楚文化的主源可推到祝融，楚文化的干流是华夏文化，楚文化的支流是蛮夷文化，三者交汇合流，就成为楚文化了”①。楚文化的内容有两个方面，一是神话传说，二是器物文化。楚的神话传说，一方面作为诱导原因，催发了许多新的神话传说问世，使原本就丰厚的神话传说更显得其厚重和丰厚。另一方面这种神话传说造成了一种文化氛围，积淀成文化沃土，孕育出了能体现楚文化精华的诗人、哲人，创作出了大量不朽诗篇和精深的著述典籍。神话传说是应人们的物质生活、精神生活需要而产生的，是“在人们幻想中经过不自觉的艺术方式加工过的自然界和社会形态”②。它通过幻想虚构，将历史、现实的真实变形为内心的神怪鬼异，最终远离了历史和现实。楚国的冶金、手工业发达，因此器物文化、铜器、铁器、漆器、玻璃器、丝织品相当发达。追求质量的上乘和艺术的精美是楚器物文化的基本特征。南方的湿热天气，容易造成狂放和倜傥不羁的习性；丛林、水泽、险峰、急流又能引发谲诡幻怪的狂想。因此，作为楚民族性格集中体现的楚文化便具有炽热灵动、瑰丽神奇、激情浪漫的特征。这种宗教情绪与浪漫情绪相结合，表现出对超自然力的神灵崇拜、对指向未来的美好的向往和追求。在这种崇拜和追求中，人们可以超脱现实的苦难、超脱物利的束缚、超脱死亡的恐怖，可以实现灵魂的飞升，最终进入到无限宽广、深远、崇高的爱与美的精神世界。这时人们自身与崇拜中的神灵合二为一，成了追求中的理想的化身，生命的精旺、生命的朝气、生命的活力也就特别突出地表现出来，生命的抽象意义和永存价值也就得到了最充分、最完美的展示。所以沈

① 张正明：《楚文化史》，上海人民出版社，1997，第 26 页。

② 马克思：《政治经济学批判导言》，《马克思・恩格斯选集》第二卷，人民出版社，1996，第 224 页。

从文指出："几件事都是人的事情。与人生活不可分，却又杂糅神性和魅性。湘西的传说与神话，无不古艳动人……湘西的神秘，和民族性的特殊大有关系。历史上'楚'人的幻想情绪，必然孕育在这种环境中，方能滋长成为动人的诗歌，想保存它，同样需要这种环境。"[①]

3. 文化遗存的神奇，传留着无数的难解之谜

湘西灿烂文化的遗存，凝聚着湘西人的聪明才智。它显示出一种超现实的力量。这些文化遗存又常被如诗如画的奇异和谐的自然环境烘托包容。因此，它总是带着神秘的色彩，充满了神秘的诱惑。

沈从文写沅陵太平铺景色："溪流萦回，水清而浅，在大石细沙间激流。群峰竞秀，积翠凝蓝，在细雨中或阳光下看来，颜色真无可形容。山脚下一带树林，一些俨如有意为之布局恰到好处的小小房子，绕河洲树林边一湾溪水，一道长桥，一片烟，香草山花，随手可以掇拾。"沈从文说"在自然景致中见出宋院画的神采奕奕处"。"《楚辞》中的山鬼、云中君，仿佛如在眼前。"[②] 写到沅陵由南岸看北岸山城，由于风景太美，"早晚相对，令人想象其中必有帝子天神，驾螭乘蜕，驰骤其间。"[③] 箱子岩那一列五色斑驳、崭削如割切的石壁，深而碧的江水，西落的白日，天上的落云，由小船上升起的平贴水面的炊烟，排阵掠水飞去的水鸟，这一切构成了一幅十分和谐的绝好的宋院画。这临近黄昏的景色本身就近乎一种纯粹的诗，充满着自然的神奇。而那百丈悬崖绝壁间石穴处的悬棺更令人感到神奇，这是五千年以前，腰围兽皮，手持石斧、刚刚走出了茹毛饮血时代的壮士所为吗？这必然将人们带到遥远的古代，怀着无尽的幻想，去思索那神奇的壮美。浦市江东寺的转轮藏，天下只有三座半，这是其中之一，它又是怎样的奇迹？《湘西》从千年前武陵人沿溪走到桃花源，到更远的古代流放中的屈原诗中常写到的澧兰香芷、沅水古风；从柳林岔崖岸纤道的寡妇链到沅陵"河涨洲"及洲上的白塔；从马援葬身的壶头山到沅水各处的伏波宫；从青浪滩的神鸦到骂娘滩的骂娘；从大酉洞到狮子洞；从溪州铜柱到边墙遗址；从浦市镇妖三塔到辰溪斤丝潭以及黔阳的阳明书院……《湘西》几乎把湘西大部分文化遗存都写到了。这些文化遗存与当时人们的生活不可分，但对现

① 沈从文：《沈从文别集·凤凰集》，第 141 页。
② 沈从文：《沈从文别集·凤凰集》，第 123 页。
③ 沈从文：《沈从文别集·凤凰集》，第 131 页。

代人来说，它已成了历史。由于与现实相隔渐远，古艳动人的成分便逐渐增加，加之在历史发展中又掺和了一些神话传说，就使这些古文化的遗存杂糅着神性和魔性。神性能迷人，魔性能狂人。神秘感、神秘观念便由此而生。

4．人物的传奇色彩，加重了地方的神秘气氛

湘西的神秘，也来自湘西地方人物的传奇。湘西传奇人物比比皆是。这些人物有的对历史演变和发展起过重要作用，有的在历史上表现出某一方面的特殊才能和个性，有名有姓的有数十人。在《湘西》中这些人物的事迹有的被稍加叙述，有的只是一闪带过，他们被置于湘西不同的历史时期、不同的社会自然环境中，都极其鲜明地突出了他们富于传奇色彩的一面。如陈汉章，由地主而成团绅，由团绅而做大王，由大王而升充军长，由军长而获得巨富，由巨富而被人暗杀，现在只在一座光头山顶上留下一列堡垒形的石头房子，记载着这个传奇人物的传奇故事。这些人物与地方事件结合，演出了一幕幕悲壮的地方史剧。

沈从文同时还指出另一种情况，即对湘西人优秀品质的不认识、不理解而造成的对湘西的神秘认识。湘西的男子是可以为国家完成任何伟大理想、不惜流汗流血，默默无闻、沉默不语的真正战士；湘西女子都能称职、全用劳力讨生活、热爱美、追求美，无处不显示生命的光辉。但是对湘西人“三十年来牧民者来来去去，新陈代谢，不知多少”，除认为“蛮悍以外，竟别无发现。外来为官作宦的，回籍后，至多也只有把当地久已消灭无余的各种画符捉鬼荒唐不经传说，在茶余酒后向陌生者一谈。地方真正好处不会欣赏，坏处不能明白，这岂不是湘西的另一种神秘？”①

5．以讹传讹的辰州符，使湘西的神秘演化为一种荒唐

“辰州地方是以辰州符闻名的，辰州符的传说奇迹中又以赶尸著闻。”②

辰州符，传说中它的灵迹令人惊奇。但沈从文指出，多数当地人对于辰州符都莫名其妙，都不太明白，且毫无兴趣，也不怎么相信。外地人把这种传闻当作真实，本地善于说大话的典型的市侩们猜到外地人的心理，胡乱吹嘘，于是以讹传讹，假也成真，辰州符便以它不可理解的神秘，流布于社会了。

---

① 沈从文：《沈从文别集·凤凰集》，第134页。
② 沈从文：《沈从文别集·凤凰集》，第127页。

与辰州符相联系的是赶尸。湘西人“安土重迁”的观念是非常牢固的，回故土、落叶归根是千年积习。因此，人在外地身亡，在重山阻隔、江河纵横的情况下，希望尸身能自动回家，这是一种心里想望，这想望便寄托于赶尸能如愿。但“赶尸”也只是一种传闻。于是那些血里骨里还浸透着原始迷信的外来新绅士，想满足自己荒唐的幻想，来到湘西，总找机会来温习“赶尸”的传说。而本地一些绅士、旅馆中人，俨然以为生在当地，便负了一种不可避免的义务，又为一种天赋的同情心所激发，总是把赶尸的神奇处重叙一番，其实他自己也不明白，也不相信。对于这类傻不可言的问题，谁也不能说明它的真实性。就连那据说 15 岁就远走云贵，跟名师学习赶尸法的阙五老，60 岁了，与客人谈及辰州符赶尸时，同样也只“故神其说”。由此看来，辰州符赶尸全属讹传。

但是湘西山高水急，地苦雾多，常显示出一种幽深渺茫虚幻不可猜测的圣境。加之由善神恶鬼产生的一种巫鬼文化观念的束缚和屈原以湘西为题材创作出的浪漫作品的影响，当人们身临其境时，总想象其中必有帝子天神，驰骤其间；必有地祇人鬼，“食天气而饮沆瀣”，“漱正阳而含朝霞”。环境的幽冥深远与内心感受的人神交游，必产生神秘幻念。在这样的情境中，辰州符便获得了生长的土壤。当然，对未知的世界的神往以及普遍的猎奇的心理，在科学不发达的过去，很容易使人们被一些荒唐的故事俘虏，于是以讹传讹便成了一种历史的传统痼疾。

6．性压抑导致的行为错乱从女性心灵深处揭示神秘的祸乱

放蛊、行巫、落洞是湘西女子因缘相袭的一种旧俗。放蛊必与仇怨有关，仇怨又与男女事有关，换言之，就是新欢旧爱得失之际，蛊可以应用作争夺或报复的工具。这种妇人有一种隐性的疯狂。致疯的原因是穷苦而寂寞，所以这种妇人必是一个悲剧主角。行巫必与女人的病有关，因爱情得不到满足，常忽然发病，如有神附体，不吃不喝，胡唱胡闹，哭笑无常，且周期反复。相传只有行巫以后，成为众人承认的神之子，妇人的潜意识才能因综合作用得到解除，狂病方可消退。落洞是年轻女子性行为受到极端的压制，转成病态，最终与洞神神交至死。落洞的背后隐藏的是女子的悲惨。所以，“放蛊、行巫、落洞，三者同源而异流，都源于人神错综，一种情绪被压抑后变态的发展。……三者都以神为对象，产生一种变质女性神经病”。“三种女性的歇思底里亚，就形成湘西神秘之一部分。这神秘背后隐藏了动人的悲剧。”[①]

在湘西，特别在湘西少数民族地区，男女恋爱是比较自由的。但仍受到封建伦理道德和封建家族制的制约和束缚。而女子性情的高远与现实生活的束缚之间形成了较大的差距，这样势必造成女子人生的失落，特别对爱情的失落，容易导致女子走向极端。因此可以说，放蛊、行巫、落洞是女子变态行为的极端表现。同时在湘西特殊的历史环境中，军人成为近300年来湘西的绝对的统治者。地方习惯，把女子在性行为方面的极端压抑当作最高的道德。军人由于职务关系，必常离开家庭外出，在外取得对于女人的经验，必使这种道德观念增强，方能维持他的性的独占情绪与事实。军人在强大暴力下对女人的独占和欺凌，必加重女子性的压抑，造成女子更深的痛苦和悲剧。

7．游侠精神的浪漫情调使湘西神秘异彩纷呈

游侠精神是湘西人推崇的精神，“它是三楚子弟那种慷慨好义负气任侠的古典热忱及‘诚既勇兮又以武，终刚强兮不可凌’的鬼雄气概在当地兵凶战危环境里的历史延伸”，“是当地男子行为的道德规范，同时又是经过内化而成的基本性格。”[②]从游侠者道德观看，这种精神表现出极浓的宗教色彩。当人事是非涉嫌双方各执一端、无法用人调解时，便照规矩常常取决于神，一切恩怨私仇都集中于神的面前，相信神的公正无私。这种行为是思想观念上的愚昧无知所致，由此而演出了许多浪漫与严肃、美丽与残忍、爱与怨交缚不可分的历史悲剧。从游侠者的行为准则看，重在为友报仇，扶弱锄强，有诺必践，尊重他人，重义气，讲友情。这是继承自数千年前的侠客古风，与古代“闾巷之侠”“匠夫之侠”的重义轻利、重言诺、轻生死的精神相传相承的。它又反映出道德光辉的一面，由此排演出许多英雄史剧，增加了人类文明的分量。

游侠精神是湘西男子的普遍精神。这是因为：首先，湘西山高水急，地苦雾多的特殊的自然环境容易产生一种浪漫情绪，形成灵动炽烈的情感追求。当情感追求难以实现时，又容易产生超脱现实的幻想。在幻想之上，必然形成对超人力、超自然力之外的神的虔诚与崇拜，于是形成

① 沈从文：《沈从文别集·凤凰集》，第192、202页。
② 刘一友：《论凤凰人》（下），载《吉首大学学报》1995年第3期。

宗教情绪。浪漫情绪与宗教情绪结合便产生游侠精神。其次，这种游侠精神源于古代，代代相沿相袭，并且一代一代丰富和发展，在本地人观念上发生了广泛的影响。在湘西，游侠精神，已作为一种集体自觉意识，几乎成了湘西人的道德行为规范。其三，游侠精神与湘西军人侠胆义骨相结合，便形成了湘西军人特有的勇敢和团结，在中华民族史册上，谱写了可歌可泣的壮丽篇章。沈从文指出，个人浪漫情绪与历史的宗教情绪结合为一，便成游侠者精神，“游侠者精神的浸润，产生过去，且将形成未来”①。

沈从文在《湘西》一书中，从文化的层面，对湘西作了历史的、现实的说明，第一次将文化的湘西推介到世人面前，这是真正意义上的湘西文化的宣言书。

嘉宾简介：向成国，编审。1967年毕业于中南民族学院。曾任《吉首大学学报》编辑部副主任，吉首大学中文系教授。任全国高校文科学报研究会会员、全国毛泽东文艺思想研究会会员、中国少数民族文学研究会会员、中国现代文学研究会会员、中国汉民族学会会员、湘鄂川黔渝边区经济文化协作会会员、吉首大学沈从文研究所所长。主要贡献：于20世纪80年代初开始沈从文研究，先后发表《论沈从文的两种跨越》《论沈从文的审美时空选择》《文学附丽于生命》《论高校学报的学术建设》等20多篇学术论文，出版专著《回归自然与追寻历史——沈从文与湘西》一部，参与《沈从文研究》《长河不尽流——怀念沈从文先生》《沈从文别集》《沈从文全集》(小说卷)、《中国国情大事典》等书的编辑；1994—1996年主持国家社科基金课题——沈从文研究。

① 沈从文：《沈从文别集·凤凰集》，第211页。

修身正己，为国为民

◎ 尹砥廷

“修身正己”，用当代流行的话语来表述，那就是提高自身的整体文化素质，即“以文化人”的意思。也就是说，作为一个人，必须要通过努力读书学习、积极参加社会实践活动，来提高自己的思想道德水平和文化科学知识水平，使自我得以完善，超越人的原生状态，进入自觉追求崇高的精神境界。我们民族对此是非常重视的，强调一个人必须以“修身正己”为基点，朝着“为国为民”的目标去努力攀登，才不会枉此一生，才算是一个真正的人。这种认识，在我国有着深厚的思想基础和悠久的历史。

一、修身正己，是中华传统文化的重要思想之一

中国传统文化，融儒、道、释为一个整体，互补相融。三家都着重对修身正己进行了详尽的论述，共同为中国传统的人文关怀，提供了一个较为完整的图像。历代士大夫文人，深受儒道释的影响。“以佛修心，以道养身，以儒治世”，已成为中国古代知识分子修行处世、安身立命的根本大法。

1．儒、道、释对精神境界的求索

中国传统文化，注重的是对人自身的一种塑造。因此，对人生最高精神境界的阐释，对个人如何修身的探讨，就成了三家追索的重要课题。对此，儒、道、释的认识是有差异且各具特色的。具体而言：儒家讲“入世”，强调以天下为己任，强调自强不息，刚健有为，泛爱众而亲仁，重在对自身责任的一种关照；道家讲“忘世”，强调清静无为，精神超脱，虚怀若谷，安时处顺，珍爱生命，重在对自身生命的一种要求；佛

家讲“出世”，强调万物皆空，清心寡欲，慈悲为怀，普度众生，重在对“今世来生”这一人生态度的要求。综观这些充满了人生智慧的论述，都是对人与自然和谐的价值取向、人与自然关系的定位取舍、人与自我的精神境界的求索，都是为世界的和平安宁所开出的灵验单方。

当今世界，人类面临着种种挑战和危机，诸如生态危机、恐怖主义、人文缺失、精神危机等等。究其祸根，都来源于人的自私自利之心。社会是由千千万万的各色人等所组成的，如果每个人都只顾及一己之利，为了自己而不顾其他，那嫉妒、中伤、敌视、争斗又怎能不发生呢？这个世界又怎么会得到安宁呢？试想，美国悍然入侵伊拉克，对一个主权国家进行颠覆，他打的旗号多漂亮——消灭大规模杀伤性武器，拯救全人类，解放伊拉克人民。但其目的还不是在于充当“世界警察”，维护一己之利，更方便于抢夺中东的石油！其实，害人者必会害己，自私不一定会获利。历史已经证明，美国出兵伊拉克，给伊拉克人民带来无穷无尽的灾难，致使杀戮不断，恐怖主义找到了滋生的温床，最后祸及美国自己。所以，克服人的自私自利之心，促人修身正己，养成真善美的品格，多为他人着想，彼此信任，相互尊敬，果真如此，社会哪有不和谐的？危机又怎会产生呢？可见中国传统文化之所以特别强调修身正己是很有道理的。中国传统文化认为修身正己这是根本，是起点，只有这样，才能达到“治国平天下”的目的，才能实现太平和人民安康的目标。所以，“修身正己”不能不说是一种超时空、超民族、超阶级的人生大智慧，是治国安民的良方。

2．志士仁人留下的宝贵精神财富

我国作为文明礼义之邦，对修身是非常重视的。先哲们对此曾作过详尽的论述。如《大学》，一开始就讲格物、致知、诚意、正心、修身、齐家、治国、平天下，强调以修身为本。在漫长的中国历史上，更是产生过许多有关修身养性的警句和格言，我们的人民中也涌现出许多勤于修身、严于正己的人。例如倡导“先天下之忧而忧，后天下之乐而乐”的范仲淹，一世都在致力于实践自己所提出的这个主张。他年轻时家境贫寒，借住在一所寺院里读书，缺衣少食，每天煮一锅稀饭充饥，隔夜粥凝固后，他就划成四块，一天两餐，每顿限定只吃其中的两块。这种生活是何等的窘困，但范仲淹强行克制自己，仍然专心攻读。通过艰苦奋斗，他终于获得成功，最后做了宰相。而当他身处这显赫的相位时，并没有因地位的变化而骄奢淫逸，反而更加严于律己，一心为国为民，办义学，兴义田，全家依旧过着清贫的生活。最后两袖清风，告老还乡。的确，范仲淹没有给自己的子孙留下大量家产，可是他那严于修身正己、一身正气、忠心为国为民的崇高精神和廉洁奉公的行为准则，都成了子子孙孙取之不尽、用之不竭的财富源泉。史料记载，他的四个儿子，都继承了范家遗风，个个严于律己，品德高尚，都做了宰相或公卿或侍郎。到了清代，他的曾孙辈，共出了七十多个相当于如今中央部级以上的官员，而且都保持着范氏“修身正己”的优良传统，一心为国为民，受到了世人的尊敬。

所以，在“修身正己，为国为民”这一传统文化的哺育下，我们民族得以发展壮大，得以自强自立于世界民族之林，我们的国家也因此成为闻名的四大文明古国之一。也就是在这一文化传统的熏陶之下，我们中华民族的优秀儿女，一代接着一代，遵循着一心为公、为国为民这一准则，身体力行，上下求索。文天祥说“人生自古谁无死，留取丹心照汗青”，成为可歌可泣的民族英雄。林则徐说“苟利国家生死以，岂因祸福避趋之”，成为爱国爱民的楷模。夏明翰说“砍头不要紧，只要主义真”，为实现共产主义英勇献身，成为世人景仰的革命先驱者。这些先贤，他们都把舍我为国为民的信念付诸行动，从而进入了崇高的人生境界。

3．正确解读“实现自我价值”

现在，许多人都谈论要“实现自我价值”，一时间竟成了流行的口头禅。“实现自我价值”，这是对的，但什么是“自我价值”？这是首先必须要弄清楚的。我认为，一个人如何不讲修身，却侈谈“实现自我价值”，那这个价值在任何社会里，都是不可能实现的。人是社会动物，需要过群体生活，如果你处处为已，不顾及别人，人人见了都“退避三舍”，那你的这个“价值”能得到社会认可？能够实现吗？如果把追求物质享受和满足理解成“实现自我价值”，那更是大错特错。当然，人活在世上，谁都想吃好、穿好、玩好，但一个人只拥有这些，只为这而活着，那也就无异于低等动物了。作为社会的人，首先要穿衣吃饭，这是肯定的，但还有比这更重要的，那就是事业、就是道义、就是对真理的不断追求。司马迁说，有的人的死“重于泰山”，有的人却“轻于鸿毛”，为什么会有这样的差异？这就是自我价值取舍不同所带来的结果。而衡量这种价值的高低，又绝不是以自我感觉为准，而是要得到社会的认可和经过历史的检验。所以人只有通过修身正己，完善自我，才能实现自我价值。

当然，修身正己就是严于律己，就是要克己为人，但这并不等于叫人遇事一味忍让退避，更不是要人摩顶放踵，去当一个苦行僧，而是要从进德修业这个高度，努力克服自己身上的弱点。譬如读书、学习、创业，就要克服怠惰之心；在大是大非面前，坚持原则，就要克服患得患失之心；见义勇为，面对危险冲上去，就要克服怯懦之心；等等。这些都是“正己”的表现，都是修养高尚人格所必须要做到的。

其实，“修身正己”，是一辈子的事，任何时候都不能停步。孔子说：“君子有三戒：少之时，血气未定，戒之在色；及其壮也，血气方刚，戒之在斗；及其老也，血气既衰，戒之在得。”（《论语·季氏》）这就指出了在少、壮、老三个年龄阶段，“修身正己”各有各的重点。对年轻人来说，“血气未定”，即身体还发育不全，正是长身体、长知识，塑造自己的大好时光，应将全部精力放在学习和事业的努力奋斗上。但在这一时期内，人的生理机能和心理状况还不够稳定，而且好奇心强，加上涉世不深，特别是对男女之事，更是知之甚少且考虑不周，所以孔子强调应“戒之在色”。这里的“色”，既指“声色”也指“色欲”，即克制贪玩以戒声色，防止淫乐以戒色欲。这话说得多中肯啊！现在，因对自己的要求不严、贪玩纵情而消极颓废的人还少吗？那些凡事都要以我为中心，情绪一激动就不顾一切走极端的人，最后也不是自食其果吗？那些贪得无厌，侵吞国家财产的人，不是一个个被钉在历史的耻辱柱上吗？所以修身正己，实在是太重要了。要知道，随着现代物质文明的发展，人的任性与纵欲呈攀升之势，这不能不高度警惕啊！我们一定要在思想上构筑起一道道防火墙，通过修身正己，来不断增强自己的免疫能力。

二、修身正己的具体内涵

人是社会关系的总和。人生活在世界上，必须要和人打交道。所以，怎样才能与他人和谐相处，这就成为文化与人生中非常重要的一个课题。我国传统文化主张“修己安人”，即通过完善自我，去影响他人，来达成人际和谐，相互尊重信任，从而团结一心，共同实现社会的稳定和发展。

1．处理好他人与自我的关系

这就首先要正确地对待自我，认识自我，走出盲区，进入客观的领域。现实中，有的人总是自我感觉特别良好，经常沉浸在自恋、自赏的幻觉里，总是将别人当面的恭维、逢迎、捧场视为对自己的真实评价，因而洋洋得意、自满自足，根本不能正确对待自己，这是一个极端。另一种则是自卑、自贱，总认为自己不如别人，因而消极悲观，畏首畏尾，这同样是不能正确对待自我，这两种行为的错误在于不知自我潜在的能力，这两个极端我们都要抛弃。“尺有所短，寸有所长”，只有正确对待自我，只有正确处理好他人与自我的关系，才不会影响自我判断，才会从自恋、自赏中猛醒，从自卑、自贱中奋起，才会胜不骄、败不馁，开拓进取，奋勇向前。

2．胸有大志与艰苦奋斗

要修身正己，完善自我，那就必须从小立志，磨砺自我。《周易》曰：“天行健，君子以自强不息。”（《乾·象》）这是中国人积极人生态度最集中的理论概括和价值提炼，也是人类在认识自我之后首先要建立的安身立命之说。孔子曾说：“三军可夺帅也，匹夫不可夺志也。”（《论语·子罕》），在孔子看来，作为人，特别是青年人，首先得立志，要胸有大志，具有历史的责任感和时代的使命感，敢于担当，努力效法天体运行，运动不止，刚毅有为，为实现崇高理想而不懈奋斗。

事实业已证明，世界上凡是创造出丰功伟业的人，无一不是从小就胸有大志。因为思想是行动的指南，理想是征途的路标，立志是成功的桥梁，如果一个人压根就不想干一番事业，他怎么可能征服途中的艰难险阻，奋斗不止，从而登上那光辉的顶点呢？所以，高尚的追求，会使生命变得壮丽，会使精神变得富有，会使事业变得辉煌。这里我想举个例子来说明这一问题：伟大领袖毛主席。他进入一师之前，视野和心胸也很受局限，不是一个天生的马克思主义者。他最终成为一代伟人，就在于他从小胸怀为国为民的远大抱负，就在于他具有强烈的求知求新欲望和不同凡响的个性以及不甘服输的精神。读书期间，青年毛泽东在远大志向的激励下，广泛求知学习，刻苦锻炼身体，中流击水，浪遏飞舟，磨炼意志，以苦为乐，使自己的品格和才能得到了迅速地提升。事实告诉我们，毛泽东的伟大就是在从小立志，不断磨砺中逐步成长起来的。朋友们，请你我同时记住：如果你要引人注目，就要立志使自己成为一棵大树，傲立于大地之间，而不是做趴在地上的一棵草。所以，立志使自己强大，成为一棵参天大树，成为国家的栋梁之材，才不会枉此一生。

要实现自己的理想，就必须要艰苦奋斗。人的一生，从来就不是一帆风顺，而是充满坎坷的，前进路上会有得有失，有顺有逆。所以，如何对待顺境和逆境，这就关系到事业的成功和理想的达成。我们一定要做到胜不骄、败不馁，处顺，警惕自我，处逆，鞭策自我。善于识别诱惑，敢于迎接挑战，敢于面对困难，这样才能真正实现自我价值，达到人生的最高境界。

孔子成为千古圣人，就在于能在逆境中奋起。他一生艰苦奋斗，周游列国，颠沛流离，困厄万端。但他却苦苦追求，乐此不疲。颜回箪食瓢饮，穷居陋巷，也乐在其中。说实在的，劳累困苦、缺吃少穿，这事本身是毫无乐处可言的，但孔子、颜回却能在艰难困苦中积极进取，努力奋斗，有所作为，终于化解了身处逆境和物质匮乏所造成的困扰，体悟到了一种理性的愉悦。这就是我国传统文化中广为传颂的“孔颜之乐”。这种快乐，在于扬弃了外物之累，超越了外物之心，体认到了个体自身的内在完善，是真善美高度统一的、自由人格的具体体现。我想，在物欲张扬、精神式微的今天，讲讲孔颜之乐，提倡艰苦奋斗，对我们是会有所帮助且具有现实意义的。

3．“天人和谐”与“和而不同”

这是修身正己的最高境界。在我国传统文化中，“天”主要是指大自然，即人类赖以生存的环境，因此，中国的天人之学，探索的就是人生意义问题，即人与自然环境、社会环境的关系问题。我现在是从修身正己，实现人生价值这个角度来探讨，所以主要是讲人与社会环境的关系。我认为，与时代同步前进，是人生最高境界的一种存在形式。《易》说：“天地变泰”（《泰·象》），认为人生活在天地之间，既要遵循自然法则，又要自强不息，有所作为，这样才能与天地相合，达到天人和谐的最高境界。换句话说，人生在世，必须与时俱进，做生活的强者，争做时代的先锋，推动历史的车轮滚滚前进。法国作家左拉说："生活中唯一的幸福就是不断前进。"他曾忠告过人们："要前进，永远前进，跟随永不停息的生活前进。"这是因为生活的幸福全在于创造。试想，一个落后于时代的人，又怎能在生活中有所创造，又怎能拥有生活的幸福呢？

现在，我们所处的时代是一个伟大的时代，改革开放使我们国家蒸蒸日上，使我们民族青春焕发。所以，与时代同步前进，就是实现人生的最高价值。让我们踩着时代的鼓点，携手共圆中国梦，前进，永远前进！

"和而不同"，这也是中华文明中一个非常重要的命题，是人生最高境界的一个内容。所谓"和"，就是众多不同事物之间的和谐；所谓"同"，就是同一，孔子说："君子和而不同，小人同而不和。"（《论语·子路》）指出"和""同"是君子和小人的分水岭，认为有道德有学问、修养极高的人（君子），能汲取别人有益思想和长处，纠正自己的错误和克服自己的短处，说话、行事力求公允正确，绝不盲从，这叫"和而不同"；而道德低下的人（小人），就只会随声附和，人云亦云，从不提出自己的独立见解，这叫"同而不和"。

我国传统文化十分重视人与人的和谐相处，主张待人诚恳，关心他人，与人为善，推己及人，以达到人际关系的和谐。这就要求"和而不同"，即对不同意见、不同事物，持包容态度，做到"同归而殊途，一致而百虑"，提倡"厚德载物"的博大精神。这就要求我们一要有独立见解，绝不随声附和；二要尊重别人，求同存异；三要通过协商，增进共识，取得双赢。在现实生活中，如果人人都能如此，那么，诚信友爱、公平正义、安定有序的和谐人文环境，就会孕育出人的无穷的生活活力，全社会的创造力就会得到充分发挥，一切创造社会财富的源泉就会充分涌现。

三、修身正己与为国为民的辩证关系

简单地说，修身正己与为国为民，是同一事物的两个方面，前者是自我要求，后者是社会承担。因此，人的一生，"修身正己"是基础，是起点，是手段，是一个漫长的、不断修炼的过程；而"为国为民"则是目标，是终极关怀，是人要为之努力奋斗的具体内容，是人生所要达到的最高精神境界。

在我国历史上，那浓重的“先祖崇拜”和“故土情结”，铸成了渊源深厚的“忠孝文化”，从而形成我们民族特殊的心理定式，汇成了一股巨大的族类“亲和力”和家国“向心力”，这不但有效地巩固了以地缘、血缘为基础的内部团结，而且成了我国古代爱国主义的重要表征。正是这一爱国主义精神，将炎黄子孙紧密地团结在一起，在五千多年历史中，使我们民族在面对种种艰难险阻时，万众一心，披荆斩棘，勇往直前，始终屹立于世界的东方。所以，忠孝并举、爱国爱民、为国为民，就成了我们传统文化的核心内容。

1．人生的攀登之路

《大学》首章载：“身修而后家齐，家齐而后国治，国治而后天下平。”这样，修身、齐家、治国、平天下，就成了我国古代知识分子安身立命的固有模式和必由之路。士人的一生，要沿着这条阶梯不断攀登，来实现自己的理想和人生的价值，来承担起社会的责任，使生命焕发出夺目的光彩。这是一条层级分明的道路：修身，是练好本领，做好承担社会责任的准备阶段；齐家，是实践行动的第一步，是承担社会责任的开始；治国，是社会责任的主要内容；平天下，就是使天下平，即国泰民安、政通人和，这是尽心治国、精忠报国所要达到的一种境界，是承担社会责任的人追求的终极目标。可以说，在这条经过长期文化积淀而形成的人生运行轨迹上，我国古代知识分子，一代接着一代脚踏实地地走，矢志不渝地干，为社会的进步、为国家的统一、为民族的团结、为人民的安康，作出了应有的贡献，留下了许多可资借鉴的文化遗产，值得我们很好地继承和发扬。

2．“家国同构”形成的人文精神

在我国古代的历史进程中，氏族制没有遭到彻底消灭，氏族血缘解体得很不充分，相反，社会的发展是由家族到国家，国家混合在家族里面。所以，导致了君主专制政体在我国出现，从而形成了家国一体的宗法结构。另外，我国古代家庭，是以父家长制为核心的，一个由男性先祖后裔组成的、团聚而居的家庭，成了稳固的、超越朝代的社会实体，成为社会机体的细胞。这和封建国家的权力交替——即皇权由嫡长子继承，所有皇室家族共享利益，所形成的“家天下”血缘政治体系，在结构上具有了同一性的特点，这就无形中使“家”与“国”成为一体，国君也就成了天下的共主，成了最大的“家长”。这样，使人们在心理上认为，家是国的缩小，国是家的扩大。在伦理道德上，则形成了一种极为复杂的忠孝观念。对我国士大夫文人在这一观念熏陶下所形成的人文精神，我们应该认真进行梳理，对其中的积极因素，如爱家乡、爱父老乡亲、爱民族、爱祖国的深厚情感，重群体、讲协调、求稳定的思维定式以及尽孝父母、尊重长者、兼和诚信的生活原则，应该予以继承，特别是忠于祖国的道德情怀，应该努力将其转换为推动当代社会经济发展、民族团结和国家安定的思想动力。

3．高尚的人格与完美的人生

无数事实证明，一个人要自强自立，承担起社会责任，必须要热爱祖国以找到归宿，必须要诚心为民以找到服务对象。我国传统文化认为，只有那些具有为国为民而“苦干”“舍命”，勇于担当社会责任的人，才是“中国的脊梁”（鲁迅《中国人失掉自信力了吗？》）。文天祥，舍命为国，青史留名，光耀千古，万人景仰。他在囚室里写下了大量直抒胸臆的诗文，其中一首是这样的：“满地芦花和我老，旧家燕子傍谁飞？从今别却江南路，化作啼鹃带血归。”（《金陵驿》，出自《宋诗钞》）以思念故乡之深情表达坚贞不渝的爱国主义精神。近代的徐锡麟在《出塞》一诗里也说：“只解沙场为国死，何须马革裹尸还”，把报效祖国、为国捐躯，视为无上光荣。可见我国大多数知识分子，从来都是以为国尽忠的高度来实现自己的人生理想。

《尚书·五子之歌》曰：“民惟邦本，本固邦宁。”指出要国安，就必须先固民；要固民，则必须先爱民。孟子说：“保民而王，莫之能御也。”（《孟子·梁惠王章句上》）指出爱护人民，保护好民众利益，就能无敌于天下。所以我国一代代清醒的知识分子，总是坚持修身养性，死守善道，议政为民，参政为民，执政为民，始终把为国为民当成是自己义不容辞的责任，鞠躬尽瘁，死而后已。如屈原、杜甫、韩愈、林则徐等等，莫不如此，也莫不因此使自己高尚的人格得以彰显，使自己的人生得以完善。

现在，我们生活在改革开放的伟大时代，许多的事要求我们去做。为此，我们要努力提高自身素养，树立起为国为民的思想，具有“天下兴亡，匹夫有责”的志向，做好克服重重困难、跨越千山万壑的各种准备，融“小我”于“大我”之中，为中华民族的伟大复兴，立足本职，苦干实干加巧干。这是我们当代知识分子的责任，也是我们学习传统文化的最终目的。同志们，我们的目的要达到，我们的目的一定能够达到。

嘉宾简介：尹砥廷，男，1939年10月生，湖南省洞口县人。吉首大学中文系教授（已退休）。1962年于湖南师范学院（现湖南师范大学）中文系毕业后，一直从事教育工作，担任中国古代文学的教学与研究工作。出版学术专著《中国散文之源》（民族出版社）、《承传与超越：现代视野中的孔子思想研究》（甘肃人民出版社）。另在省级以上刊物发表《浅谈〈左传〉对历史人物的刻画》《孔子的经济思想》《汉大赋与汉儒学》等学术论文共30余篇。

中国农业将向何处去？

——舒尔茨《改造传统农业》的理论意蕴与现实启示

◎ 蒋 辉

一、西奥多·舒尔茨的生平与学术思想

> 世界上大多数人是穷人，如果你懂得了穷人的经济学，那么你就会懂得经济学当中许多重要的原理。世界上大多数穷人当中，又主要是以农业为生计的。如果你懂得了农业，那你就真正懂得了穷人的经济学。——西奥多·舒尔茨

（一）学术生平

西奥多·舒尔茨（Theodore W Schultz）1902年出生于美国中部南达科他州阿灵顿郡的一个普通德国移民家庭，父亲是小农场主。舒尔茨从小天赋一般，并无过人之处，他没有上过中学，22岁才从家乡的农业学校毕业，然后进入南达科他州立学院攻读农业专业，25岁时取得了科学学士文凭。在他的青少年时期，他目睹了农民生活的艰辛，他曾在自传中这样描述，"农产品价格跌幅超过一半，银行破产，农户难以为继"。也许正是第一次世界大战后的经济衰退使他对经济活动产生兴趣，并引导他进入经济学的殿堂。舒尔茨后来进入威斯康星大学，于1930年获得哲学博士学位。他始终关注农业领域的"穷人经济学"，并最终成为一代大师。舒尔茨最初研究的是农业经济学，20世纪30年代后期和40年代，舒尔茨致力于研究美国的农业政策。其阶段性成果集中体现在他从1943年到1953年间陆续发表的几本著作之中。后来《纽约时报》在评论他获得1979年诺贝尔经济学奖时，称他是农业经济学界的老前辈。他对农业经济学所做的第一个贡献是使农业经济学成为现代经济学中不可分割的一部分，同时摈弃了把农业问题局限在农业范围内的

传统。并且，正是根据他从农业经济研究中得到的启发，他注意到了人力资本问题。自 20 世纪 50 年代起，他就提出了人力资本论，被西方资产阶级经济学界称为“人力资本概念之父”。他认为，由教育、保健、人口流动等投资所形成的人的能力提高和生命周期的延长，也是资本的一种形式。舒尔茨得出人力资源是经济和社会发展的重要原因的结论，对整个经济学的发展产生了重大而深刻的影响，解开了战后日本、德国乃至西方国家经济迅速发展之谜。舒尔茨最感兴趣的另一大问题是关于经济增长的理论。他通过自己的著述，向人们解释应当如何理解经济增长，怎样才能促使经济增长。舒尔茨还注意到第三世界国家的农业发展问题，提出了如何提高低收入国家食品生产和增加农业收入的一些措施。舒尔茨是最早研究经济发展理论的学者之一，与一般发展经济学家的观点不一样，他在经济发展策略上强调的不是工业，而是农业。他认为，传统的农业对经济的发展是做不出很大贡献的，但是现代农业则可以。从发展中国家经济发展策略的成功与失败的比较中人们可以看到，凡是推行“重工轻农的国家无不遭到极大困难。而给予农业足够重视的国家都取得较大的成绩”。农业也可以成为经济发展的原动力。舒尔茨在研究农业以及整个经济的发展方面做出了突出贡献，1979 年他被授予诺贝尔经济学奖。除诺贝尔经济学奖外，他获得的其他奖励及荣誉还有：1960 年当选为美国经济学会会长。舒尔茨于 1998 年 2 月 26 日逝世。

（二）主要理论与贡献

1. 奠定了现代农业经济学理论基础

（1）舒尔茨使农业经济学成为现代经济学中不可分割的一部分，同时摈弃了把农业问题局限在农业范围内的传统。他提出农业经济学应归属于一般理论经济学，为现代农业经济理论的形成奠定了基础。

（2）舒尔茨认为应该重视农业、发展农业、改造农业。在其他学者的经济发展理论中，农业常常是被轻视的。亚当·斯密在《国民财富的性质和原因》里，将经济增长的原因归结于分工，并且认为分工是制造业的特点，而农业恰恰难以分工，所以农业难以被改造。其后的经济学家都甚少重视农业问题，而强调工商业发展。第二次世界大战后，发展经济学盛极一时。很多发展经济学家提出了如何将传统的农业国改造成现代化的工业国的理论，但他们往往是轻视农业、压制农业的。这种重工抑农的思想曾经体现在包括中国在内的很多发展中国家的国策中。

2．提出了改造传统农业的系列主张

（1）农业的类型有传统农业、过渡农业、现代农业。舒尔茨把农业划分为三类：传统农业、过渡农业、现代农业。在传统农业里，传统生产要素的供应与需求实现了均衡，实现了资源的有效配置。现代农业，农民使用新的生产要素，新的生产要素的供应和需求没有实现均衡，收入流价格是低廉的。过渡农业，处于传统农业与现代农业之间处于失衡状态的阶段。

（2）传统农业的特征:农业生产要素的供给和技术条件长期不变；农民没有改变生产要素的动力；储蓄率和投资率低下。

（3）改造传统农业的思路：强化市场机制的作用；基本生产单位只能是农户（家庭农场）；加大对农业的投入。

3．构建了人力资本理论体系

舒尔茨的人力资本理论从提出到形成体系历经十余年时间，是一个不断澄清和转变观念的过程，主要见解有：

（1）人的知识、能力、健康等是一种资本形态，教学、科研及相关活动是产生新型资本的“行业”。

（2）人力资本的形成主要在于后天的投资。他认为，人的才能有天赋和后天获得之分，而人的能力或素质作为一种“稀缺资源”主要是通过后天的努力获得的，而要获得这种稀缺资源就必须付出成本，即进行投资。人要获得知识和技能就得接受教育，就得付出相应的费用和时间，但“无论如何，承担这笔开支都是值得的”。

（3）人力资本投资是生产支出而非简单的消费支出。他认为，尽管在某种程度上教育可说是一项消费活动，它为受教育的人提供满足，但它主要是一项投资活动，其目的在于获取本领，以便将来进一步得到满足，或增加此人作为一个生产者的未来收入。因此它的一部分类似于普通耐用消费品，另一部分类似于生产资料。

（4）人力资本投资具体有几个方面。主要有：一、正规教育投资，即对初等、中等和高等教育的投资；二、在职培训投资，即针对在岗劳动者而进行的成人教育，旨在提高劳动技能，适应新技术，推广新经验等；三、健康投资，即为提高人口身体素质所进行的投资，包括花在医疗保健、母婴健康、营养、休息等有关身体健康方面的费用支出，健康投资有助于健康资本存量的增加；四、迁移投资，即个人和家庭为谋求更好的生活或更大的效益，通过迁移以适应不断变化的就业机会的投资；五、科研投资，舒尔茨把科研界定为一种需要特殊技能和设施来发现和开发特殊形式的新信息的专门活动。

二、《改造传统农业》的价值与张力

这本代表性的著作主要围绕四个命题展开，即：传统农业究竟“传统”在哪里？贫穷是否就意味着资源配置效率低？传统农业为什么不能成为经济增长的源泉？如何改造传统农业？

传统农业究竟“传统”在哪里呢？舒尔茨认为，在漫长的封建社会里，统治者为了维护自己的切身利益，竭力阻碍技术进步，压制工业发展，农民变革屡受打击后，思想被禁锢得像死面疙瘩，安于现状、墨守成规，对技术创新失去兴趣。他们世世代代使用相同的生产要素，技术水平长期在原地踏步，生产已经形成定局，不可能进一步增加产量。这是传统农业的基本特征，它的直接后果是生产率低，由此导致产出低，农民收入微薄，生产出来的东西，除了填饱肚子外，几无剩余。

但贫穷是否就意味着资源配置效率低呢？在 20 世纪 50 年代，许多政府官员和经济学家的观点几乎是众口一词，他们认为，农民之所以贫穷，是因为农民既没有经济头脑，又缺乏管理知识，不能充分利用现有资源。因此，如果派专家深入到农村去，把农民组织起来，帮助他们重新配置现有资源，采用西方先进的生产技术，那么，效率可以大幅提高，产量也会随之增加，贫穷落后的农村就可以乌鸡变彩凤。舒尔茨的观点却与此针锋相对，他认为，即使在传统农业中，农民也并不愚昧，他们精明能干，锱铢必较，时刻盘算着怎样才能少投入，多产出，生产要素在他们手里，被配置得恰到好处，达到了最佳状态，即便是学识渊博的专家也不可能再做哪怕是一小点改进。所以，企图通过重新配置现有生产要素，来改变传统农业，只能是一厢情愿。

既然传统农业中资源配置合理，那它为什么停滞落后，不能成为经济增长的源泉呢？人们一般认为，这是因为农民铺张浪费，没有节约的习惯，特别是婚丧喜事大操大办，逢年过节山吃海喝，另外，缺少精明、善投机的企业家，也是一个重要原因。所以他们的储蓄少，投资低。舒尔茨认为，投资低的现象的确存在，但其根源不在于储蓄少或缺少企业家，而在于投资收益率太低，刺激不了人们投资的积极性，结果传统农业就像一潭死水，毫无生机。“为有源头活水来”，舒尔茨指出，改造传统农业的根本出路，在于引进新的生产要素，也就是进行技术创新，以提高投资收益率，给沉寂的传统农业注入活水，让它顺畅地流动起来。

总而言之，被传统农业束缚的人，不论土地多么肥沃，也生产不出多少食物来。要克服这种类型农业的局限性，光凭“勤”和“俭”是不够的。要生产大量的农产品，要求农民有机会并且实际上掌握技能和知识，运用有关土地、植物、动物、机器的各种科学。命令农民增加生产注定要失败的，即使他们能够进入知识的殿堂；相反，需要的是向他们提供刺激力量和奖励的办法。使得传统农业改造成为可能的知识是资本的一种形式。这是要求投资的——不仅要对体现着一部分知识的物质投入进行投资，而且更重要的是，还要在农民身上进行投资。

三、《改造传统农业》的现实启示

舒尔茨的经济理论为研究中国的三农问题提供了有益的启示。

1. 中国三农问题的核心问题是把传统农业改造成为现代农业

农业区域发展模式的基本内容是农业现代化，而不是放弃农业，单纯发展工商业。农业地区可选择的经济发展战略实际上有三种：一是选择主要发展工业、商业的工业化战略，实际上放弃、牺牲农业，即不完整的工业化道路；二是因地制宜地适当发展工商业，着重搞农业现代化，即农业现代化道路；三是实际上停留在传统农业阶段，搞农业现代化没有兴趣，工商业搞不上去，实际上无所作为。这是需要认真研究的。第三条道路当然是不可取的。第一条道路并不是每一个农村都可以选择的，因为工业化的客观条件并不是每个农村都具备的。比如，珠江三角洲地区以引进外资为主走上了工业化道路。但是，这条道路，在全国不具有普遍意义，即使在广东的粤北和东西两翼也不一定走得通。苏南地区的工业化也有一些独特的条件，这些条件具有特定的时间因素在内，其他农村选择苏南模式的一些做法不一定能够成功。

2. 实现农业现代化，就要向农业投资，提供大量新的生产要素，推动农业部门新的生产要素的重组

作为改造传统农业的关键因素，新的生产要素有供给者，也有需求者。供给者开发新的生产要素，并提供给农民。由于气候、土地等条件的限制，发达国家的农业生产资料，对于发展中国家来说，不是拿来就可以用，而是要经过研究和改造，才能使之适应于传统农业社会。能够担当这一重任者，就是新生产要素的供给者。对传统农业进行投资，绝非是把这些投资用于开垦荒地扩大耕地面积，也不是用于提高农产品的价格，而是用于引进和采用新的生产要素，诸如牲畜和作物的良种、化肥、农药、农业机械以及水利灌溉设施等等。

3. 实现农业现代化，要向农民进行人力资本投资

中国农业部门存在着大量的剩余劳动力，随着工业化的发展，会很快转移到非农产业部门去工作。不识字，没有文化，他们离开自己的家乡进入城镇能做什么工作呢？农业的现代化进程中要提供新的生产要素，进行人力资本投资，需要巨额资本，巨额资本从何而来？这是一个绕不开的难题。据有些学者估算，从 20 世纪 50 年代初期到 90 年代初期的 40 多年，政府通过剪刀差等途径从农业部门吸纳的剩余近 9 000 亿元之巨，这就使农业缺少起码的资金而没有能力扩大再生产，因而一直处于简单再生产之中，这是中国农业长久地停留在传统农业阶段的根本原因，也是农业集体经济组织最终瓦解的根本原因。于是我们进入了一个怪圈，老是摆脱不了对农业剩余的吸纳。这在经济发达的农村，也许不算什么大事；而在经济不发达的农村，可能是一个致命的难题。省级和中央财政对贫困地区要增加财政的转移支付力度。

四、中国农业现代化的道路

1. 三种道路

在推进农业现代化过程中，各国由于自然资源禀赋和经济社会基础不同，在实现农业现代化的道路选择上也不同，主要有 3 种类型：① 如美国、加拿大等人少地多、劳动力短缺的国家，它们以提高劳动生产率为主要目标，凭借发达的现代工业优势，大力发展农用机械取代人力和畜力，通过扩大单位农场种植面积和经营规模，提高农产品的总产量。② 如日本、荷兰等人多地少、耕地资源短缺的国家，它们以提高土地生产率为主要目标，把科技进步放在重要位置，通过改良农作物品种、加强农田水利建设、增加化肥和农药使用量等措施，提高单位面积农产品产量。③ 如法国、德国等土地、劳动力比较适中的国家，它们以提高劳动生产率和土地生产率为主要目标，既重视用现代工业装备农业，又重视科学技术推广应用。世界农业现代化道路的发展历史表明，发达国家在实现农业现代化过程中，都非常注重立足本国国情和发展阶段，积极探索各具特色的发展道路。因此，实现农业现代化没有一成不变的固定模式，唯有从实际出发才是取得成功的正确选择。

2．中国特色农业现代化道路的基本内涵

以保障农产品供给、增加农民收入、促进可持续发展为目标，以提高农业劳动生产率、资源产出率和商品率为途径，以现代科技和装备为支撑，在家庭承包经营的基础上，在市场机制和政府调控的综合作用下，建成农工贸紧密衔接、产加销融为一体、多元化的产业形态和多功能的产业体系。

3．总的思路和措施

用现代物质条件装备农业，用现代科学技术改造农业，用现代产业体系提升农业，用现代经营模式推进农业，用现代发展理念引领农业，用培育新型农民发展农业，提高农业水利化、机械化和信息化水平，提高土地产出率、资源利用率和农业劳动生产率，提高农业素质、效益和竞争力。

4．具体措施

（1）完善城镇社会保障体系，保障农民工就业权益。针对我国农村转移劳动力的就业及社会保障问题，建议完善城镇公共服务体系，解决农民工进城后的住房、医疗、教育、养老等问题。

（2）规范工商资本进入农业的经营方式，严格控制土地流转规模与方式。适合工商企业进入的农业领域主要有：农业生产的产前、产中、产后加工、销售、技术服务。

（3）优化农业支持保护结构，完善支持保护机制。针对我国现代农业发展所处的阶段和面临的问题，今后一个时期，需要完善种粮直补、农机补贴、农业生产资料综合补贴办法，逐步建立与农业生产资料价格上涨挂钩的农资综合补贴动态调整机制。扩大农作物良种补贴的实施范围，对主要农作物实行良种补贴全覆盖。扩大农业支持保护对象范围，加大对农业龙头企业、农民合作社、家庭农场、新型职业农民等新型农业经营主体的补贴力度。扩大农业补贴范围，重点在农业保险保费补贴，如牲畜家禽、森林保险等。加快构建"总量增长、目标清晰、重点突出、措施得当"的中国特色农业支持保护体系，促进农业稳定发展、农民持续增收，农业现代化快速推进。

（4）加快构建新型农业社会化服务体系。需要增强和拓展农业公益性服务功能，提高服务效能。加快推进基层公共服务机构改革和条件建设，确保农技推广、动物疫病防控、农产品质量安全监管等职能有效履行。加强农业生产信息化服务，加强产销信息引导。重点培育壮大农民合作社、农业服务公司、专业技术协会、农民经纪人、龙头企业等各类社会化服务主体，加大政策扶持力度，增强各类主体为发展现代农业提供社会化服务的能力。

（5）加快农业科技进步。实施高产种业科技攻关工程。加大投入力度，围绕提高农产品产量开展科技攻关，努力培育出更多类似超级稻的突破性的高产品种。构建产学研与农科教相结合的新型农业科技创新服务体系。要从科技是第一生产力的认识出发，把提升农业科技创新能力和科技成果转化率作为现代农业发展的主动力。针对中国农业科技创新不足、农业机械推广服务体系不健全的突出问题，把构建新型农业科技创新与推广服务体系作为中国特色农业现代化的一项关键任务。要坚持把农业科技进步摆到更加突出的位置，大力增强农业科技创新能力，加快科研脚步，组建科技创新团队，加快科技成果转化，改革农业技术推广体制，提高基层农业技术服务水平和农民科技素质，着力构建产学研一体化与农科教一体化相结合的新型农业科技创新服务体系。

（6）加强农业基础设施建设。切实加强耕地保护，加快高标准农田建设。启动农田污染治理工程，开展农田面源污染和重金属污染治理。加强农田水利设施建设。南方丘陵山区重点搞好山坪塘堰清淤改造和末级渠系建设，平原粮食主产区重点抓好小型泵站等提灌抗旱设施建设，西北干旱半干旱地区重点建设节水灌溉设施。改善相关公共基础设施。加快农村电网改造、乡村道路建设，改善农村生产生活条件。

（7）大力培育新型经营主体。完善新型经营主体扶持政策。针对家庭农场等新型经营主体发展的不同阶段，确定扶持政策重点。

（8）构建组织化、物流化与规范化、有序化相结合的新型农产品市场流通体系。坚持市场流通体系建设与提高农户生产经营流通的组织化程度两手抓的思路，进一步改善全国统一的农产品市场物流体系，充分利用现代信息技术手段，改造提升农产品批发市场和农贸市场的建设水平和功能，大力发展农超对接、农产品电子商务、连锁配送、期货交易、现货拍卖等新型农产品流通业态。同时，要致力于提高农户进入市场的组织化程度，大力发展农业产业化经营、专业合作经营，引导农户组织起来进入市场流通。

（9）深化农业农村体制改革。坚持市场化改革方向，重点实现以下突破。健全完善农村土地制度。加强土地物权保护，探索建立农村土地承包权、经营权分离机制，完善继承、转让和退出机制。允许农村集体建设用地入市流转。完善征地补偿机制，合理确定补偿标准。健全农业社会化服务体系。深化基层农业公共服务机构改革，支持发展各类为农服务组织，鼓励开展多种形式的农业生产服务，加快构建多元社会化服务体系。深化农村金融改革。推进农村金融组织创新，发展村镇银行等新型农村金融机构，支持发展农村资金互助组织。创新农村抵押担保机制，探索开展大中型农机具、农村土地承包经营权等抵押贷款试点。完善政策性农业保险制度，扩大保险覆盖范围，建立巨灾风险分散机制。

嘉宾简介：蒋辉，教授，管理学博士，财政部应用经济学在站博士后。首批国家民委重点联系民族问题研究优秀中青年专家、第三届湖南省“湖湘青年英才”支持计划入选者、共青团湖南省委青年咨询团成员、国家自然科学基金管理学部通讯评审专家。在《农业经济问题》《四川大学学报》等刊物发表学术论文 50 篇，其中 CSSCI 刊物 20 余篇，1 篇论文为《新华文摘》全文转载、2 篇论文为人大复印资料全文转载。出版学术著作 3 部，其中独著 1 部，合著和参著著作 2 部。主持国家级、省部级课题 20 余项。获得省部级奖励 4 项。主笔的调研报告以决策参考形式上报中央农村工作领导小组、全国人大农业与农村委员会、农业部领导参阅。

话说“武陵风骨”

胡建文：各位书友，晚上好！“好书成就你我，经典润泽人生”，本期立人读书沙龙现在开始。首先，我谨代表读书沙龙的全体工作人员，对各位新老朋友的到来表示热烈的欢迎和衷心的感谢。

这一期读书沙龙，有一个小小的特别之处，就是我们把沙龙搬到了“武陵风骨”画展的现场。一走进这个展厅，我们就能感受到一种宏大的气势。一幅幅精美的国画、一段段传神的文字、一个个栩栩如生的历史人物，让我们受到了一种精神的洗礼、一种灵魂的震撼。我想，在这里，让我们以热烈的掌声向这些风骨凛凛的武陵风云人物，表达我们崇高的敬意！

举办这期读书沙龙，我们得到了学校多个部门，尤其是校工会的大力支持。在请出三位主讲嘉宾之前，我想请校工会肖廷飞常务副主席给大家介绍一下画展和画家。大家掌声有请！

肖廷飞：主持人好，各位专家好，在座的各位朋友好，我原来在后勤，现在到工会。后勤是做保障的，那么，工会是干什么的呢？工会是敲边鼓的。什么是敲边鼓？就是围绕学校的中心工作敲，不仅要敲得响，而且要敲到点子上。怎么样敲在点子上？就是让我们的工作紧紧围绕学校的人才培养来做。怎么做呢？我觉得有一种好方式，那就是建设我们浓郁的校园文化氛围，让我们的学生在这个环境中受到浸染、熏陶，他们的智力、他们的情感、他们的情操，在这种环境中潜移默化地得到升华。为什么把舒湘汉的画展搬到我们的工会展厅？这里既有我和舒湘汉的交情，但是更重要的在于，我在张家界参观了舒湘汉的画展，感到非常非常的震撼。我们的学生从四面八方、五湖四海来到湘西，怎么样认识湘西？怎么样感受湘西，怎么样把湘西的文脉传承下去，带到全国各地？我觉得舒湘汉的画展能够回答这个问题，应该把它搬过来，搬到我们的校园里来，让我们的学生来感受，来认知。前面我们展览过了，为了更好地提高展览的效果，我就和建文老师一起商量，办一期沙龙。这就是我们再举办这次读书沙龙的目的，其他我不多说，谢谢大家！

胡建文： 谢谢肖主席！下面有请三位嘉宾就座。

舒教授，您好，久仰。我觉得这个画展是个宏大的构思，一个大手笔，请问您是怎么想到做这么一件大事的呢？

舒湘汉： 首先感谢学校对这个展览的重视。这个展览缘起，是我们学校的张建永先生。建永先生是从小和我一起长大、孩提时玩得非常好的朋友。他说：湘汉，你可以去画画湘西的这些风云人物，用你的国画人物去表现这些东西，将是很有分量的。所以，我就开始构思这个方面的创作。但是我那时是做教育管理的，在美术学院做院长，事务繁多，一直没动笔。直到60岁退休之后，我去了张家界学院，又受到简德彬院长的重视，才开始做。简院长专门组织了史学家、文艺家、画家，大家一起来策划。当时叫“湘西风骨”。这些工作不是我一个人做的，是一个团队的工作，但绘画还是我来做。那么开始画了以后，我们的选题主要是来自建永先生主编的《百年湘西百位人杰》这本书，以及张家界著名学者金克剑先生的《屈原的故里在大庸》。还读了很多其他的史料，所以花了两年多时间，才创作出这么多东西。

那么创作这些画，我在想，第一，不能作为历史的展览来做，他首先必须是艺术的创作。文艺形式创作出来的文艺作品，不是记录历史的，作品之间必须有绘画细节。这些画作不仅仅是对历史人物照片的临摹或重现，而是根据选择对象的某一个瞬间的情节来表现这个英雄人物。这些人物的选择范围如果从古时算起，时间跨度就会很长。最后我说，我们就画湘西百年来，也就是1840年以后，为了民族解放、民族独立而牺牲的这些英烈，选择这个方面来画。文字是简院长亲自把关，包括每一篇文字、每一个字、每一个标点符号，并且他写了范本。他的范本是写贺龙，大家注意去看，他是用贺龙的家谱上的记叙和沈从文的描述来讲贺龙，那么贺龙是一个活生生的人，他是一个具体的人。沈从文怎么说贺龙的，贺龙家谱里怎么说他的，读来很有感受。例如我画的沈从文，就是因为读了沈从文家里的一本书，他和他的夫人张兆和之间的那段爱情打动了我，那段爱情是使人看了要流泪的。那么这么一点能使我激动，我就去画了。所以这些东西出来之后，我很满意。但我认为还不够，国画永远学不完，中国历史上的那些厚重的文化你是永远学不完的。画国画，越画越感觉自己不行，因为画国画不仅仅是用笔去画那个墨。笔墨这个好表现，关键是你这个作品的思想内容有没有什么高度。所以我在出席一些文艺画家的研讨会上也说，我现在越来越感到自己的时间不够。到了 60 岁，正是一个画家开始成熟的时候，这个时候，他有很多很多的事要做，有很多想要去画的作品，但是他时间不够，他可能完成不了。所以我心里经常感慨一句话：向天再借五百年。

胡建文：您从 60 岁开始画这个湘西人物，历时三年，画这个时最大的挑战是什么？

舒湘汉：最大的挑战就是：我怎么把他表现为自己所期待的那样。因为历史人物，我们都没见过，我们也没有体验过这种生活。我们经常讲，我们艺术创作缘起于生活，而高于生活。而我们又没经历过这种生活，仅仅能够从文字、电影中得来知识。要想再现这些东西时，往往唯恐自己达不到。所以最大的挑战就是怎么去再现这些东西，所以很多东西，画得并不是那么完美，我想，如果我再有气力去画一次，我相信比这个还要好。

胡建文：谢谢舒教授的精彩讲述！下面我要隆重地介绍我身边的这位嘉宾，吕华明教授。他是一位很有造诣的古典文学教授，对李白的研究在全国都是非常有影响的。同时，他对湘西本土文化也有很深的研究。我想请教一下吕教授，这个画展的名字叫“武陵风骨”，请问您是如何理解“武陵风骨”这四个字的？

吕华明：武陵是一个地域名称，实际上就是我们通常讲的大湘西。湘汉老师刚才也讲了，这次画展原来准备命名为“湘西风骨”，考虑到湘西容易让现代人误解为自治州，所以更名为“武陵风骨”。大湘西的范畴每个朝代都有所变化。天地不动山河在，不管湘西历史如何变迁，武陵山却依然屹立其间。

风骨是由风和骨两个部分组成的。关于风的解释，各个学科有各个学科的解说。我认为湘汉老师的风就是指民风民俗。加上武陵两个字，实际上就是特指我们湘西的民风民俗。

清乾隆本《凤凰厅志·风俗卷》对风俗的解释为：因风成习，因习成俗。风是指自然气候和环境，自然地理环境和气候养育了当地人民一定的生活习惯，这个习惯约定俗成之后就成了民俗。民俗在特定的区域体现出来的魅力就是风骨。

王船山《楚辞通释》序载曰：楚泽国也，亦山国也。关于湖湘文化，我依据王船山的理论把它分为两块：洞庭文化与楚山文化。洞庭文化是指洞庭湖区，楚山文化就是指我们湘西。清人在《中晚唐诗叩弹集》中评价洞庭文化的风格："空旷超迈"。我认为我们楚山文化的风格应该是"古朴恬静"。湘汉老师的画画出了我们湘西自然山水的古朴恬静。看湘汉老师画中的山水，你会不知不觉地融入其间的清明和空灵中去。那是一种真正的灵魂感悟。

湘汉老师画的是人物画。我认为人物画的关键就是骨，傲骨天成。湘汉老师画的百位湘西历史名人中我有幸认识其中的一位：抗日英雄田仲达。四十年前我在吉首县三中（现吉首市民族中学）教书，田仲达是田开龙老师的父亲。他一来就要和我下棋。他棋技一般，性格却是典型的湘汉子：不服气、不服输、不放手。其实这就是我们湘西人的傲骨。

湘汉画中我最熟悉的是抗法英雄杨岳斌。因为我们刚刚组织召开完"纪念杨岳斌诞辰一百九十五周年暨湘军护台学术研讨会"。杨岳斌曾任陕甘总督，晚年辞官省亲养病。光绪初年，中法战争爆发，基隆失守，台湾告急。慈禧连下三道圣旨："战事已开，着前陕甘总督杨岳斌移孝作忠，速赴闽台。"当时杨岳斌已经63岁了，并且一身伤病。他母亲90岁高龄重病卧床。杨岳斌是个有名的孝子，照顾母亲，药石亲尝。他母亲听说国家有难，慈禧连下了三道圣旨，便把他叫到床边说："勇赴国难，是为大孝。"杨岳斌听从母训，率领我们湘西乾军六千三百人勇赴国难，收复失地，终于光复了台湾。

我认为武陵风骨就是湘西风骨。湘西风骨就是：已诺必成，生死相向；移孝作忠，勇赴国难。国家有难，我们湘西人从不后退。这就是我们湘西人的精神，这就是湘汉老师笔下的武陵风骨。

胡建文： 吕华明教授知识非常渊博，不愧是一本湘西文化的活字典啊，谢谢您对"武陵风骨"的深刻解读。接下来我要提问我对面的刘泰然博士。泰然博士是文学院文艺美学教研室的主任，是一位潜心做学问的年轻学者，而且会写诗、会画画。下面请泰然博士从美学的角度，讲一讲怎么样欣赏这些画。

刘泰然： 刚才舒老师说中国画太博大精深了，以至于自己虽然到了60多岁但感觉还有太多的东西要学，时间和精力都觉得非常有限。舒老师的说法体现了一位艺术家的真诚。中国画是一门非常独特的艺术，不仅就创作而言，而且就我们如何理解中国画而言，它都对我们有很高的要求。中国画不仅仅是视觉艺术：它的美不仅仅是图像层面的，而且关涉到舒老师刚才所说的文学修养、文化视野。它与一个人经过时间的漫长过程而获得的文化积淀、历史意识和精神境界密不可分。所以，我们比较中西绘画史就不难发现，那些在中国画领域成为大师巨匠的画家往往比较长寿；特别是近代以来，像齐白石、黄宾虹、张大千那样的艺术家都是比较长寿的。齐白石和黄宾虹都经历了一个漫长的生命过程才让自己的生命境界变得丰厚，让自己的笔墨技法臻于圆熟，最终突破某个临界点，实现衰年变法。但是，我们看西方艺术就完全不一样，西方很多艺术家都是天才式地横空出世，而且他们创作的辉煌期往往是生命的盛年。像凡·高，从开始学画到最后自杀就那么短短几年时间，高更的创作历程也不是很长。中国绘画靠的不是天才式的爆发，而是靠年深日久的修炼而养成的。

那么，我们如何来欣赏舒老师的这一批作品？

要理解这些作品，首先要理解这批作品在创作上的难度。这么多的人物，每一个人物又都有自己的个性特点、身份背景以及不同的故事，这些故事又和“湘西”、和中国近代历史的风云变幻深刻地交织在一起。如何以绘画的方式表现他们，对艺术家而言是一种巨大的挑战。因为绘画不像文字，我们可以通过文学作品在一个时间过程中去叙述一个人的一生，但是绘画却无法表现这种人物的生命发展过程，而只能表现生命的一个凝定的瞬间。选择怎样的瞬间对于画家而言是颇费心思的。舒老师在处理这些历史人物时做了大量的功课，阅读了大量的文学作品、文献材料，他要深刻地理解他的创作对象，理解他们的喜怒哀乐，理解他们的赤子之心，才能去提炼出每一个人物的生命戏剧中最有包孕性的瞬间。所以，我们看到，大厅里的这些作品，为每一个人物设计的环境、动作都是不一样的：有横刀跃马，身先士卒的武将；有顶天立地，威武不屈的男儿；有独对江天，壮怀激烈的志士；有转身赴难，白衣飘飘的书生；有冲锋陷阵，万夫莫当的英雄；还有石间松下，诲人不倦的诗人……可以说，每一个典型情境的设置都建立在艺术家对对象的深入研究的基础之上，这种研究既是绘画的研究，更是文学的研究。是文学的想象力使艺术家贴近他试图加以表现的有个性的人，去建构“典型环境中的典型人物”。

除了这种环境和动作的考量外，他的每一幅作品在构图上也别具匠心。整个展厅中那么多的作品，几乎没有哪幅作品和另一幅作品在构图上是重复的。这种构图上的差异化追求不仅仅是考虑到视觉感受的丰富性，从深层而言也与对人物的“风骨”的展现息息相关。比如，在表现贺龙时，舒老师以“顶天立地”的方式让贺龙占据着画面的中心。贺龙的头部稍有皴擦和染色，但他头部以下的地方仅仅用线条画出身体的轮廓，中间全部留白。和身体相平行的背景部分是一群士兵，士兵间的空隙都以排笔刷成黑色，从而反衬出贺龙那种以白描方式表现出来的质朴、坚韧、乐观而又豪迈的气概。与之不同，在表现杨岳斌时，舒老师采取了更具动感的不规则构图，在紧张感中表现大无畏精神。三角形与倾斜线层叠交错，将观者视线引向横刀立马、所向披靡的武将。而在表现熊希龄时，熊希龄沉稳、高大的身躯挺立于画面的右侧，在他的左侧的背景则是一座倾斜的城楼，边上群鸥乱飞；一正一斜，一静一动，展现在大厦将倾的危难时局中，这位凤凰人所具有的沉着、睿智和责任感。而在表现巾帼英雄向警予时，向警予像一座丰碑，从下边那群刽子手中间矗立起来。并非表现所有的湘西人杰时，都刻意将对象表现得如此“高大”，如在画沈从文和张兆和时，舒老师将他们置于画面底端，人物不大，人物背后是一条河，一片月，河边对称分布的吊脚楼，占据着画面的绝大部分。只有理解沈从文那种以虔敬、谦卑而温柔的心态观照人事、观照万物的生命态度，理解水在沈从文文学创作中的重要意义，也才能理解为何舒老师会以这样一种构图方式来表现这位文学大师。

中国画最内核的东西在于笔墨。对于中国艺术而言，笔墨虽然与形象的塑造有关，但是笔墨又不完全从属于形象，而具有自身相对独立的审美特质。中国人物画不以造型为最高原则，而是强调线条本身的气韵流动和风神飘逸，所谓吴带当风、曹衣出水，都是着眼于线质的美。而且，笔墨，特别是用笔绝不仅仅是形式上的问题。线条的质感、力量、表现力、历史厚度都是衡量一位艺术家的艺术修养的最核心的标准。下笔无伪，笔墨是艺术家个性气质、修炼深浅乃至品格胸襟的直接呈露。所以，很多画家笔墨修养不足时便只能用笔细谨，以造型来掩盖笔墨本身的贫乏。而衡量一幅中国画是否优秀的一个重要标准就是看它的笔墨，看它的局部。局部好才是真的好。舒老师的画用笔洒脱奔放，具有较强的表现力。但是这种洒脱并没有流于油滑和漂浮，他的线条是有力量的，笔笔写出，行笔中有节奏、有顿挫，这种用笔的自信使得舒老师很多作品都以白描为主。而且，值得注意的是，舒老师在表现不同的人物时有意识地以不同的线质加以表现，如表现杨岳斌时，线条狂放而大胆，而在表现沈从文、张兆和时，线条就沉着内敛得多。这种笔墨的修为，使他不只是画出了一种湘西形象，而且画出一种更内在的武陵风骨。他的作品体现出的精神气象很大程度上来自他的笔墨修养。

中国画其实一直在发展的过程中，舒老师对武陵风骨的呈现除了传统的笔墨语言之外，在造型和构图上其实借鉴了很多西方绘画甚至电影艺术的语言。这一系列作品，以艺术的方式彰显了一种精神，这种精神既是历史的，也是当代的，同时也是艺术家的修养和胸襟的一种表现。这些作品值得我们的学生去细细欣赏，慢慢品味。

胡建文：谢谢！刚才泰然博士从三个层面，对舒教授的画作了一个深度的解读，我看到我们舒教授在频频点头，我想舒教授肯定是有话想说，下面就请舒教授就做个回应好吗？

舒湘汉：好的。今天感谢这么多老师，这么多同学、朋友，对这些作品来做一个评论，因为艺术它是需要艺术批评的，艺术批评往往从理论上给予作品研究，这是非常有必要的。刚刚大家讲的都是好的，非常感谢。从我自己的角度来讲自己的作品，我知道我的这些画里面有很多不尽人意的东西，当然也有我感到非常满意的作品。往往是令我激动的东西，我才能画得好，而那些被迫画的，就不好。例如里面有一张画，原来是没有列入计划的，叫作《张国勋长城抗战》。张国勋是一个基层的抗日将领，远没有像熊希龄等湘西的代表人物那么出名，但是我非常钦佩这个人，没有经过大家的讨论，就画了一张，我非常满意这幅画。另外沈从文这张画，我认为刘教授（刘泰然）分析得非常好。沈从文的夫人张兆和，在整理沈从文的遗物的时候，发现了沈从文写的很多小纸片。她感到震撼，她说："我不理解他，他是这么的伟大"。这个就是爱情啊。这些牺牲的烈士，他们是多么有毅力、多么坚强，但我要说，沈从文更坚强，而他的那种坚强、毅力，不是一般人能够达到的。

总的来说，这里面有几张还是比较优秀的，个人画展时，我会放进去。画这个画，对我自己来说也是一个学习的过程。湘西没有出像晋商、徽商那样的商人，多的是武士，是慷慨赴死的人，他们都是靠自己拼打出来的，我为他们感到骄傲。绘画是一面镜子，它能折射出一个民族在某一个时代光辉的东西。作为现代的湘西人，缅怀历史上这些先烈们，我们应该怎么做，这个是目前要思考的东西。另外，作为一个画家，我有一个感受，那就是，作为绘画的人、从事艺术的人，心态要静，不要老想着成名家。如果是你拔苗助长，或者欲望太高，反而不能成事，画不好画。一个人画的作品的品位高低，主要在于画家的内心是什么心态。所以我送给自己三句话，一个是自在，一个是随缘，一个是心路。自在即静下心，我们要像佛教徒那样的修炼，培养一个人的心，这样才能沉下心来；随缘，不要想着什么时候成名家，只有在随缘的心态下画画，才能画出真正的好作品；还有一个很重要的东西——心路，你的心路，就是你怎样去做艺术的一个态度。

胡建文：下面进入与名家对话环节，请大家发言，或者提问。

何德斌（湘西本土文艺工作者）：舒教授好，各位朋友好！这是我第二次参加读书沙龙，我参加过很多画展，听很多文人说，湘西没有一个画家大师。今天我听了您的一番话，觉得您就是一个大师，至少在精神层面和思想层面上是这样的。从今天起，我就是您的铁杆粉丝。

舒湘汉：不是，我不是大师，大师至少是齐白石、张大千那样的，才是真正的大师。毕加索曾经说过一句话：我不敢来中国，因为中国有齐白石。我每天都画画，有好几个画室，张家界学院那一栋楼都是我可以画的地方。我喜欢画画，有一位好夫人，这是目前可以稍微骄傲的两件事。

刘攀庆（学生）：舒教授您好，画展名叫"武陵风骨"，我想问的是，老师想用画传达哪一种风骨，您最想画的是老百姓哪种最生动的神态和精神面貌？

舒湘汉：开始我说了，我的这个画展，当初叫“湘西风骨”，但是我们是在张家界办展览，他们说改一改，就改为“武陵风骨”，这个就是这样来的，我更希望叫“湘西风骨”。我认为，我们要从这些作品中去看，在反对外来侵略的斗争中，我们湘西的这些英雄人物是怎么样去为民族独立和解放不惜牺牲自己、慷慨赴死的，这就是他们的风骨所在，所以这种风骨就体现在这些英雄的气概上，就如吕老师说的，这是湘西人慷慨赴死、不惜牺牲生命的一种独特的风骨。另外，画湘西，我最喜欢描绘湘西最普通不过的老百姓的生活。湘西是苦难的、贫穷的，但是这些老百姓是朴实的。比如在茶坪，我借住的那户人家啊，家里最好的都拿给你吃。当初有一个救济农村困难群众的项目，我们要到农家去看哪一家最困难，然后帮扶。其中有一家，一家人只有一两件衣服裤子，谁出门谁穿。家里睡觉的地方，床上是烂棉絮，裹着稻草，小孩挤在一堆。但是就是在那么贫穷的情况下，那个男主人，挑了一担柴到城里卖，捡到了钱，他就能把这个钱交出去。就是湘西的老百姓那种朴实的精神。我在湘西调查，我喜欢到农村去。有一个寨子，每年我要到那里住两个月，那里有一个住户，是个老头，我们每次要喝酒，每一次我们去寨子，都要背一二十斤的酒。他的女儿给我做饭吃，吃大鱼大肉，吃了就喝酒，喝得大醉。这些在生活中体现出的朴实很有味道，普通人在贫穷当中寻找自己的欢乐。我是这样体会，这样描绘的。

胡建文：因为时间关系，我们的提问就到这里。今天感谢三位嘉宾，带来的一场丰富的艺术盛宴，让我们在这个下着小雨的冬天的夜晚，感受到了一种热血，一种精神！

那么，“湘西风骨”也好，“武陵风骨”也好，“风骨”到底是什么呢？相信大家应该都明白了，风骨，就是张建永教授所说的“不贪生、不贪财、不贪位”，风骨，就是舒湘汉教授和吕华明教授所说的爱国情怀、民族气节、英雄气概。希望同学们参加这个沙龙以后，能够理解这些百年湘西风云人物的湘西精神，把这些湘西精神一代一代地传承下去，不断发扬光大！

本期立人读书沙龙到此结束，谢谢大家！我们下期再会！

嘉宾简介：舒湘汉，1951 年出生于湖南吉首。1973 年毕业于湖南师范大学美术学院，曾任吉首大学美术学院院长、教授，现任为湖南省美术家协会理事、张家界市美术家协会主席。30多年来一直从事中国画创作与教学工作，作品多次参加省级、国家级美术作品展。2005年夏出访欧洲，在德国举办的中国文化艺术展中，其中国画《太白邀约图》《苗女冬元》等参加展出，并被德国专业画家协会收藏。在国家艺术类核心刊物上发表多篇论文。出版理论专著《流逝与永恒——中国画的审美精神》。

"武陵风骨"中国画人物作品展由舒湘汉教授历时三年所创作的作品组成。作品在创作题材上选取了1840年鸦片战争以来武陵山区40余位用生命和鲜血捍卫国家民族主权、用才智引领时代发展的杰出代表。作品主题鲜明，人物栩栩如生，技法创意颇有特色，通过对人物的刻画，淋漓尽致地描绘出一副宏大的武陵"英雄传"，重塑了贺龙、贺英、粟裕、沈从文、罗荣光、贺锦斋等风骨凛凛的武陵人物的英雄形象。

吕华明，湖南宁乡人，1954年2月出生于湖南吉首，1983年毕业于北京师范大学中文系，原为吉首大学文学与新闻传播学院古典文学教授。兼任中国唐代文学学会会员，中国李白学会理事，湖南省古典文学学会常务理事。专著《李白新考论》系统地考证了从宋代曾巩到当代学者研究的歧误，开创了李白研究中的"神龙元年说"，被学界认同为自成一说。发表《李白生卒年新考论》《论杨万里的病态心理对其诗歌的影响》等论文数十篇。

刘泰然，文学博士，吉首大学文学与新闻传播学院教授，文艺学教研室主任。担任"美学""文学概论""广告美学""西方文论史专题"等课程的教学。代表论文有《视觉的辩证法：中国诗学中的视觉意识之考察》《进步与回退：20世纪中国文学的现代性焦虑》《文化自觉：实现全球伦理"文化政治"的必然》等。代表著作为《变化之道：中国古代艺术中的母题、形式与技法》（博士论文）。主持国家社科规划办课题"中国古代视觉意识研究"。

掌心朝上

——校园诗人石慧琳诗歌赏读会

胡建文：欢迎大家来到黄永玉艺术博物馆，参加校园诗人石慧琳的诗歌赏读会。黄永玉艺术博物馆坐落在美丽的风雨湖畔，本身就具有诗情画意，而且，大家可能不知道，黄永玉先生不仅是一位大画家，也是一位大诗人，20 世纪 80 年代，黄永玉先生的诗集《曾经有过那种时候》曾荣获第一届全国优秀新诗（诗集）一等奖。这是非常了不起的成就。所以，在这里举办慧琳的诗歌赏读会，我认为再合适不过。

出席本期立人读书沙龙的嘉宾有：著名作家、诗人、湖南省诗歌学会副会长吴昕孺老师，诗人、宗教学者、吉首大学哲学研究所陆群教授，青年评论家、吉首大学文学院刘泰然教授，青年作家、湘西州作家协会常务副主席黄摩崖老师，湘西州作家协会常务副主席欧阳文章老师。

慧琳是湘西浦市人，1996 年出生，目前就读于马克思主义学院，专业是思想政治教育，喜欢写诗，也喜欢画画。她的诗歌起点很高。艺术感觉很不错。最近，宁夏人民出版社出版了她的诗集《掌心朝上》。今天请各位来参加她的诗歌赏读会，主要是给她指导和点拨。下面请大家发言。

吴昕孺：非常开心参加慧琳的诗歌赏读会。我经常来吉首大学参加文化活动，我觉得，吉首大学的校园文化活动在湖南高校是首屈一指的。我也偶尔参加长沙高校的文化活动，但是像吉首大学这样能够把诗歌文化活动做得这么日常、规范、有品位的，我还没有看到第二个。当然，在湘西能有这样频繁的诗歌阅读活动也是必然的，因为这里是沈从文、黄永玉大师的故乡，这种文脉总会给湘西以滋养。

去年我和我夫人来到吉首大学参加“十大校园诗人”朗诵会，结束后我就很有感触，我们吉首大学校园不仅风景优美，而且人文氛围浓厚。而今天，我们主要是赏读石慧琳这位校园诗人的诗歌。我认为这位校园诗人是非常幸运的，因为她能在吉大浓厚的诗歌氛围里，并不偶然地走向诗歌，且有这么丰硕的成果，今天又得到诸多的老师和同学来为她捧场。若干年以后慧琳回忆起今日来，肯定是记忆犹新的。

关于慧琳的诗歌，我在序言里写得非常详细，这里就不再过多重复。今天，我想就从慧琳的诗歌进入，来谈谈我对校园诗歌的看法及大学阶段参加诗歌活动的体会。我很欣慰，后辈诗人的频频出现且成果丰硕，让诗歌在校园里又“热”了起来。我自己读大学时，诗歌运动风起云涌，但是在 20 世纪 90 年代中期以后，校园诗歌就“断档”了。之后对我校园诗歌的了解比较少，但近来微信兴起，校园诗歌似乎又有了起色，如湖南师大、湖南农大等长沙高校的大学生诗人也经常跟我联系。读了许多大学生的诗稿后，我发现现在的大学生诗人写作有一个很大的问题。与我们那个年代不一样，他们“掌心朝上”，他们抬头仰望星空看到的不是星空的辽阔，不是空中闪亮的星星，而是看得云里雾里。我就在想，为什么在你们的诗歌中我看不到你们的生活，甚至看不到你们自己，仅仅看到的是你们内心不知所云的抑郁和青春的那种忧伤和疼痛？虽然，这样也没关系，但是如果想要在诗歌上进步的话，就既要“掌心朝上”，有自己的想法，也要眼光向下，向周围扩散，关注自己的生活和周围的人事。但我读慧琳诗稿的时候很欣慰，因为我看到了她的生活，所以我给她诗集作的序言出乎意料写得比较长。原本可能想应酬一下，但后来自己真的读进去了。实际上，我对慧琳的诗歌天分还有她的写作方向都是很认同的。

我们在大学阶段，喜欢写诗很好，喜欢读诗也很好，因为读诗同样是参与诗歌的一种方式。或许我们在与诗歌交往中，有时会疑惑，我们不立志当诗人，写诗有什么用？写诗对我就业，甚至对找男朋友、找女朋友有什么好处呢？

实际上，我读大学时热爱文学的有好几百人，现在真正从事写作的却很少。相反，大家都从事与诗歌无关的各种职业，但是有一个共同点就是，那些诗歌爱好者都成了各行各业非常优秀的人才。因为青年时期他们对文学的爱好已经浸润到骨子里，他们怀着对诗歌的虔诚去认真对待他们的工作。其实，社会也不需要很多作家，未必每一个文学社社员都要成为作家，但是在各个行业中他们展示出来的那种能力和才情，就是当年在文学社的时候锻炼出来的。所以，青年时我们接触诗歌，甚至像慧琳，在校园里出了诗集，也不一定说今后就要去走写诗的道路，更多的是拥有了可贵的文学情怀。我觉得，我们热爱诗歌，就是热爱它的“无用”。诗歌不能产生经济价值，但能让我们内外兼修，动静相宜，能够让我们关注自己的生活，让我们反思，在心中种下理想的火种。如果慧琳以后能够继续保持写诗的爱好，心怀悲悯，保持对生活的敏锐，那么，不管她今后从事什么行业都一定会有一个光明的未来。

陆群：这是一个非常愉快的周末，有这样一拨人，大家聚集在这里，谈论诗歌。我想起20年前，那时建文和我，大学毕业没多久，我们应一个学生诗歌社团的邀请，在同一个课堂给同一拨人做一个诗歌讲座。那是我和建文的第一次“相遇”。

20多年来，我和建文经常“相遇”在与诗歌有关的场合。准确地说，是建文经常给我机会，让我能与诗歌、与校园年轻的诗歌爱好者“相遇”，并与他们保持一种美好的联系。这些年来，我们的校园一直不断地孕育着热爱诗歌的莘莘学子，不多，却从未间断。每当看着一个个“校园诗人”成长成熟，我们内心是欣慰的。这是诗歌本身的魅力。今天我们能够相遇，真的要感谢诗歌，感谢建文，感谢慧琳，感谢每一位在座的和不在座的热爱诗歌的人。这是我想表达的第一个意思：诗歌让我们相遇。

第二，诗歌是无用的。这是我一直以来的诗观。那些希望诗歌有用的人是想把诗歌变成公文、议论文、说明文，变成表扬稿或者检讨书。因为诗不是技术的，不是知识的，所以无用。它纵然是富有哲理，应当说成熟的诗都含有抽象的思。但诗之思，不同于哲学之思。它不是在语言之中，而是在语言之后。它并不明白地教人思，那是哲学的性情和使命。它是暗藏着的，你甚至难以觉察到它的存在。因为无用，所以诗歌注定是小众的。那些希望诗歌大众化的人，一定是别有用心，是想把诗歌变成“工具”。诗歌不应该是工具的，它是价值的，它关涉的是人的精神、人的思想和情感、人的价值。

它也不必要是“进取”的。那些雄心勃勃的进取者往往成为将军、政治家或者企业家，而不是诗人。有“进取心”的语言往往成为挑战书、决心书、最后通牒或者是讨伐檄文。诗歌是平和的、自足的、退守的。它死死守住最后的防线，那就是人性，以不变应万变，不战而胜。我很庆幸，慧琳的诗中，就有着几许这种“无用”的气质；我也很幸庆，在这样一个功利化的时代，还有着像慧琳这样默默从事着“无用”的诗歌事业的人，仅仅只是出于单纯的喜爱。

第三，诗歌是自然的。我一直强调诗歌的简单。有很多事情，在教人复杂、深邃，在培养人的理性、逻辑，而诗歌却教会人简单。它不紧不慢、不高也不低，像吴昕孺先生给慧琳诗集序言中所写的：“像水珠滴落大地”。我很喜欢这样的比喻。它在一定程度上揭示了诗歌的特点：诗歌是自然的。有声音，却不喧哗嘈杂，更不张牙舞爪，它只是自然而然的，单纯和美，像水珠滴落大地。

其实诗歌并不复杂，它不需要过多的文辞修饰，它如此简单，所要求的仅仅是一个人的童心。体会到这一点，是我做了母亲以后。

有一次，三岁的儿子对我说：“妈妈，我跑到天上了，我把天扯下来，戴在头上，我就到头上了，天上就下来了。”我一听就震惊了，这是一种什么样的想象力？这不就是诗吗？我把这句话完整地记下来，收录到我的第三本诗集《旧日子》里了。又一次，他仰望星空（不是只有哲学家才仰望星空，孩子们也经常仰望星空），然后自言自语道：“咦，月亮呢？月亮不见了，喔，原来是太阳请月亮喝酒去了，他们喝醉了，然后就一起笑了。”这句话也被我完整地记录到《旧日子》了。还有一次，他看一本连环画，看着看着就说：“嗯，这个女儿家笑了，没有眼睛了，她把眼睛都笑眯了，所以就没有眼睛了。”

这个例子告诉我们：诗歌是自然的，它所要求的可能仅仅只是一个人的童心、一点天真、一点没有被干扰的判断。我且相信，这童心，也可能包含在一个成年人的心中，他在各类经验里复杂，却需要在诗歌里简单。

最后，我还想说，诗歌只是把握生活的一种方式，它体现我们生活的一个方面。生活是复杂的，我们还有其他很多的把握方式去体验生活的其他方面。把握方式的多样往往表现为生活体验的多样，而把握方式的能力往往体现出参与生活的能力。

刘泰然：刚才吴老师谈到我们既要掌心朝上，也要眼光向下。我深有同感。

当代的大学生往往将诗意理解为辞藻的堆砌和空洞的抒情，诗中都是一大堆似是而非的私人化的情绪表达，不过那么一点点与人无涉的小小感伤，却弄得风花雪月，云里雾里。

我们为什么要读文学作品，是因为我们每个人的生命都是有限的，我们注定只能生活在有限的经验中，但我们又想超越小小的自我的界限，去理解另外的人、另外的世界。阅读就是拓展自我的边界，超越小我，进入到他人的世界中去。阅读的迷人之处就在于此：我们可以在文学中经历更广阔的人生。写作所能提供的就是这更广阔浩瀚的、更具有公共性的生命经验。如果写作仅仅是对那空洞的、封闭的、私人化经验的一种表达，那么写作就无法给阅读提供更多的东西，你在写作中表达的情感跟别人就没有关系，那么，你又如何能够指望别人会被你的文字所打动？有力量的文字往往不是一种情绪的主观表达，而是对身边的人与事倾注的同情，是自己的生命经验与他人的生命经验的相互交织。

我们为何要写作？写作不是炫耀文采，不是辞藻的堆砌，而是像刚才陆老师所说的那样恢复一种儿童般的目光。我曾和学生说过一个观点：写作是为了解放，既解放世界，也解放自我。写作是将那些事物从概念的囚禁中重新释放出来，恢复事物本身的生机与活力。让风真正地从傍晚的江上吹来，带着江水潮湿的凉意；让雪花在擦着玻璃窗的一瞬间轻轻地滑开；让露珠重新将暮晚的微光凝聚在自己的心脏里；让波浪真正地卷起，像雪花的喷涌……但是，事物往往在既有的言说中逐渐被封存，“清风徐来”的风已经无法真正作用于一个人的肌肤，“卷起千堆雪”的浪花也仅仅成了一种概念。写作的任务就是将那些曾经被诗人们解放的事物（后来又固化了）再一次解放出来。马赛尔·普鲁斯特曾经这样写风：“一阵风过，墙缝的野草，母鸡的羽毛，都随风的吹拂蓬起来了，伸张到不能伸张的地步，又如充满惰性、很轻很轻的东西那样懒散而随便。”我想，在这一瞬间，普鲁斯特不但将风从既有的网罗中解放出来，而且他自己也获得了解放，变成那让具有伸张之力的风。这种解放何尝不是祛除小我的遮蔽，去聆听万物，关注他人，走向更广阔的世界？

正是在这两个方面，我觉得石慧琳同学的诗歌表现出了某种可贵的品质。《掌心朝上》中收录的作品，包括她从中学时期以来的不同阶段的写作。虽然有些作品不够成熟，但相当一部分诗作却表现了她不再满足于个人化情感的书写，而是有意识地去写大地上的那些人与事，去表达对更广大的世界的那种孩童般的惊奇。

我的看法和大家相似，我认为这个作品集中写得最成熟的一首诗是那首只有四行的《写给母亲》：

我鼓起腮帮子把灶火吹旺
你经过的每一个地方都有皂香
原来，你更是一个诗人
走进田间，惊起那时光的波澜

在这首诗中，叙事者并没有直接表达某种空洞而抽象的情感，而是在一种具体的日常情境中逐渐地推进，最终达到一种更深刻的生命洞察。情感、精神是直接而抽象的，但它们需要间接而具体的表达才能够体现这种情感和精神是否真正达到了某种体验和洞察的深度。叙事者写给母亲的这首诗，设置了一个极其日常的情境：我鼓起腮帮子把灶火吹旺。这一情境简单、朴实，具有画面感，带有人间的烟火气，它很容易将我们拉入到对乡村、家庭、童年的记忆中，鼓起腮帮子的动作包含着某种努力、某种投入，灶火的意象暗示着生活的贫困，但又为整首诗奠定了某种温暖的基调。第二句诗笔锋一转：你经过的每一个地方都有皂香。这一句一下子将与“我”有关的情境和另一个人“你”（母亲）关联起来。我和母亲，灶火与皂香，煮饭与洗衣，它们更具体地勾勒出了有关劳作、家庭、亲情等意象。皂香区别于香水之香，它更朴素、自然，它来自母亲的身体，也来自生活中的每一处，因为生活中的每一个地方都因母亲的操劳而变得干净和整洁。皂香是一种衔接与过渡，它衔接第一句的日常书写，又向更深层的精神和情感层面过渡。皂香是具体的，日常的，又具有某种精神的隐喻，暗示生命的馨香。只有对母亲有深厚的感情，对母亲的操劳有深切的体认才能发现“经过的每一个地方都有皂香”，这是一种辨识，也是一种体认和发现。所以，这一句承接第一句，仍然在写生命的某种具体的情境，但已然从具体的层面（皂香）向更抽象的层面进行转换（生命的馨香）。由此，才有了更大的生命的感悟：原来，你更是一个诗人。叙事者本来自命为诗人，她对母亲的劳作有所体认，主动地分担着母亲的辛劳，但在这种分担的过程中，叙事者却从一种更深刻的层面洞察到了母亲的劳作（日常的辛劳）与自己的劳作（写诗）之间并没有本质的区别，甚至，母亲的劳作才是本质意义上的诗！这种劳作赋予日常生活以某种馨香，让人在贫困的生活中获得力量，保持尊严。甚至，与自己的写作相比，“你更是一个诗人”。

最后一句特别的精警，它是叙事者对生活的深刻洞察的高度概括，但这种高度的概括不是概念化的抒情，而是以一种非常具有画面感的方式呈现出来：走进田间，惊起那时光的波澜。“走进”和“惊起”，勾勒出一幅动人心魄的图画。这幅图画的高度概括性超越了对某位具体的母亲的书写，而成为所有乡土中国的母亲们的造像。这一句中，叙事者将抽象与具体结合在一起，“走进田间”是具体的，“惊起那时光的波澜”是抽象的；“波澜”是具体的，“时光”是抽象的。这种抽象与具体的结合造成了一种耐人寻味的诗意。是人的劳作，让那没有意义的、匀速流动的、空洞的时间发生震颤，掀起波澜，从而打破了时间的空洞性，这就是劳作赋予生活以意义。时间是那么无情，但叙事者对“惊起那时光的波澜”的洞察却使得人的劳作仍然是有意义的，劳作安顿人的生命和生活，建构一个有尊严、有意味的生活世界，从而打破了自然时间的无意义性。“波澜”一词还容易让人想到人所承受的苦难，想到生命的起伏，想到杜甫的“波澜独老成”，想到古人所谓的“乾坤多畏途，何处无波澜”。所以这一句诗中的“波澜”一词既是具体的，又相对书面化，积淀了一些既有的隐喻性的联想。我其实更倾向于用“波浪”一词，这个词同样可以传达这种抽象的精神内涵，但它相对而言没那么概念化，视觉性更强烈。而且，“浪”字是第四声，相对于“澜”以平声结尾，“波浪”更能传达“惊起”的效果。更重要的是，“波浪”相对于“波澜”更能够让人与“走进田间”这一情境产生关联性联想：风吹稻浪。

慧琳的其他一些诗作都表现了这种对更大的世界的关注。如《胆小鬼》一诗，用“胆小鬼”的心态和语气写出了一个人面对春天时的那样一种原初的惊奇和虔敬。还有像《等风来》一首中：“我感到每个毛孔都开始紧张起来/一个连着一个，一个挨着一个”，这样的句子将起风的感觉写得异常精确。又如《缝隙里面的人》将目光朝向那些逼仄的生存处境中的人，但在这首诗中，她不是简单地表达一种道德姿态，而是将自己和他们看成一样的人，“我匍匐前进，希望和缝隙中的人一样/把所有的疼痛捶成力量”，于是，写作本身也成为对生存困境的一种深切探询，劳作和苦难就获得了更深的精神上的意义。

尽管由于年龄和环境等原因，慧琳写作的稳定性、成熟度以及格局还有待提升，但她确实超越了很多同龄人，表现出了成为优秀诗人的潜质。我期待她的下一本诗集。

黄摩崖： 很高兴参加这样一个诗歌沙龙，我觉得很有意义。我读书时也比较爱写诗，但是称不上校园诗人，因为知道我的人不多，最多也就称得上是“校园地下诗人”。但很巧，我到湘西州作协工作时，我直接对接诗歌这块儿。因此，诗歌这一领域我关注得还是比较多。目前，我们湘西州有三大“90后女诗人”，第一个，1994年出生于保靖的文西，是长沙第一师范毕业的。第二个，文西的同学，也是1994 年出生的，名叫李田田，外号小辫子。第三个就是慧琳，她是年纪最小的，1996年出生的。其实，三位“90后女诗人”年纪相当，都非常出色，可能在你们这个年纪我都还写不到那么好。

慧琳这本诗集，收录的是慧琳从中学到大学期间的作品，时间跨度比较大，也看得出来痕迹。里面的诗歌有的写得比较成熟，有的写得比较随意。

我们写文章用语言，但又有一种语言叫“诗一般的语言”，什么叫诗一般的语言呢？它和一般的语言有什么不同？其实诗一般的语言就是一个开放性的，需要各种文学实践去填充它让它立体起来的语言。这个世界有“诗一般的语言”存在，那么技巧就一定存在。这也就是我们常说的诗歌的技术性。我们用汉字写作，去表达某一个概念，一定会有一种最佳的表达方式。比如在历史上有个故事，一匹奔跑的马在路上飞奔而过，踩死了一条狗，欧阳修的表达是“一马毙犬于道”。你找不到比他更精炼的表达，自古以来很多人都尝试过，没有谁能写出更精炼的语句了。这是中国传统的表达，非常经典，也非常有力量。我们可以看出它的平仄和它的力度。这个就是所谓的技术性。

但是还有另一个层面的东西，就是艺术的感觉。诗歌是艺术，所有的艺术都要追求艺术的感觉。湘西为什么出诗人？我举个例子。我们湘西民间不说“切西瓜”而讲“杀西瓜”。用了“杀”这个词就不一样了，这就意味着西瓜是有生命的。凤凰人说“我听到今天天气有点儿冷”。这句话就把整个感官功能都打通了，非常厉害。这就是湘西文化的根源，就是诗一般的语言，也就是艺术的感觉。所以，我希望慧琳无论是否以诗歌、以文学为职业，你都能坚持一辈子写诗，这是一件幸福的事情。

以后慧琳要在这两个方面努力。不断去探索技巧性的东西，进行大量的文学实践，你就可以找到技巧上的最佳表达。在艺术的感觉方面，要多去深入田野、大地，去感受自然的声音，扩大自己的视野。湘西的民间语言是非常丰富的艺术宝库，从老百姓的生活里吸取精华，相信你会成为一个优秀的诗人。

欧阳文章：借这个机会，我说三点，一是羡慕慧琳，二是“点赞”慧琳，三是建议慧琳。

羡慕慧琳。最近这些年来，吉首大学不断发展，学校实力不断增强，校园环境发生了很大变化。特别是胡建文老师在校园做的“立人读书沙龙”和“湖畔吟诗”这两个活动，让许多在全国都有影响力的作家、学者来到吉首大学，营造了让人羡慕的文学氛围。所以说，非常羡慕慧琳和在座的每一位学弟学妹。环境真的非常影响人，一位优秀的导师、一堂精彩的讲座、哪怕讲座中一句扣动心弦的话语，都可以点燃我们的学术理想或者文学之梦。慧琳能够热爱诗歌、能够出版诗集，应该是在这种环境熏染下取得的一个成果。

二是“点赞”慧琳：昨天收到慧琳的诗集，大致读完了这些作品，特别认真地拜读了吴昕孺老师的序言。吴昕孺老师对慧琳诗歌创作的解读非常到位，他的序言和刚才各位老师的精彩点评加深了我对慧琳诗歌的理解。我觉得从慧琳的诗歌中可以看出她具备一个诗人的禀赋，比如刚刚朗诵的《写给母亲》这首诗歌表现出的她洞察事物的能力、她在诗歌语言上的天赋以及她敏感细腻的个性等等，都非常可贵。诗人的禀赋是上天给予慧琳最好的财富，她能够坚持创作，发挥自己的禀赋，并能够在大学阶段出版这样一本诗集，值得我们点赞。

另外，慧琳作为一名校园诗人，她的视野和思维不囿于校园，也不囿于“小我”，她把诗人的触角伸向社会的各个层面，比如《拾荒阿婆》《孤院老妪》《旮旯》《缝隙中的人》这些诗歌，关注底层，显现出她的诗歌正走向更为宽广的格局，这一点也值得称赞。

建议慧琳。《掌心朝上》是慧琳的第一部诗集，整部诗集已经呈现出了较高的水准。当然，学无止境，建议慧琳从以下两个方面着力。

一是，在诗歌语言上，胆子可以再大一点。诗歌是语言艺术，诗歌是语言创造力最强的文学体裁。慧琳在诗歌语言上虽然展现出了一定的天赋，但诗歌语言整体还是比较平淡，像《写给母亲》这首诗中，跳跃、鲜活的诗歌语言不多。今后，在诗歌语言上，可以更大胆一点。说到这里，我想到，当今不少文艺批评家对前些年诗歌领域流行的“垃圾派”“梨花体”“羔羊体”等诗歌流派持批评态度。我个人觉得，我们是不是可以换一个角度思考：作为一种语言的实验，这些诗歌流派对诗歌语言的尝试是不是也有它的合理性和值得肯定的地方？我的意思并不是要慧琳去些模仿这些流派，而是说，作为一名诗人，应该有大胆地去进行语言实验的勇气，在大胆的尝试中，形成自己独特的语言风格。

另外，建议慧琳在诗歌创作上要不断变化。我记得2012年前，我们湘西著名诗人刘年的诗歌还是以写湘西题材居多，风格上以抒情为主，而且注重格律。那时我就跟他交流，他很能认识到自己诗歌的不足，并且不断地改变自己的创作风格。2012年后，他除了行走，还阅读了不少宗教、哲学、美学方面的著作。这样一来，他的诗歌呈现出非常大的变化和提升，现在看他的诗歌，较之以前，更简练、有力度，更接近“大道至简”的境界，在诗歌格局上，也更有终极关怀和生命穿透力。所以说，一个诗人，能够不断认识到自己的不足，不断去否定自我、重建自我，才更容易达到更高的高度，也更容易接近诗歌的真谛。建议慧琳在今后的创作过程中，能更多认识自身不足，不断变化，在变化中找到最适合自己的风格，在变化中抵达更高的境界。

嘉宾简介：吴昕孺，著名作家、诗人，湖南教育报刊社编审，湖南省诗歌学会副会长。

陆群，湘西诗人，宗教学者，原吉首大学民族宗教与文化研究中心主任，现供职于长沙理工大学哲学系，二级教授、博士生导师。

刘泰然，青年学者、评论家，吉首大学文学与新闻传播学院教授。

黄摩崖，青年作家，湖南省湘西自治州作家协会常务副主席。

欧阳文章，青年作家，记者，湖南省湘西自治州作家协会副主席。

浅浅书香留人醉

——吉首大学第二届“立人杯”读书征文比赛获奖作者读书分享会

孙立青： 各位老师、同学，晚上好！我的获奖作品的题目是《父亲的字典》，文章基本真实、全面地呈现了我父亲的读书故事和其对我的读书生活的影响。

我的爷爷奶奶都是农民，有六个孩子，我父亲排行老五。父亲小学成绩非常好，在班级里数一数二，按理讲应该读初中。初中的学费是一年五块钱。老家村子里的人日子过得都很紧巴，拿出块儿八角的钱比拿出一袋子粮食还难。奶奶挎着房前屋后长出的并不多的蔬菜，挨家挨户求遍了整个村庄，也没有借到父亲上学的钱。

后来，村里头的阴阳先生对奶奶讲，有一个小本本叫作字典，那里面什么都有，学会了，也就成了识字的先生，成了村里的秀才。奶奶像是平地里捡了几升黄豆，赶忙跑到供销社，用二十个鸡蛋，换回一本新华字典。

拿着奶奶推过来的字典，父亲知道，他没有学可以上了。他只能开始向爷爷学习养家过日子的技能。编席子、养兔子、割草、挖粪、翻田、打谷子。他渐渐成了真正的农民。他敏感于四时的细微变化，熟悉每垄地的投入和产量。唯一的不同，可能就是他较为整洁的衣裳和上衣兜里揣的那本字典。父亲后来有了对象，结了婚，也有了我。

在我一年级的时候，父亲开始要求我写日记、练字。小学三年级，他给我买了一套有拼音的四大名著。四年级，父亲带我去城里的旧书摊淘书。我上初中前的暑假，奶奶没跟任何人商量，砍掉了家门前那棵我祖爷爷栽下的老杏树，请会木工的三伯伯，给我做了一张书桌、一把椅子和一个书架。

从高中起，我开始了比较广泛的阅读。每天午休，我都会和与我关系好的两个朋友去学校对面的书店读书。三年高中，不敢说能够读多少书，也还是对书店中有的各个类别的书多少有所涉猎，接触到了尼采、海德格尔、欧·亨利、川端康成等对我影响较大的哲学家或者作家。到了大学，我或多或少旁听了新闻学、广告学、临床医学、护理学、民族学、人类学、管理学、生态学等专业的课，阅读了多个学科的书籍。这些经历让我有机会从多个角度对同一问题进行理解和分析。同时，在胡建文副教授的带领下，我和朋友们开始服务于立人读书沙龙、问道、湖畔吟诗等校园文化品牌活动，为身边的人提供一个读书学习的场所。

总而言之，从小学到现在读研，父亲可以说是在读书和做人两个方面对我影响最大的一个人。虽然，他从未写出过一篇文章，甚至完整的一段话。

对读书和做人的理解，我想用一句话总结，那就是“读点无用书，做点无用事”。读点无用书，就是在学习让人可以谋生的知识同时，读一些诗歌、美学、哲学、艺术等方面的书，让自己得到内心的成长和丰盈。做点无用事，就是做一些关乎他人的事，尽量为他人着想，要明白天下第一等好事就是为他人着想的道理。

以上就是我的分享，谢谢大家！

蒲炫桦：大家晚上好，很高兴能在这里，和大家一起分享和探讨读书这么一件快乐的事。平时，我最喜欢读的就是现代诗歌。从十五岁到今天，我和诗歌的缘分早已跨越了“七年之痒”。辛波斯卡说：“我偏爱写诗的荒谬，胜过不写诗的荒谬。”在我这儿，应当是“我偏爱读诗，胜过不读诗的荒谬。”

现代诗歌在今天被更多地认为是一个小众的、边缘化的文学形式。但我认为它从未远离日常生活，甚至我们时常期待着一种诗意的降临。诗歌既渺小又伟大，它没有阻挡坦克的威力，而仅仅是文字符号创造出的一个精神世界。我想：诗的伟大意义之一，就在于发掘观看世界的一种新的可能性。

今天，我想和大家分享的是波兰诗人辛波斯卡的诗。在她的诗歌中，我们能够在微小之物中感受到诗的智慧，获得一种观照世界的新视角。对辛波斯卡的诗歌形成整体印象感知，是我在阅读了陈黎，张芬龄翻译的辛波斯卡的诗集《万物静默如谜》之后。辛波斯卡的诗歌给予我最大的惊喜，在于借她的微观视角我们看到了一个被常人所忽视的世界。诗歌不再停留在庞大而不可触及的领域，惊喜与震撼皆来自我们身边最熟悉的事物。犹如当初，里尔克那样冷静理性的写作方式对中国白话新诗的现代性启蒙以及赋予现代汉语诗歌写作一种新的可能。

以往的诗歌写作中，更常见的是借助一些庞大的主题来表现诗的内容。但辛波斯卡偏爱用微观视角创造诗意，给予常见的事物最深刻的诗的思考。记得罗洛·梅在《爱与意志》中有这样的表达："没有一个作家是为了找到答案而写作，他写是因为他心里藏有难解的问题，想要寻求答案，创造性是从问题出发的，作家并非向我们呈现问题的解答，他们的写作是寻找出路的内在经验的过程，是一种寻求。"辛波斯卡的诗歌中所揭示的都是看似寻常却一再被我们忽略的问题。比如，在辛波斯卡的《一粒沙看世界》和《在一颗小星星下》中，对人与自然物体的关系进行了思考。以微小的意象营造出宽阔的诗歌意境。在《一粒沙看世界中》诗人写道：

> 我们称它为一粒沙，
> 但它既不自称为粒，也不自称为沙。
> ……
> 它不需要我们的瞥视和触摸。
> 它并不觉得自己被注视和触摸。
> 它掉落在窗台上这个事实
> 只是我们的，而不是它的经验。

全诗仅用"沙"这一个渺小的意象，构建了人、沙、世界，三者并存的空间，从沙到人再至世界呈现的是依次庞大的递增关系，同时形成了三者的对照。诗人并没有选择宏观的全局性视野，而是巧妙地转换思考角度，站在最细微的"沙"的角度观察，投射出一个更为庞大的世界。王国维先生在《人间词话》中谈到了境界的大小问题。同理，构成意境的意象，它的大小并不能决定诗歌境界的大小。

辛波斯卡的微观写作，可视为一种双重探索。一是在人的自我精神层面：在关注浩瀚世界的同时，关照自己和每一个渺小事物的存在，强调自然与人平等的尊严和权利；另一个是在诗歌写作的视野与空间上，她打破了惯用的宏观写作，在微小中创造出更为广阔的意境和思想。可见，诗歌写作不在于对意象大小的选择，而在于诗人看待事物的角度和思考的方式。

罗丹说：“生活中不缺少美，而是缺少发现美的眼睛。”生活也并不缺乏诗，缺乏的是发现诗的眼睛、感受诗的心灵和表现诗意的语言。每一首诗都潜存着一种看待生活和世界的方式，诗歌的写作探索是为了不断发掘更多观看、体察世界的可能性。辛波斯卡在 1996 年诺贝尔文学奖颁奖典礼上的致辞，最后一句说的是：“看来艰巨的任务总是找上诗人。”也许，正当我们感叹太阳底下没有新鲜事的时候，诗人们已经开始以全新的眼光去探索看似平常的一切。

读诗，让我们的生命变得开阔。

刘斌：亲爱的老师同学，晚上好，很高兴今天能在这里和大家分享我平时的一些读书心得。

我获奖的这篇文章《你于我恍若兰花》，写的是作家琦君的一生以及她的作品，所以今天就和大家简单聊聊我眼中的琦君。

读琦君的文字就像翻阅一本旧相册，有着很温婉、很浓的闺阁气息，就像大家现在可以看到的沈从文的旧照一样，是很亲切、平易近人的，不会给人很强的时空跨越的生硬感。好比我在文中着重提到的她的一篇散文《髻》一样，她的母亲是个典型的旧式女人，一把青丝梳一条又粗又长的辫子，盘成螺丝似的尖髻，青春与美丽都被牢牢锁在这个又旧又老气的发型里，正如母亲不越雷池一步，循规蹈矩的一生。父亲终年在外，伴随着母亲的是静静的庭院、静静的黄昏和静静流淌的眼泪。日子一天天地过去，母亲望穿秋水，终于等来父亲归家的消息。那越来愈急促的蹄声，把山水烙上稠密的阴影。父亲的马后，却坐着一位巧笑倩兮，奔放时尚的俏佳人。

像春花与秋月，两人差异十分明显。母亲墨守成规，梳着老太太式的发髻，低眉顺眼地过活，姨娘热情浪漫，发髻日日新鲜，眼波流转地在父亲面前取媚。母亲勤俭节约，操持一大家子；姨娘铺张浪费，经营着自己的小日子。这两个品性相异的女子，花开两朵，以不同的姿态生活着。

琦君的眼里饱含同情与爱怜，在结尾处她自言自语地说：“这个世界，究竟有什么是永久的，又有什么是值得认真的呢？”母亲是被时代遗忘丢弃的女子，固执地守在自己的角落里等待油尽灯枯。姨娘像一朵灿烂的大丽花，姹紫嫣红开遍，却终究逃不过命运的桎梏，生命的庭院，前庭喧嚣热闹，后庭冷落寂寥。而身为局外人的琦君，似乎很幸运地逃离了旧时代的魔爪，成为一个独立自由的女性，拥有健全的情感，而当她明白这一切的时候，亦已青丝转白发，背弯成月，几分回味，几分沧桑。

琦君的文字这点很可贵：永远只抛出事实真相，从不加以评论，她惯用的手法是在结尾处提出问题，让读者自己领悟，比如说，这世间到底什么是永久的，又有什么是值得珍惜的呢？但是答案真的重要吗？

我爱读琦君的文字，还有一个原因是我可以从她的文字里获得写字的勇气。

莫言曾说过文学使人胆大，他曾经看过《雪国》里的一段话，当即想到了他的高密东北乡的故事，于是写下他最有名的短篇小说之一《白狗秋千架》的开篇，开篇几句话，确定了整部小说的基调，接下来的写作如水流淌，仿佛一切早就写好了，只需记录下来就可以了。在那段时间里，莫言经常去书店买书。有的书写得很差，但他还是买下。他的想法是，写得再差的书里，总是能找到一个好句子的，而一个好句子，很可能就会引发灵感，由此产生一部小说。灵感就像打开了水龙头，就像阿基米德说的，你只要给我一根杠杆，我就能翘起整个地球。

看了琦君的文章，就像在逛一个古董行，里面的物件时常能给我无尽的回忆。正如莫言说的：“这段话不仅仅是一幅画面，也是一个旋律，是一个调门，是一个叙事的角度，是一部小说的开头。一个漂亮的句子，一句生动的对话，一个含意深长的细节，无不需要灵感光辉的照耀。”

书中获取黄金屋的说法可能有些功利，不那么纯粹。但是我想强调的是，无论你与书能否产生化学反应，生出灵感这第三种物质，你的灵魂一定要与书共振，产生愉悦的感受，并且这种感受要绕梁三日，不绝于耳。而非短暂的快感。

王小波追求李银河时，曾经写过一句情话，至今还为人津津乐道：“五线谱是偶然来的，你也是偶然来的。但愿我和你，是一支唱不完的歌。”对于我来说，琦君的书是偶然来的，灵感也是偶然来的，但是两者相遇，就是一首唱不完的歌。

我的散文集《我与笔茧的苦恋》将于五月底出版，希望大家多多支持，谢谢。

罗雪：缠绵和多情濡湿了叠叠素笺，我们便在丝丝柔柔的氤氲梦之中凝眸、品读。

喜欢读书，喜欢那种缠缠绵绵诗情画意的文字；喜欢读书，喜欢那种一针见血悲壮呐喊的故事；喜欢读书，喜欢那种青砖绿瓦一水一烟的情愫。曾记初中懵懂时，我偷偷在课桌里翻着小女生之间互相传阅的言情小说，看到津津有味时书被老师从手中抽了出去。几天后我被叫到办公室，老师没有把原来的书还给我，而是给了我一本《飘》，此后我知道，读书不仅仅只是读书，而是读作者的灵魂，正是所谓的“读书好、好读书、读好书”。

我偏爱词藻柔美的诗词，不太懂唐诗宋词的平仄，却很是喜爱，尤其喜欢宋词甚于唐诗。

长长短短中，将流觞曲水，将浩荡长风，将一弯新月，将万里山河，一一描绘。这是它的美。深深浅浅中，可以笑谈渴饮匈奴血，可以物是人非事事休，可以良辰美景何人说，可以醉翁之意不在酒，一一道尽、这是它的韵。

一平一仄，浮华方休，一长吁一短叹，几千年的风雨烟尘，也泯灭不了它的婉约与豪放，在那些哀伤与豪情中，宋词款款而来。

我怅然于黛玉和宝玉的爱情，他们像是随风的沙子，湮没在世间的种种起伏中。绛珠仙草的化身让黛玉五内中郁结了一股缠绵不尽之意，身体柔弱却企图挣脱世俗束缚的枷锁，一草一木、一山一石都在她的笔下轻叹，句句似咏絮才，字字实写自己，留下“花落人亡两不知”的离愁和叹息。

我在绵绵柔柔之中伤感，也在悲怆残阳中寻找。

我伤怀于福贵的一生。人越惧怕死亡，人就活得越怯弱，而坚强乐观是对死亡的超越，人因为孤独而痛苦，又因痛苦而孤独。在烟花柳巷中堕落、在纸醉金迷中放浪形骸，在接踵而至的诡异死亡中，他知道活着是艰难的，但它会使人的内心变得强大而饱满。

漫步记忆的片段，吟唱岁月的篇章，瘦了容颜，肥了诗词，一盏清酒，素琴红笺，美人泪，断人肠。谁把沧海换桑田，谁把青丝变白发，谁用明月绘牵念？

这就是我的分享，谢谢！

石慧琳：大家晚上好！很高兴能和大家坐在这里聊聊我们各自的读书生活。下面我来分享一下我的故事。

“如果你问我为何这般安静，因为岁月把生活编成了一本书，而我正捧着书读生活。”这是我征文第一句话，也是贯穿我整篇文章的中心。今天，我不想和大家说枯燥的写作技巧和阅读经验。当然，真要我说，我也可能是说不好的。今天，我想和大家说的是我的书画生活。

我是农村孩子，家里比较穷。在我读五年级之前，我都是在四面环山的乡下长大的，乡下没有书店，甚至连本字典都很难买到。我从小又是留守儿童，跟着不识字的爷爷奶奶一起生活。如果说我天生就喜欢读书、喜欢上学，那是假话。那我真正想去读书看书是为什么呢？可能与家里穷及重男轻女的思想有关。小时候，山里思想落后，我们家女眷多。我奶奶那辈人有三个女儿，没有儿子。我妈妈是二女儿，从小我们家就被排挤，因为别人家有儿子，我们家都是女儿。因为穷，连头牛卖掉都会哭半天。有时候村里会因为各种事情闹矛盾，在我印象中，我们家经常与其他人闹矛盾，记得有一次别人还带着一伙儿人气势汹汹地冲到我家门口说要打我们。我那时候小，看到这场面就号啕大哭了。所以，我爸妈总会跟我说，以后要多读书，将来出去，不要留在这里。我们家很重视教育，每次我爸回来都会给我带许多许多笔，铅笔、圆珠笔、水彩笔。说是日后让我拿笔杆子生活。

然后，我拿笔杆子去画画了。所以说，比起写作看书，我可能最先是喜欢画画的。现在许多人觉得我可能有写作的天赋，我不认同。写作这件事真的可以后天培养出来。但别人说我画画有点天赋，我还是认同的。所以早些年在乡下，我是不看书、不写作的。老师布置的作业也是记流水账。但我画画，而且那些画基本贴满了我家。直到后来搬家我都一直保存着这些画。

初中三年，我学过美术，但当绘画小天赋无力支撑时，我终究没走上艺术生这条路。随后，我爱上了写诗，我是一个诗歌创作者，如果说起懂诗，我觉得我没有蒲炫桦学姐懂诗。蒲炫桦学姐关于诗歌的发言，确实让我自愧不如，同时又有一种内心共鸣。

常有人说，艺术是相通的。我也不知道这小小的爱好能否称得上是艺术，但我知道绘画和诗歌是肯定相通的。我为什么写诗？我觉得可能是绘画的诉求。我甚至时常说“我的诗歌就是绘画的衍生品”。我喜欢描述，喜欢意境，在不能用画笔画下那种意境的时候便会通过诗歌描述出来。我描述出来，剩下的就是读者自身的想象了。我为什么写诗？或许也因为写诗是一种表达内心酸甜苦辣的方式吧！著名诗人刘年说过“诗歌，是人间的药。人间存在着各种各样的病症，所以人类发明了诗歌。”或许，诗歌真的能治愈人间疾苦。我庆幸，我能用上诗歌这种药。

在这里，我非常想给大家朗诵一首我自己的诗歌。这首诗是写绘画的。题目叫作《供奉》：

我小心翼翼，小心翼翼地
把呼吸变浅，双手合十
我时常抬起头仰望它
仰望，是那般安静肃穆，像一场
神圣庄严的祈祷会，只是
一低一抬，区别了我的行为
我是朝拜着它，一刻
也不停留

我捻手捻脚地，像这样
靠近它，好像准备随时
让它带走我的灵魂，只留下一具
没有影子的　渺小的躯壳
时常抬起头仰望，再闭上眼
遥远的我的心情，山风吹拂着
再一次，我仍然朝拜它
日日夜夜

时间，阴差阳错地走失在每一个
夕阳西下的地方
我点亮心灯，把我渺茫的爱好
挂在一面苍白的墙上
供奉着，如此
绝望而虔诚

这便是我的书画生活，谢谢大家！

廖菲宇： 大家晚上好！很荣幸能够参加此次读书分享会。首先，我想先说说改变我一生命运的书，从某种角度来说是我自己读书生涯的开端。

不知道大家是怎么看待传统文化的书籍？褒扬或者贬低？就我个人而言，中国传统文化是博大精深的，甚至还改变了我一生的命运。刚开始，我和很多人一样，都认为传统文化是迂腐与落后的，直到有一次经历彻底地改变了我的看法。

那是一次传统文化的冬令营学习活动，我每天沐浴着孔老夫子的教诲，可是心里却在嘲笑在这里学习的人是多么陈旧无知。我一直有一个很不好的习惯：心情不好的时候喜欢乱发脾气，甚至有的时候会把自己弄伤。那次我像往常一样又乱发脾气，捶桌子把自己的手指也捶出血了。但是这次不同于往常，我的脑海里竟然浮现了这几句话：身体发肤，受之父母，不敢毁伤，孝之始也。我自己都被自己脑海突然浮现的话惊呆了，想着"自己到底是怎么了？怎么会浮现这样的话语？莫非自己被感染了，被熏陶了？"或许是这里的爱唤醒了我，古圣先贤的教育感染了我。我开始反思自己对父母的所作所为，忏悔的眼泪布满我的脸颊。我开始认真地学习《弟子规》，手抄《孝经》和《大学》还有《太上感应篇》，阅读《中庸》和《易经》，细读这些圣贤书籍，我感觉都是在教化我，让我学会孝悌忠信礼义廉耻，学会如何为人处世，让我更加明白宇宙人生的真谛。这也印证了冰心老师的话：读好书，一个人只有心正了，才能成为对社会有用的人。

再来说说我的灵感源泉，那就是诗歌，似乎它们更有一番耐人寻味的魅力，直捣我内心深处。我是一个痴迷于诗歌、醉心于海子的女生。海子他是诗歌的太阳，而我也想站在离太阳最近的地方，汲取更多的能量，哪怕会被灼伤，那也是我的天堂。因为太爱海子，我开始寻找他的足迹，想象着去那神圣而美丽的西藏。我阅读了海子最喜欢的《瓦尔登湖》，仔细翻动着这本书，作者为我们展现了一个平静而美好的世界，我不禁觉得宁静祥和或许是对生命最好的诠释。

关于阅读诗歌，我还想说，读诗得讲究情调，也就是意境。心中没有诗意，就无法领略诗人最真实的情感，也就无法与诗人产生共鸣。而我最喜欢在阅读诗歌的时候听轻音乐，再给自己泡上一壶好茶，在洗茶的时候，静静地看着热水从壶中直泻而下，注入杯中，茶叶随水浪上下翻滚。我觉得这不仅仅是洗茶，而是在洗去我的喧嚣和浮华，让自己的内心更加宁静祥和，这样的心境才能更好地体会诗人诗歌中的诗情画意。

谢谢大家的聆听！

邹勇：我真诚地感激我的文学启蒙老师，石老师（石健老师）为我敞开了一扇真诚、宽容而又异彩纷呈的大门，我站在门外窥到文学的迷人身姿。困惑、焦躁，长期陷于个人经历的我，终于第一次感受到解脱的曙光。文学具有治愈人心的力量，石老师是我迷惘人生的引渡者，无论我走到哪里、得到什么样的荣誉，都归功于我的石老师。

文学之于我的意义，便如叔本华在其哲学中所言，“艺术，是人生痛苦的缓解”。一生思考，一生诘问，叔本华最终得到一个可悲的真谛，“人生是在痛苦和无聊中的摇摆”。也许是人生经历的缘故吧，叔本华的哲学引起了我的共鸣，作为意志而存在，人类处在无时无刻、无处不在的欲望中，困惑着、挣扎着、焦虑着，却往往无济于事。文学，它像滋润人心的甘霖，带给人安静、祥和的力量。我们往往东奔西走，追寻人生的满足，而生命深处渴望着安定和宁静。文学，使我们关照自己的内心，贴近自己的灵魂。

静安先生说，“文学之事，其内足以摅己而外足以感人者，意与境二者而已”。又说：“故能写真景物、真感情者谓之有境界。”在这个世界上的我们，常常是微不足道的存在，但因为每个人对世界独特的感觉，我们又显得如此特别。“真景物、真感情”是文学的境界，我们独特的感觉供奉在人性的小庙里，正是它们有着安慰人心的力量。我们每个文学爱好者，都应该努力写出“沁人心脾、豁人耳目”的文字，歌唱生命，供奉人性，这正是文学人对文学的反哺。

汪雪梅：各位老师、各位同学，晚上好！

小时候，因为家庭经济比较困难，读书对于我来说是件很奢侈的事，尤其是读课外书。记得小学三年级的时候，有一次我们班主任要求我们班每位同学买一本作文书，当时家里很穷，爸爸虽然在外务工，但有时候也赚不到补贴家用的钱。那段时间家里经济正处非常时期，就连买本作文书都很困难。那天下午放学回家我跟我妈说了一下，我妈二话没说就答应给我买，当我把新买的作文书兴高采烈地捧回家给我妈看时，我妈脸上露出了欣慰的笑容。她叫我一定要认真读书，好好学习。我当时不以为然地点了点头。后来我才从爷爷的口中得知，妈妈为了赚钱给我买那本作文书，去做了整整一星期的苦力活——那种只有强壮的男人才能承担的力气活。那段时间母亲的腿脚都浮肿了，肩膀上也有很多深紫色的大血块。我才知道这本作文书的来之不易和它背后藏着的母亲对我的深深的爱和期待。从那以后，我便学会了爱惜每一本书，珍惜读书的机会。

高考是我们步入大学学习生活的一道门槛，记得高三下学期的时候，一次月考时，我从班上前几名突然一下掉到了三十多名，看到成绩的时候，我像断了线的风筝，整个人都崩溃了。因为一直以来我的学习成绩都比较靠前也相对稳定，成绩突然滑落大大打击了我备考的信心。丧失信心的我一蹶不振，被班主任劝说回家休整一周，但一周之后的我并没有重新"活过来"，而是一味消极颓废，一心想着自己付出了这么久的努力，要是考不上怎么办？我陷入死循环里走不出来，上课时整个人处于游离的状态。当时我们班英语老师看到我上课走神，从同学口中得知原因后，二话没说就把我叫到她办公室里去，拿了三本一套崭新的《平凡的世界》，叫我暂时别想考试的事，认认真真把这三本书读完。我听了她的话，礼貌地感谢了她，但心里并没有感到多大的宽慰。我本以为老师会安慰我，没想到她却拿了一套与高考无关的课外书要我看。回到教室后还是听不进去课，又无意中看到了老师送的那套书，就顺手打开看，谁知一看便一发不可收拾，差不多用了一周的时间看完了。小说里让我印象最深刻人物就是孙少平，他在艰难岁月里中凭借自己坚忍不拔的毅力努力生活，给了我极大的震撼和感染，也成了我高考前夕的"救命稻草"和精神慰藉。从这次以后，不管在学习中还是在生活中，在面临困境时，我都会想到孙少平身上那种不怕苦不怕累的精神，它让我找到了不断向前的动力和勇气。

一本《平凡的世界》让我深深地感受到了读书的力量之大，甚至可以改变一个人的一生，也让我有了一颗热爱读书的心。高考报考专业时我义无反顾地选择了学习中文，希望能通过读更多的书来充实自己，让自己不断成长。

谢谢大家！

读书、写书与立人

◎ 刘定中

在学校，我是一个普通的学生；在机关，我是一个普通的公务员；在文学队伍里，我是一个普通的业余作家；退休后，我是一个普通的老人。这里我谈谈我这个77岁的普通老头几十年中读书、写书、做人的感悟。

首先，我要说一下，我出席湖南省作家协会第七次代表大会时认识的冯伟林，已成为党的十八大以来被中国作家协会除名的6名“问题作家”之一。他是湖南省高速公路管理局原局长、中国作家协会会员、湖南省作家协会常务理事，因受贿罪被判处无期徒刑，没收财产1 000万元。而他于2004年获得第二届“冰心散文奖”的散文集《谁与历史同行》被揭露抄袭李元洛的《宋词之旅》达17处之多，最多的一处抄袭约2 000字，连标点符号都原封未动。

他没有读书吗？他是湘潭大学法律系毕业，不仅读了书，而且读了很多法律书。他没有写书吗？除有抄袭的《谁与历史同行》之外，他还出版了散文集《书生报国》《借问英雄何处》。

根本的问题在于，他读书、写书与立人脱节、分离。在读书、写书中，人，倒下了，腐朽了。

我的体会是，在读书中立人，在写书中立人。

一、读书与立人

有道是“书山有路勤为径，学海无涯苦作舟”。再勤再苦也无法穷尽“书山”和“学海”。人一生要读的书很多。在大学，不管读哪一个专业，四年本科课程就有几十本书，但除了专业书籍外，总还要读点别的自己喜爱的书吧。专业课本是必须读好的，这是丰富自己、强壮自己、提升自己的主要途径；想读点其他的自己喜爱的书，这就面临着在茫茫书海中选择什么书的问题，我在《读书》的代序中说：

> 一本书是一个朋友，一位教师。
>
> 你若爱上了一本优秀的书，你就交上了一个优秀的朋友，得到一位优秀的教师，这本书将成为你终身的伴侣。
>
> 你若沾上了一本坏书，你就交上了一个坏朋友，身边就总是跟着一个“教唆犯”。它会把你从真诚引向虚伪，从善良引向凶残，从美好引向丑恶，从光明引向黑暗，直至把你引向牢房，引向地狱。
>
> 人生路上，拜师交友要谨慎，购书读书一样要谨慎啊！

我是怎样选择书的呢？我想从我的作家梦说起。

是谁播种了我的作家梦呢？那是 60 多年前的 1957 年的秋天。那时我才 17 岁，在空军某部队当兵。

这个部队是空军的一所培养飞机修理人员的技术学校。我是作为一名学员进校学习飞机仪表修理的，不料在学完理论课，要去机场实习时，我突然病倒了，住进了医院，一住就是三个月。我出院回到部队，同学们都在实习后分配到各空军机场工作去了，而我却被发落到部队的警卫排当战士。我拿着枪在学校大门边站岗放哨，望着北国秋季高远辽阔的天空和温暖明丽的太阳，却觉得自己前途一片黯淡，心中充满悲凉！

一天，班长对我说：“小刘，你去看守一个右派分子，要站稳立场，提高警惕。”

“行啊。”我做什么都没精神，懒懒地应着。

就这样，我扛着长枪来到一间窗户加了拇指粗的铁棍栏杆的房前，看守里面关押的“右派分子”。最初，我对里面关押的什么人一点也不感兴趣，甚至看都不想多看他一眼。

一天、两天、三天过去，慢慢地我就与他熟了。人啊，真是一种很奇怪的动物，当你感到孤独时，总想与人谈些什么。这时，只要面前有个人，你就会倾吐。我和他都有这种需要。

他是四川万县人，学校的文学教官，比我大 15 岁，个子瘦小，总是对我微笑着，十分亲切和友善。班长的那些话我早已丢到九霄云外，把自己的心事向他诉说了。

他对我非常同情，为我未能毕业到机场去工作而惋惜，但他说：“人，在世上活着，不只有一条路。这条路不通了，可以另走一条路，而另一条路也许比以前的路更好。”

我觉得他说得很有道理。

他口才很好，同样一句话从他口中吐出来，就很动人，而说起文学作家和他们的作品，简直口若悬河，叫人着迷。他给我讲小仲马和《茶花女》。我下了岗就借了《茶花女》来读，读得废寝忘餐、泪流满面。他给我讲肖洛霍夫和他的《静静的顿河》，我就借了《静静的顿河》来读，以至于半夜三更悄悄起床，躲到厕所里读。他给我讲普希金和他的诗。我就借了《普希金抒情诗选》和长诗《奥涅金》来读、来背。他给我讲泰戈尔和他的散文诗《新月集》，我就借了《新月集》来读、来背。这几个月中，我的身心日夜沉浸在那些文学作品中，我觉得自己丰富起来了、充实起来了。

他在我心目中早已不是关在铁窗的右派分子，而是最值得敬爱的老师。我看着夕阳的红光透过铁窗照耀着他清瘦的脸，熠熠生辉，双眼闪烁着智慧的光芒。我崇敬地深情地问：“老师，什么样的人才能成为作家呢？”

“谁想成为作家，谁就能成为作家！不过，不只是想一次，想一天，而是天天想，月月想，年年想，天天、月月、年年读书和写作！”

“我能成为作家吗？”

“你也许能成为一名作家，也许不能成为一名作家，决定在于你自己。你若能像这段时间一样读书学习十年、二十年，以至一辈子，那你一定能成为一名作家。”他说着，微笑着，很美。

“老师，我会永远记住你的话！”

就这样，他在我心灵中播种了作家梦。在以后的几十年里，我读的书有两类，一是专业的、本职工作必须读的书，二是写作必须读的书。

记得省作家协会主席、著名作家王跃文曾在全国五好小公民主题教育总结大会上做过讲座，我听后很受启发。他的书我重点读过《国画》和《大清相国》，这两本书，我是把它们当作人生教科书来读的。为官不能贪，贪官必心黑，心黑必腐烂；为官要清廉，清廉品自高，品高得民心。“君子爱财，取之有道”，朋友间的礼尚往来之外，组织上发给的，就心安理得地拿着，其他概不能收！也许，这就是读书、为官、做人的根本法则。

二、写书与立人

书是写给人读的。第一个读的人是作者自己。一篇文章、一本书，要让别人读了感动，升华思想，纯洁灵魂，支撑人站立于天地之间。首先作者自己要感动，要升华思想，纯洁灵魂，在天地之间站立成一棵挺拔的树。

我写散文、写散文诗。我总是在生活中有所感悟、有所思考、有所发现，将这些凝结为文字后，自己静心细读，认为它们能给自己、给别人、给社会以正能量，才寄给报刊发表。

我出版散文集 2 部、散文诗集 7 部，这些散文、散文诗给读者什么启迪，对于树德立人有什么价值？我经常这样问自己。我可以欣慰地说，我的所有文字，没有污染自己的灵魂，也没有污染读者的灵魂。《读书》中收集的关于我的书的 28 篇评论和三位读者的来信就是明证。

中国散文诗学会会长、著名作家柯蓝，在文艺报发表的《中国散文诗面面观》中说：

> 《人生启示录》是近年少见的集子，全书共一百七十多首，所涉及哲理多为人生启示。如《获得》：失去了鲜花，获得了果实。/ 失去了果实，获得了种子。/失去了种子，获得了幼苗，获得了一个生机勃勃的春天……一切失去绝非白白失去，只要肯在失去的路上寻找，那失去的结果将是最丰富、最珍贵的获得。这是作者通过自然现象来折射人生哲理，生动而自然。刘定中的哲理散文诗风格自然朴实，有一种纯真美。他采用简洁的语言，表达深沉的思考，浅入深出，继承了中国哲理散文的传统写法，从自然、人生现象入手，升华到一定哲理的暗示，符合民族阅读习惯。

湖南省作家协会原主席、著名诗人未央，在《人生需要思索——读刘定中〈人生启示录〉》中说：

> 一个人活在世上，应该有信念，应该勇于拼搏，这是《人生启示录》的主旋律，而在拼搏中，不要忘记自己对他人、对社会的责任。刘定中经常袒露自己那颗炽烈的心：我已深深地懂得，大树在给予我生命的同时所给予我的责任。这是他自比

为一片绿叶后的誓言，此种深挚的责任感，有时很感人。

中南传媒集团董事长龚曙光曾在《理论与创作》上发表《无悔人生自放歌——刘定中散文诗读后》，他说：

读刘定中的另一首新作《我和老牛》，我们可以清晰地看到诗人是怎样秉承着母亲的那些传统的美德，并以那些美德与日下的世风尖锐地对立着，在这种尖锐的对立中培植和坚守着自己的正直与自尊：

老牛缓缓地从我身边走过。

老牛睁大的双眼，泪水汪汪，流着悲哀、流着恐怖、流着愤懑。

老牛后面有一个农民赶着。是那个把牛轭套在老牛肩上的人，是那个用牛鞭抽赶着老牛拉着沉重的犁耙向前行走的人，是那个吃了老牛耕的田地长的谷子煮出的香喷喷的米饭的人，是那个喝了老牛耕的田地长的糯谷酿造成甜津津的米酒的人。

老牛缓缓走向我望不见的地方。

从我望不见的地方，发出一声绝望的凄惨的牛吼。

晚餐，我吃着鲜美的炒牛肉。

父亲告诉我，这牛肉是那位牛主人送给村干部，村干部又分送给我们的，而且怎么说也不要钱。

我想，这恐怕因为我是一个在省里谋生的“公仆”吧。

这天夜里，我做了一个可怕的梦。

那位赶牛的农民变成了老牛。

我这个“公仆”变成了赶牛人……

诗人对这个生活中屡见不鲜的故事做一种寓言式的处理，意在让读者从见怪不怪的麻木状态惊醒。任劳任怨的老牛在奉献了自己的最后一点力气之后被屠，无疑是一件十分折磨良心的事情，然而当牛的主人拿着老牛的肉去巴结村干部，村干部又拿着它去讨好省干部时，读者的情感又受到了难以承受的一击。诗人在此差不多要大喊一声，但他终于将这一声呐喊按捺住了。接下来他写了那个梦，让那个带有某种因果报应意味的梦魇从理性上压迫读者的情感。刘定中算得上是一位有着乡土情怀的诗人，对故土、对乡村所怀有的那份温情，浸润着他的许多诗篇。然而在这首诗中，那种乡土情怀被更多的警觉和恐惧淹没了。诗人害怕农民变成那不幸的老牛，更恐惧自己变成驱使老牛的“赶牛人”。在刘定中直面现实的诗作中，这种警觉和恐惧总是存在着。这警觉和恐惧一方面根源于诗人对普通劳动者的同情和尊重以及对他们命运的忧虑，一方面根源于诗人强烈的自爱和自尊，以及这种自爱自尊对自己灵魂的严密地监视。

也许，读者对作品更能一针见血，请看我的发表在《散文诗》1998年第5期的《感叹人生》：

1

人，若能战胜自己内心的黑暗，就永远站立在灿烂的阳光中。

然而，人往往被内心的黑暗埋葬，走向自我毁灭。别人把你打倒了，你可以爬起来。自己把自己打倒了，永远无法爬起来。因为你的意志倒了，你的信念倒了，你的脊梁骨断了。

一个真正的人，永远是自己灵魂的清洁工，天天清扫内心的黑暗与丑恶，打开心门迎接阳光、雨露和春风。

2

人，不能选择什么时候生，什么时候死。但可以选择最感兴趣的事业，永不改变这种选择，坚持到离开这个世界。

也许，有人会说，客观环境不允许这种选择，生活逼迫着去干那种不喜爱干的事。

不错，现实生活常常如此严酷。然而，谋生决不会占去生命时间的全部，每天二十四小时中，至少可以挤出二至三小时来做你选择的最喜爱的事业。这样，一天天，一月月，一年年汇集起来，一生就汇成一条时间的浩浩长河。

生命，在这条时间的长河中闪耀非凡的光彩。

3

天堂在哪里？地狱在何方？

天堂在人间，地狱亦在人间。

天堂和地狱都是人造的。

人，本性企望进入天堂。

于是，在奔向天堂的路上，人与人拥挤着，搏斗着，挣扎着，一些人把另一些人推入地狱。

然而，被打入地狱的人岂能甘心于地狱的煎熬，苦难把他们聚集起来，联合起来，洪水般汹涌着冲毁地狱的铁门，向天堂进发，把那些天堂里的人又推入地狱。

这，就是历史，就是一滩一滩人血堆积起来的历史。

于是，有人企望天下大同，梦想着，追求着人人都进入天堂。

然而，这些高贵的人在走向天堂的路上一个一个地倒下了。

而世界，依然有天堂，依然有地狱，依然有一滩一滩的人血。

也依然有天下大同的梦。

4

实在太少了！

人世间永远敏锐地感到肉体与灵魂饥饿的人。

人，总是千方百计地填满肉体的饥饿。然而，获得了肉体的温饱，还有没有灵魂饥饿的紧迫感呢？

芸芸众生，在酒醉饭饱之后，有的沉醉在麻将桌旁，有的浸泡在歌舞厅中，有的迷失在发财梦里，灵魂已经沉睡，有的甚至腐朽！

人，若像追求肉体的温饱一样追求灵魂的温饱，像照护肉体的健康一样照护灵魂的健康，像洗涤肉体的脏污一样洗涤灵魂的脏污，那么，这样的人生就定然干净得多，丰富得多，美好得多；这个世界，也定然干净得多，丰富得多，美好得多。

对这组散文诗，读者反响热烈，我收到一大批来信，转寄了几封给主编，该刊11期新开“作家与读者”栏目，发表了如下3位读者的信：

刘老师：您好！

之所以称您为刘老师，是因为您的散文诗《感叹人生》给我上了一堂人生哲理课，当我感到人生已经绝望的时候，是您一句“人若能战胜自己内心的黑暗，就永远站立在灿烂的阳光中”让我恢复了生的勇气，放弃了死的脆弱。

湖南常宁县　滨江

刘老师：您好！

读了您的《感叹人生》后，我陷入了久久的沉思，您对人生深刻的感悟，是值得每一个人借鉴的。作为未来的人民教师，更应该时刻记得修正自己，努力使自己首先成为一个真正的人。人生的道路艰辛且漫长，我不怕苦，也不怕困难重重，只怕当我略有所悟时，生命已消逝，没有机会为社会、为祖国的教育事业做点什么了。有时，我会感到莫名的悲哀与迷茫，极需一盏明灯，一把清扫心灵的“芦花”。

敬祝您身体安康，工作愉快！

湖北大冶师范 吴凤娇

刘定中老师：

您好！第一次给您写信，不知道应该说些什么，是您的那篇刊登在《散文诗》(1998年5期)上的《感叹人生》，让我看到人生的希望美好，我要像您在散文诗中写的那样去生活，去拼搏，永远做自己灵魂的清洁工，天天清扫内心的黑暗与丑恶，打开心门迎接阳光、雨露和春风。您说得太好了，而且也确实如此，我的脊梁骨没断！

刘老师，我是一名文学爱好者，今年32岁，可近年来一连串的打击几乎把我的思想击垮了，我沉沦过、失望过，似狂风暴雨中的一叶扁舟在大海的漩涡中直打转，根本无法靠岸。一段时间，我成天酗酒，猛抽烟，可始终也打发不掉心中的苦闷。

半个月前的一天上午，邮递员给我送来了我订阅的今年第五期《散文诗》，我不经意地胡乱翻着。当我读到您的那篇《感叹人生》时，我惊呆了：我才只有32岁呀，这点失意、这点挫折都受不住，以后的路可怎么走啊？我反问自己：你的意志倒了吗？信念倒了吗？你的脊梁骨断了吗？不行，我得拼！我要把失意变为一种动力、一种机遇，用一种励精奋进的精神去驾驭命运的帆船，向理想的彼岸航行。

刘老师，真的感谢您给读者写了这么好的、富有哲理的散文诗，否则的话我还不知道会在痛苦中徘徊多久！

一下子就啰啰嗦嗦写这么多，浪费你的时间，千万别怪我，只是想表示一下我的感激之情！我有个乞求，刘老师，您能给我回封信吗？如您实在太忙，哪怕给寄上一张白纸，写上您的名字也行！

祝，好！

江苏省淮阴市河堤路241-128号：曹峰

这是读者的声音，这是上帝的声音，这是对我写作的最高奖赏。文学就是人学，写书就是立人。

（2018年，“立人”读书沙龙曾邀请刘定中先生担任主讲嘉宾，后刘定中先生由于身体原因未能成行，这是先生为“立人”读书沙龙准备的讲稿）

嘉宾简介：刘定中，原湖南省教育厅助理巡视员。中国作家协会会员，文学创作一级，出版散文集《你永远是一个春天的童话》《孩子与花园》，散文诗集《人生启示录》《人生感悟录》《人生真情录》《人生智慧果》《刘定中散文诗选》《刘定中散文诗精品鉴赏》（魏饴主编）、文艺湘军百家文库《刘定中卷》（与邹岳汉合集）、《刘定中散文诗30年精选》，编著《读书》，作品入选数十种选本和小学语文课本。

第三辑　读悟心得

文化自信的三种时态

◎ 易小明

文化自信当有三种时态，即过去时、现在时和将来时。大多数人谈文化自信时，只偏重于它的过去时，这不妥当。我们认为，中华文化自信确实有其辉煌的历史基础，我们不应妄自菲薄。但是，我们似乎更应当从文化如何面向现在、面向将来的角度去思考其自信问题。因为，文化自信生命力的根本，不在国人对中华文化过去如何辉煌的追思里，而在我们民族当下不断开放学习、努力奋斗的实践中，唯有如此，我们才可能不仅拥有一个不错的现在，而且拥有一个美好的未来。故此，文化自信的关键，不在过去、而在现在和将来。

一、文化自信的过去时

五千年中国传统文化，浩浩荡荡、绵延不息，伟哉！壮哉！其历史成就光辉灿烂，毋庸赘言。

文化自信，必然涉及对中国传统文化的合理定位问题。中华传统文化良莠并存，既有贯穿人类文明的优秀成分，也有止于过去而必须进行创造性转化才能绵延下去的部分，还有根本属于封建糟粕、必须摒弃的部分。因此，过于美化传统文化，只见其良、不见其莠，只见其优、不见其劣，这并非实事求是，也不符合实情。

中华传统文化是一种群体本位文化，在封建群体本位时代，它当然和社会发展要求相一致，也有力推动了社会的发展。但是在现代这个时代，群本文化，向上无法达到必要的类高度，向下无法体现合理的个体利益，其局限性日益突出。

中华传统文化是一种德治文化，它强调个人道德在社会管理中的主导地位，而法治则居于辅导地位。而今天我们要全面依法治国，是要突出法治在国家治理中的主导地位，德治居于辅导地位，这种情况也使中华传统文化与当今社会的发展在某些方面表现出不协调。

中华传统文化是一种等级特权文化，它强调君君臣臣、父父子子，强调长幼有序、亲疏有别，而我们今天则是要大力推行公平、平等的核心价值观，那种“人上人”的贵族意识是必须摒弃的。

过去的文化辉煌是在过去，它也许只与过去的那种经济基础、政治结构相适应。时代在发展，经济基础和政治结构都在不断变化，不进行创造性转化，不开放发展，传统文化的生命力就不可能直接过渡、迁延、进驻到现在。所以，那种把文化自信完全锁定在过去的做法是非常不得要领的，它不仅不利于文化的发展，而且会阻碍我们文化的发展，不仅不利于文化自信的真正确立，而且会使已有的文化信心丧失。因为它不能使文化发展的道路越走越宽广，而只能使道路越走越狭窄，它虽不是文化历史虚无主义，但却是文化的现实虚无主义。总之，仅仅依靠过去的传统文化，根本不能担负起使当今国人重拾文化自信之重任。

二、文化自信的现在时

也许有人认为，今天中国以世界第二大经济体的地位立于世界之林，因此我们现在应当拥有文化自信。我们的文化自信不是此意。我们的文化自信，是讲我们正在积极地进行文化自信建设，自信不仅蕴于和成于奋斗过程之中，它是自强不息的拼搏过程本身。所以，文化自信现在时的本质，是文化自信的现在进行时。

毋庸置疑，文化的发展之势必有其内在延续性。但是，文化的发展也有裂变突转、也有盛衰更替。曾经辉煌的文化不一定总是辉煌，曾经萎弱的文化，也不一定永远萎弱。文化是否拥有未来，关键在于这种文化是否具有开放学习、自强不息、与时俱进的内在品质。

任何文化都会表现出历史局限性，所以，再优秀的文化，也有一个如何进行创造性转化的问题。而所谓创造性转化，首先就是要直面当今社会发展的要求，从现实出发，实事求是，大胆借鉴人类文明（包括继承和弘扬中国传统文化）的一切积极成果去解决中国的现实问题，只要有利于文化繁荣、有利于人民幸福、有利于世界和平就行。

开放学习是文化自信的“必然硬核”，甚至可以说，有开放学习，文化自信就生，无开放学习，文化自信就灭。不同民族的文化都有其优缺点，要使自身不断发展、不断完善、不断超越、不断自信，唯有向其他民族的文化开放学习：见贤思齐、见不贤而内自省，好的方面尽量做到人无我有、人有我优，坏的方面力尽做到人有我避、人无我无，如此，方能在文化竞争中立于不败之地，文化自信自然水到渠成。

今天，我们的经济发展取得了令人骄傲的成就，但就此而大谈文化自信还为时过早。经济的发展当然不能完全离开文化，但经济的发展也不能完全代替文化，事实已经证明，我们经济的快速发展，并不是我们重农轻商、重义轻利、重群体轻个体、重德治轻法治之传统文化发展的必然结果，而恰恰是建立市场经济的结果，是中国对外开放，大胆吸纳国外发达国家先进的生产管理经验的结果。一句话，是将人类文明的一切积极成果大胆拿来为我所用的结果。把这样一种开放学习的成果，仅仅归功于传统文化是很不公平的。

今天，在我们经济发展如此快速的情况下，根本的问题不是我们现在已有的文化应当如何自信的问题，而是我们现在已有的文化如何适应市场经济的快速发展、如何适应现代化的社会管理、如何适应人们精神状态提升的需要、如何适应世界文明进步进程的问题。因为我们的文化与精神建设并没有随着经济的快速发展而同步发展，所以，如何建构与社会现实发展相适应的先进文化体系，并不是已经完成的事情，而是正在进行的事情，而且是必须进行、必须完成好的事情。

开放学习，当然不是全盘吸收、照抄照搬，而是实事求是、有的放矢，只要有利于中国问题的解决，就大胆地拿来、大胆地运用，中国文化走向世界的根本前提，是世界文化首先得走进中国。可是，一些拥有“对抗思维”的文化沙文主义者，总是羞于谈向别人学习，他们总是将人类共同拥有的成果，以爱国的名义“故意”推为西方的、外来的、他族的、资本主义的、资产阶级的东西，然后加以拒绝，这是非常愚蠢的。他们名义上说要为列祖列宗争光，实为使列祖列宗的蒙辱。列祖列宗的目的难道不是让中国人民幸福，让中国为世界和平发展作出更大的贡献吗？难道只是让后人不知与时俱进而固守一种文化吗？而这种固守真能守住这个传统吗？事实上，中国传统文化之所以能不断传承下来，恰恰在于它的开放学习，它的博大精深恰恰来自它的兼收并蓄。所以，正是在这种意义上，一切能在中国生根、能解决中国现实问题、能为中国所用的文化，都可被纳入中国文化，基于这种视野的中国文化发展，才可能会道路越走越宽阔。

三、文化自信的将来时

文化自信的将来时，基于我们文化自信建设的现在时——更确切地讲，是基于我们文化自信的现在进行时。现在努力、现在拼搏、现在建设得好，那我们就必将拥有一个美好的未来，我们就必然对未来充满信心，而对未来信心满满，又不断鼓励、鞭策我们现在更加努力、更加奋发图强。

把握文化发展的未来的本质，在于把握现实的发展趋势。因此，我们一定要从现实出发，来对待传统文化和其他民族文化。在根本的意义上，是现实选择相应的文化，而不是文化如何去支配现实，所以，现实的需要不仅决定着文化的传承与转化，更决定着文化的取舍去留，现实需要的，就取就留，现实不需要的，就舍就去。所以从这个角度来看，文化如何走向未来、如何向未来延续的问题，本质上是文化如何在现实中得到不断延续的问题，而文化要在现实中延续，它就必须适应现实发展的需要，必须把握现实的根本走向。

我们常常说，无论是对西方文化还是对我们的传统文化，都要取其精华、去其糟粕，这点基本原则是正确的。但是在实际操作中，精华也没有那么容易去获取，糟粕也没有那么容易被剔除。其原因不仅在于这些优点与弱点常常是内在地渗透关联在一起的，精华中总是有糟粕，糟粕中也常常有精华，更在于精华与糟粕的划分标准在历史的推进过程中不断地变化，要求我们要在历史的必然趋势中去学会如何判定和鉴别。

把握中国文化的未来，要学会从世界发展的角度去把握一切文化资源。我们不仅要从中国文化发展的角度来理解其他民族文化的发展，也要从其他民族文化发展角度理解中国文化的发展，不仅要从中国文化发展的角度来理解人类文明的发展，更要从人类文明发展的角度来理解中国文化的发展。我们的目的，不是要把人类文明转化为特殊的中华文化，而是要将中华文化转化为普遍的人类文明；不是要从中华文明的相对小的结构、功能、趋势来定位人类文明发展，而是要从人类文明相对大的结构、功能、趋势来定位中华文化的发展；不是从中国文化的走向来判断人类文明的发展方位，而是要从人类文明的走向来判断中国文化的方位。因此，我们不仅要看到自身的优点，更要看到自身的不足，不仅要看到中华文化对世界和人类文明曾经作出了什么贡献，更要看到中华文化必将对世界和人类文明作出更大的贡献。因此，从把握现实发展趋势的角度来看，我们不必对过去沾沾自喜，而应当对现实充满理解和关切，从而也必然对未来充满希望。

在全球化不断推进的历史进程中，必然性的拥有常常以普遍性的拥有为前提。今天，我们建设有中国特色的社会主义文化，从中国具体国情出发、以解决中国具体的现实问题为目标来构建相应的文化体系，这是必要的也是必然的，它是中国特色的一个重要方面。但是，中国特色最有生命力的部分，也许不在它的区位国情，而在它的世界性“特质”。

总而言之，文化的历史虚无主义肯定是错误的，但文化的自信完全建立在对过去历史的追忆上则更加有错。我们的自信主要不在于我们曾经做了什么，而在于我们现在正在做什么。我们现在之所以自信，是因为我们正在开放、正在学习、正在创新、正在发展。现在的开放学习和励精图治，既是现在自信的原因，更是未来自信的基础。

作者简介：易小明，1965 年生，湖南省龙山县人，土家族。二级教授、博士、博士生导师，留德、留英学者。主持、承担国家、省部级课题 30 项；著有《社会差异研究》等著作 6 部；在《中国社会科学》等刊物发表学术论文 160 余篇，80 余篇被《新华文摘》等转载。获省优秀社科课题成果一等奖 1 项，省优秀社科成果二等奖 3 项、三等奖 2 项。

国务院特殊津贴专家，教育部新世纪人才，中宣部“四个一批”人才，中组部“万人计划”领军人才。湖南省首届优秀青年社会科学专家，湖南省首届“百位社科人才”培养对象，湖南省省级学术带头人。2008 年被聘为中南大学升华学者特聘教授，2012 年被聘为河南大学省级特聘教授，2017 年被聘为湖南师范大学潇湘学者特聘教授。系中国价值哲学学会、中国民族伦理学会、湖南省哲学学会常务理事，湖南省伦理学会副会长。

生命中不可或缺的理性

◎ 易小明

今天的网络，无数国人因对同一事件持不同观点而相互争吵乃至谩骂已是常态。针对此状，人们都在努力呼唤共识，而我则试图呼唤理性。因为在我看来，若要共“识”，先得共“理”，这不仅是一个“授人以鱼和授人以渔”的问题，更是因为，理性是共识生成的唯一正途——并且，它不仅是共识生成的必然途径，也是检验共识、发展共识的必然环节。正是在这个意义上，马克思说“理论只要彻底，就能说服人。所谓彻底，就是抓住事物的本质”。而理性，正是抓住事物本质的“抓手”。

对于理性，哲学史上有多种解释。一般指概念、判断、推理等思维活动，以区别于感觉、意志、情感等心理活动。康德认为，人的认识有感性、知性、理性三个环节，理性指在经验中无法达到的知识的完备性和无条件性，即对世界、灵魂和上帝的认识能力。它作为认识的最高阶段，不仅要认识自在之物本身，而且要获得关于世界的绝对的无限的认识。马克思主义的理性概念也主要是从认识论意义上阐释的，它重视从感性认识到理性认识的上升与飞跃。其实，理性作为人类精神生活的一种重要形式，它不仅包括人们应用概念进行判断、推理的能力，也包括人们对行为进行选择、批判、辩护的能力。

某种意义上，人类社会的进步是一个不断理性化的发展过程，理性化是现代社会的重要——甚至根本性特征。由于理性不仅要“为自然立法”，还要“为自由立法”，所以理性担当着社会建构的伟大使命，社会的公平与正义、民主与法制，既是理性引领的结果，又得不断受到理性的检验。而一个社会如果缺乏理性，或者理性的价值普遍受到贬斥，那么社会上流行的一定是人们泛滥的情感、任性的意志，是少数人失去制约的权力，是多数人遭受奴役的命运，这样的社会其实就是一个异化的社会、非人的社会，因为人的本质某种意义上就是理性的存在。

保持理性，必然要对社会上的任性和妄为说不，因此，对诸多事物进行自觉批判是理性能力的必然表现，当然也是主体性丰富、发展、成熟的现实表现；反过来，主体也正是在对自然事物、对社会事象的持续批判过程中不断进步和完善的。正基于此，康德提出，一切事物都需要反思，包括理性自身都必须遭受批判。正是在不断地反思和批判中，人类的思维才能达到如此的高度和自觉。所以康德呼吁：鼓起你的勇气，运用你自己的理性吧！

相较于西方，中国传统文化具有明显的“重情”特征，中国社会本质上是一个人情社会，这样的历史和现实，生成和造就了我们的情感思维特别发达而理性思维相对不足的现状。人们说话办事，从“合情性”角度考虑问题较多，而从“合理性”角度考虑问题较少。这一方面使我们沉浸在温情脉脉的社会关系网络之中而自得其乐，另一方面却也容易导致我们违背社会原则，从而导致人们情绪化、人情化、主观化的错误不断。由于“情感灵活性”有余而“理性规则性”不足，整个社会就缺乏一个运行基准，这样的社会，有时会情大于理、权大于法。这样既不利于社会的稳定发展，更不利于制度的充分完善，因为正义是社会的客观基础，而理性则是正义的主体基石。

由于中西方文化各自的内在差异及其总体发展进程的不平衡，就导致中西方理性发展之时代性“错位”，当今天的国人努力发展补充我们的理性时，西方却又开始了对理性的广泛批判，正如有的人还没有饱饭吃，有的人却想减肥了。于是就有人提出，我们还发展理性吗？这不是捡拾别人的弊履吗？我们认为这种观点是不太全面的。其实，西方的理性批判并不是对理性本身的否弃，而是对于过度理性的批判，不是对理性之“质”的否定，而是对理性之“量”的反思。他们认为，把理性当作唯一准则的理性主义，视理性为人的唯一本质，从而忽视了人之应有的非理性价值。正确的理性教育，应当在强调理性重要性的同时，也重视感性的必要性，因为感性与理性是相互依存的，理性的生成离不开感性的积累，而感性的出彩也离不开理性的指导。而人的心理过程是知、情、意的统一体，人的活动，若离开了“情”与“意”的参与，单纯的“知”是独木难支的。所以，对过度理性的批判并不是要走向否定理性的极端，而是要使理性的表现恰到好处。

但是，中国的情况又有很大不同，我们不是理性发展已经过头而是理性发展严重不足，所以我们应当根据不同的国情来选择不同的发展策略，而不是简单地照搬照抄或囫囵吞枣。如果不顾“病情”而照搬西方的“药方”，就必然使我们刚刚起步的理性教育中途夭折，“刚开头又煞了尾”，必然回到情绪宣泄、意气用事的任性沼泽。所以，我们目前的当务之急是大力发展理性，而不是如何节制理性。

现代社会是法治社会，而法治通行的基础就是理性的广泛存在，因此，理性构成了我们生命中不可或缺的东西，只有首先拥有它，我们的生命才有依恃的力量，我们也才能走向人生的灿烂花期。

生命的高贵就在于生命的自由，而自由虽也内含着观念的任性与冲动，但现实的自由总是基于对必然规律的遵循、基于对道德法律的遵守，正是在这样的意义上，理性不仅是主体成功的关键秘密，它更是人之为人的内在规定。

理性如此重要，于是我们就不得不给自己提出一个必要的常规性的反思要求：我们如此思考、言说和行动，理性吗？

义气的正义基础

◎ 易小明

义气，本指节烈、正义的气概，引申为刚正之气，也指为情谊而甘愿替别人承担风险或作自我牺牲的气度。义气的基础是正义。但在现实社会中，义气的演变似乎越来越表现出“向下滑”的倾向，大有脱离其正义基础之趋势。

时下，义气与“铁哥们儿”一词联系在一起。什么是“铁哥们儿”？曾经有种解释：早先是“一起同过窗、一起下过乡、一起扛过枪、……”，后则在玩笑中演变为“一起经过商、一起分过赃、一起卖过官……”。这与其说是对铁哥们儿的形象归纳，不如说是对某些具体历史事件的调侃。如果说早先对“铁哥们儿”的描述，还表现了人们在艰难生活环境中结下了某种深情厚谊，那后来的说法就只能说是一种“恶搞”了。因为丑恶的经历不应当成为美好友谊的基础，义气始终不能离开正义这一前提。

在中国民间文化中，义气与哥们儿常常可以互训：是哥们儿就得讲义气，讲义气不仅是哥们儿的具体表现，也是哥们儿的本质证明。反过来，只有讲义气才会成为哥们儿，不讲义气就难以结成兄弟，即使以前是朋友，也会因不义气而拉倒散伙、分道扬镳。同时，义气之程度与情谊之“深”、哥们之“铁”也是成正比的，越讲义气、感情越深、哥们儿越铁，哥们儿越铁、感情越深、越讲义气。

我们认为，这种民间文化是值得深刻反思的。无论怎样，义气都必须是“正义之气”，即义气要以正义、向善为基础，非正义的、恶的行为不仅不能表现义气，而且是非义气、反义气的。你以前生活出现了困难，别人出物出钱出力帮助了你，他今后有如此这般困难，你也应出物出钱出力去帮助他，这的确是义气的表现，因为它不仅是对等的，更是合理的、正当的、向善的。但是，他以前帮了你，他今天犯了罪却要你帮他销毁罪证、窝藏赃款，甚至叫你杀人灭口，你会去干吗？你若去干，那就是绝对错误的！向恶的帮忙是义气吗？向善的帮忙才是义气呐！况且，他若真要你如此，那其实是把你往火坑里推。因为你若“帮”了他，不仅自己会身陷囹圄，同时也必然伤害你的父母、子女、兄弟姐妹，伤害自己其他的亲朋好友——他们不仅得不到你的照顾，还得为你担心、焦虑，你由此已然成为不慈、不孝、不恭、不友之徒。更糟的是，你今天的“帮”可能使他今后罪加一等，最终更是害了他。所以，面对此类非法要求，你理当“不讲情面”地当即否决。向恶的“帮”、违法犯罪的“帮”，根本不是义气的表现，因为它不是“帮”而是“害”，有百害而无一益。

因此，对于理解义气而言，什么是正义的、善的行为就变得非常关键了。从利益的角度来讲，正义的、善的行为至少是不损害他人利益的行为，若能于他人有利，那就是很好的善行了。所以，为了个人利益而损害他人利益、为了小集团利益而损害大集体利益、为了大集体利益而损害民族、国家、人民大众利益的，都是非正义的、恶的行为，无论某些人是以“义气”还是其他什么作为借口来说明这种要求的“合理性”，无论他们基于这种所谓“合理性”发出怎样强烈的请求、唆使、指示，我们都应当毫不动摇、义正词严地说：“不！”

理性教育不足的人往往感情用事，这些人所谓的“义气”时常被人“当枪使”，现在应当是他们反思、醒悟的时候了！其关键就是理性地认识事物、理性地帮人做事。其实是否“义气”的理性判断也很简单：义气的行为必须是正义的，正义的行为至少是不损害他人的。所以，一切损人利己的行为都是非正义的，都不是真正的义气，都必须坚决予以否定。

感性 · 理性 · 灵性：精彩女人生命的三个面向

◎ 陆　群

精彩女人，这里的主体是女人，精彩是一个目标指向。那么，什么是精彩女人？女人，如何使生命精彩？

女人作为生命存在的主体，处在一张复杂的关系网络之中。我们可以把这种关系网络用一张图画出来：一个是纵向的生命继承关系；一个是横向的社会交往关系。

在纵向的生命继承关系中，我们由父母生育而来，我们也生育下一代。这种关系是天然的、本能的，是不能够选择的。你也许会说，男人也一样。是的，但我想说，在这种关系中，女人对于生命感受的强度和男人是有差别的。女人必须承受因生育而拥有的特殊的身体感受，比如十月怀胎、分娩的阵痛、周而复始的经期等等，这是男人所没有的。这种感受如此深刻，强化了女人在身体感知方面的能力。

我之所以要强调这点，是因为我认为，正是这种身体感知的能力使女人与生俱来地拥有了一种禀赋，那就是能够深刻地体会到生命的来之不易和珍贵。也正是这种禀赋使她对上孝敬父母，对下慈爱儿女。在这些方面，女人通常比男人做得更好，更细心、更体贴。

所以我们会看到，不论是东方还是西方的文化中，都会有这样的女神，西方有玛利亚，中国有观音菩萨（虽然观音菩萨是外来的，但是和中国的渊源很深，早已本土化；而且，他在印度是男身，但到了中国，却成了女身，为什么？这是另外一个话题）。西方人信仰玛利亚，一个重要的原因就是玛利亚痛失爱子，经历了痛彻心扉的人生感受，人们相信玛利亚对人类的苦难会有深刻的理解和同情。中国人信仰观音，除了有一个现实的功利性诉求——求子，更多是赋予观音菩萨救苦救难、大慈大悲的情怀，她代表的是仁爱、慈悲。

这两位女神实质上是现实生活中女人的理想化人格的折射。在中国，如果说某个女人像观音菩萨，那她一定是仁爱的、慈悲的；在西方，玛利亚不断地被各种文学艺术作品表现，诗歌、小说、绘画、雕刻。曾经佛罗伦萨城邦选美，人们就认为，只有长得像拉斐尔绘画作品中的玛利亚的人，才是真正的美人。因为人们已经赋予这种美特别的内涵：仁爱和慈悲。

通过对女人的这种生命继承关系的整理，我们认识到，女人是有着深刻的生命感受的。这种感受天生地强于男人。所以为什么会有“女人是感性的”这样一种说法，是因为作为女人，感性是她的身体禀赋给她的。

接下来看，女人横向的社会交往关系。在女人横向的社会关系里，有些什么关系？朋友、同事、爱人、普通人……在这些关系中，爱人关系是对女性生命存在影响极大的一种关系。

古希腊有一个神话认为，诸神在创造人类时，最初的人是“球人”，是四只手、四条腿和两个大脑，圆滚滚的。因为这样，思想和行动很难统一，于是就被神劈成两半，成为男人和女人。可能是诸神的刀工一般，也可能是诸神故意，劈开的两半相似但又不完全相同。我个人倾向于认为诸神是故意的，因为，男人和女人，两者的“做工”是如此的精密、精巧。

男人和女人一分开，伟大的爱情也诞生了。因为分开以后，他（她）总是想寻找自己的另一半，那个曾经给他（她）温暖、让他（她）感受到圆融的另一半。与此同时，男人和女人的战争也开始了，因为，他（她）们从来就没有完全一致过。

神奇吧？浪漫吧？不可思议吧？是的，这就是爱情的特征。所以从古到今，爱情都是永恒的话题，因为从来就没有被说清楚过。以至于有人说“爱情是个球”，这当然是个玩笑，但也不是全无道理。因为，爱情太奇怪了：分开了，总是想寻找、想圆融，想成为他（她）们未分开的那个样子；而一旦在一起了，又免不了挑起战争。

球人这个神话被德国“纸剧团”搬上舞台，戏剧的名字是：《球人——一段哲学碎片》，并参加了北京国际青年戏剧节。相对于传统神话，这个戏剧有点改编：一是神创造的我们，是在吃饱喝足以后，才最最渴望我们身体的另一半；二是我们一直在找，却总是找不着。

这个戏剧里面包含了一个重要的观点：人是残缺的，必须在寻找中实现完美。寻找就是生命的主题。寻找什么？身体的另一半。这其实是一种隐喻，一种既形象又象征的表述。它隐含的哲学深意是，通过寻找身体的另一半，我们慢慢地认识我们自己，认识我们所处的自然和由我们所构成的人类社会，认识真、善和美。

为什么这个戏剧要取名《球人——一段哲学碎片》？是因为这个戏剧想告诉我们这样一个哲学命题：人是认知的动物，人是有理性的。而且，在理性这个问题上，女人和男人并没有什么不同。西蒙·波伏娃在《第二性》中有一个著名的观点，“女人不是天生的，而是后来变成的”。“女人只有身体，没有大脑”这种观念是男权社会的文化为了实现对女性的控制而强加给女人的。现在我们清楚了，女人，也是有理性的，这是女人生命的第二个面向。

那么，当我们拥有了感性和理性的生活，是否就足够了？感性给我们深刻的体验，但容易沉溺其中，难以自拔；理性让我们洞察因果，但难免抽象，且让人有“约束”之感，所以就有了“痛苦的苏格拉底”。亚里士多德也讲过：“法律是没有激情的理性”，就是说，理性虽然是人类进步的尺度，但难免枯燥无味，会造成罗素讲的对人的“天性的压制”，他甚至因此而倡导对于“审慎的反动”。那该怎么办？

我觉得可以有第三种生活来拯救我们，那就是灵性的生活，我们也可以把它称作诗性的生活。

柏拉图讲过，一个诗人如果没有灵感是写不好诗的，就是要把一首诗读好都不太可能。他认为读诗和写诗是通向灵性生活的方式。但不是唯一方式。我们还有很多通向灵性生活的方式：一场真正的恋爱、一次用心的创作、一次倾听、一次旅行、一次放下面具的交谈、一次仰望星空的感悟……当你的心超越了物质对你的束缚，摆脱了理性对你的压制，充分感受到自由的时候，那就是你感受灵性生活的时候。灵性生活赐给你一对翅膀，让你飞起来，在天空中，无拘无束，自由自在。

所以，对于精彩女人，我的理解是，用三种思维去面向生活，感性的、理性的、灵性的。感性让我们活出女人的味道；理性让我们拥有明智的判断；而灵性，使我们像天使一样。

作者简介：陆群，女，1969年4月生，原为吉首大学教授，吉首大学民族宗教与文化研究中心主任，现调至长沙理工大学哲学系，二级教授，博士生导师，宗教学学科方向带头人。2009 年被评聘为湖南省民委首批“民族文化研究专家”，2011 年为湖南省优势特色重点学科哲学学科宗教学方向学术带头人，2013 年为湖南省省级学科带头人。湘西州土家族研究学会会长，中国宗教学学会理事，中国民族伦理学学会理事，湖南民俗学会副会长。

陆群主要从事少数民族宗教信仰与文化研究。先后在《世界宗教研究》《中央民族大学学报》等专业核心期刊上发表学术论文 80 余篇，其中 6 篇被《新华文摘》《中国社会科学文摘》、人大复印资料以及高校文摘转摘。出版学术著述《民间思想的村落——苗族巫文化的宗教透视》《苗族巴岱信仰研究》《湘西原始宗教艺术研究》等 7 部。科研成果获教育部“高等学校科学研究优秀成果（人文社会科学）”二等奖 1 项，省级社科三等奖 2 项。在 2016 年 12 月中国人文社会科学评价研究中心发布的“中国社会科学最有影响力学者排行榜（政治学、社会学）”中及在 2017 年 9 月“中国哲学社会学最有影响力学者排行榜”中均榜上有名。

第四辑　新书评论

诗情在苍茫中飞奔

——评诗集《天空高远，生命苍茫》

◎ 杨盛龙

胡建文的诗集《天空高远，生命苍茫》(长江文艺出版社 2018 年 1 月出版)广阔辽远、恢宏大气，富有抒情性，充满对辽阔空间的畅想、对生命的感悟、对故乡的挚爱、对世间万物的悲悯和痛惜。我读诗集《天空高远，生命苍茫》，读出了四种“气”。

胡建文的诗歌大气

这集中体现在他与诗集同名的诗作《天空高远，生命苍茫》中，“大地向南，我向北/风声向南，我的心音向北/大片大片奔跑的水稻，大片大片奔跑的玉米/大片大片奔跑的麦子，大片大片奔跑的云朵/天空高远，生命苍茫”。这是诗人在北去的列车上见到的景象，也可以说是飞机掠过大地时看到的景致。生命的列车飞奔，茫茫思绪飞奔，世间万事万物在眼前飞速来临，飞速撤退，匆匆而来，匆匆而去，一切都渐行渐远。抬望眼，辽阔大地，茫茫山岭，浑浑噩噩的天空，浩茫宇宙，一切的一切，让读者思绪纷飞、浮想联翩。这首诗有着巨大张力，体现了诗人沉郁、悲悯、厚实的胸怀和气质，极具浪漫情怀。

再如《黄河》这首诗：“历史就是这么匍匐着前进的/九曲回环，浊浪苍茫/有时也站直了身子/仰天一声长啸/融尽了生命的雄浑和悲壮/翻滚一河血的沧桑。”沧浪黄河，仰天长啸，声震寰宇，奔流到海，滋润着东方儿女。恢宏大气，震撼世人。

胡建文的诗歌充溢侠气

他毕业于体育系，专攻武术，指尖生风，自称剑客书生。他一身侠气，北漂南闯，从事过多种行业。他写诗吟诗，是生活的积累、对生命和命运的感悟在体内膨胀，是“一场暴雨穿过内心”，“一种被鞭子猛烈抽打的痛快”，忍不住地“大喊一声”，仰天抒发他对浩瀚寰宇的问题。胡建文的诗歌中，有无限的情感在流淌。其诗歌中的文字和感情，如同武打的长棍击打在地上，好似双节棍舞起雄风，拍击出思想的火花、情感的惊雷。读胡建文诗歌，我们能够感到一股轰然之气奔腾在胸间，脚下虎虎生风。

胡建文的诗歌接地气

胡建文深入生活、扎根大地，其诗歌连接人民群众，特别是连接着故乡和亲人。诗人热爱故乡、亲人，深深地依恋他的乡土世界。乡土是诗人的“根”和“本”，乡村是他生命的底色。他的亲人常常出现在他的梦中，显露在其笔尖。他写父亲对伤痛、苦累乃至生死“什么都不怕”（《父亲》）。他诗中的母亲，是“最婀娜最故乡的一种树/在风中在雨中/在儿女们晴朗空旷的记忆里/微笑站立，美到极致……”（《母亲》）他故乡的一个个亲人、邻居，那一个个普通的生命体，时刻牵动着诗人的心，跳跃在诗行中，活动在他的情感深处。他常常想起他们，然后叙写在诗中。

诗人思念故乡，也常回到家乡，“刚出门就想着何时能够回家”。诗人“走到田边/才发现——/这么多年/我的一只脚/踏进了城市/另一只脚/依然没有/拔出父亲的稻田”。（《陪父亲到田边走走》）诗人的骨子里充满着乡土的、田园的情愫，身心属于原野和大地。

胡建文的诗歌满是“和气”

即人与自然的和谐之气。胡建文热爱生活，热爱生命，充满对大地和天空的爱、对无数弱小生命的爱。诗人亲近自然，亲近弱小的生命，与“一位青蛙兄弟”邂逅，诗人高声朗诵诗作，青蛙兄弟仰脸呱呱评论，幽静的氛围中充满亲情（《我在大学教书》）。与一只蚂蚁相遇，“心有灵犀地互望一眼”，是“走在同一条路上的”好朋好友、难兄难弟（《与一只蚂蚁相遇》）。一棵草站在路上，“深邃的目光/直指生命历程迷茫而遥远的方向”。一只小鸟从树上掉下来，其父母急得团团转。直到小鸟终于脱险，跟着父母飞向远方，诗人“柔软的心被两只急得团团转的鸟儿深深感动”，诗人想到自己也是让父母担惊受怕的小鸟。小小麻雀在老虎嘴边觅食，那份自得和从容令人感动。总之，诗人对小小生命充满大悲悯大关怀。

诗人担忧环境的污染，从木炭市场的黑炭，想到那些木炭再度陷入火坑，“喷射出愤怒的火焰”，想到“身后洪水滔天漫过家园”（《在木炭市场》）。麻雀神秘失踪，“没有麻雀的冬天/再在雪地上/用木棒支起一个筛子/网住的，常常是我们自己”（《麻雀，麻雀》）。在动物园，诸多动物被囚禁，供人参观，“比动物多得多的人们/在动物园，不知不觉成为自己的囚徒”（《动物园》）。在诗人看来，生态环境问题已经危及人类的生存与发展，诗人呼唤环境保护，呼唤建设美丽家园，呼唤人与自然和谐相处。

对于胡建文的这部诗集，我只是粗读，从文字上得出了一点粗浅体会。好的诗歌，其深刻寓意常在文字之外。胡建文诗歌的文字之外富含澎湃的激情和深刻的思想。比如他的《呐喊》，“沉闷闷地只想呐喊一声/苦涩涩地只想呐喊一声/像一只笼中的虎/恨不得用呐喊咬掉全部的栅栏”。其中有着深厚的情思，但只可意会，不可言传，值得用心体味。

（本文原载2018年08月03日《文艺报》，作者杨盛龙，著名作家，原国家民委文化宣传司巡视员）

春天，这奔跑的火焰

◎ 刘永涛

和胡建文兄最初的相识，缘于诗歌。

许多年过去了，我们的学生时代早已远去，而那些与诗歌有关的记忆，未曾泯灭，吉光片羽渐成珍酿。只是轻易地，不敢、不愿、不能触摸。但在某些不经意的时分，那些零落的片段和纯粹的细节，又总会轻盈而固执地袭来。一如在这个三月的雨天，草长莺飞的季节，邂逅建文结集的诗歌，眼前霎时一片明亮，那些遥远的大地、原野、麦浪、天空、故乡，此起彼伏，纷繁而至。

我内心极深处的某个部位，悄然苏醒，一种潜藏的惦念开始释放，奔跑。

我想起和建文最早的相遇。

大约 2002 年，在吉首大学中文系念大二时，我在图书馆的一本杂志上，读到建文的一首诗歌和关于他的简介。我惊讶地发现，在同一所大学校园，一位可以将诗歌写得如此之好的创作者，竟然在体育系做老师。后来知道，建文原本就是习武出身，长于武术之乡娄底新化，学于湖南师大体育学院，工作也是对口了。但能将诗歌写得绵长浑厚兼有硬朗锋利，其文学功底着实不容小觑。

不过那时，我只是一个进入大学校门一年有余的学生，一个执着的诗歌练习者，一个如饥似渴的文史典籍阅读者。我没有冒昧地去向建文求教，而是静静地读他不时发表的作品。

“大地向南，我向北/风声向南，我的心音向北/大片大片奔跑的水稻，大片大片奔跑的玉米/大片大片奔跑的麦子，大片大片奔跑的云朵/天空高远，生命苍茫”。当读到《天空高远，生命苍茫》这首诗歌，我坚定地相信，建文作为诗人的质地和格局，已然成形。

大开大合，大象无形，大音希声，个体生命在无垠时空中的虚无和抗争，无限渺小与无比庞大之间错综纠葛的强硬张力，在诗中立体铺陈，绵绵不绝。

“让我忘记从前，忘记现在和未来/忘记所有飞速来临又飞速撤退的事物/让我忘记生，忘记死，忘记一切/就这样慢慢抬起头来，平视或者仰望/天空高远，生命苍茫。”诗句凌空高蹈却又力道千钧，以喷薄而出之势，将快与慢、生与死、从前与未来联系，这些宏阔的、虚幻的话语，恰到好处地被黏合，产生巨大的势能，那是诘难、审视、隐忍、笃定、前行，那是诗人建文沉郁、悲悯、厚实的胸怀和气质。

建文这首早期的代表作品，定格了那时我对他诗歌的基本认知。

他抒情的基调贯穿创作始终，那种热烈和奔放、明快和清丽以及近乎天然的沉思和追问，异常醒目。比如《内心的冬天》《一片叶子落在头顶》《一场暴雨穿过内心》等作品，抒情言志可谓淋漓尽致。

2000 年左右，中国诗坛众声喧哗。民间立场、知识分子写作、下半身写作等等，旗帜漫天招展，论战此起彼伏。与炙热喧嚣、权利话语保持必要的距离，其实是建文诗歌的另一个底色。他不为潮流所动，“口语派”或“学院派”皆非圭臬，他栖身湘西，以足够的耐力和勤奋，建立个体的诗歌谱系，构筑独有的诗性家园。

在这个意义上，我们读建文作品《诗人的居所》，会别有另一番体会。“那以高价租来的/大约五平方米的空间/勉强装得下一个诗人/和比诗歌更纯粹的生活/诗人的居所/比蜗牛更小，比天空更大/装满思想和诗句/蜘蛛独自结网，死亡寂静无声。”对诗人身份尊严的孤独求索，以及剥离诗人身份之外现实生活的巨大惯性，沉潜交织，抑扬顿挫。这是诗人建文的低吟呐喊，亦是一首汉语诗歌的力量所在。

生于 20 世纪 70 年代，通过求学苦读走出乡村，而后到长沙、北京等地闯荡，再回归湘西吉首。建文人生的足迹，成为他诗歌内在的一条脉络。这脉络的一端，则牢牢被故乡牵绊。建文在诗歌中怀想童年岁月，思念父母亲人，临摹故土家园。他连缀那些支离破碎的美好，他拼合那些隐匿沉沦的诗意。

建文在《父亲》中这样写：“父亲不怕死/一个死字，我们常常忌讳/可从父亲的嘴里吐出来/像吐口烟一样随便/喜欢跟我们讨论，死后葬在哪里最好/打棺材的时候/硬要进去躺进去试试，看舒服不舒服。”看似不动声色，但一种直抵灵魂的温暖和爱意已经弥漫。

而在《再别故乡》中，还有这样的神来之笔："临走时，我用录音笔/录下了妈妈的叮咛/却怎么也录不下爹的沉默。"

建文的诗歌之根深植故土家园。乡土情结，是他挥之不去的文学纽带。对于以乡土为叙述中心的诗人而言，它既是创作主体现实生存状态的参照，也是其精神世界外化的载体，昭示着诗人对自身文化身份的归属与认同。

在建文的笔下，乡土生活一方面朴实甚至土得掉渣的，另一方面又极具文学抒写的价值。《唉，故乡》《故乡来电》《来自村庄的消息》，无一不是如此。建文对他置身的乡土世界有一种本真的依恋，那里，是他曾经的生存空间，是他创作的最初源泉。与此同时，他又自觉地保持着审视批判的眼光，或者说，面对自己生存的周遭世界，他处于一种笃信与怀疑的双重矛盾之中。

"今天，我怀着村庄一样平静的心情/接受了无法拒绝的秋风的消息/老家隔壁的两个女人/相继死去/一个不算太老，一个还很年轻。"（《来自村庄的消息》）在这里，"哀愁"已成他诗歌创作的一种情感内核，苦闷、悲悯如影相随。

不过，现实生活中，建文非常乐观。他总是面带微笑。

我还记得，2003年的一个下午，我曾和诗歌伙伴红雪子（张斌）到建文家做过一次拜访，并在那里吃了晚饭。那次，建文送了我们《词语的盛宴》诗选，其中有建文的作品。那是大学四年我唯一一次近距离接触建文，聆听他的诗歌人生。

那时，我和红雪子正将吉首大学"潜流"文学社团火热地创办宣传起来，主编的同名杂志《潜流》在当时国内多所高校曾风传一时，我和红雪子、惺惺等加入当时声势渐隆"80后诗群"中，一时雄心高涨，誓要折腾出一些动静。

建文暖暖的笑意，让我们印象深刻。我曾设想过请建文一起主持文学社团的《潜流》杂志和《西楚文学报》，但未能付诸行动，便放弃了。进入大三下学期，我将主要的精力都集中到来年的考研准备上。从那时起，诗歌，连同导师田茂军教授的叮咛，开始被我隐藏起来，待毕业后，我便进入真实而迫切的现实生活。曾经梦想的风流，悄然被雨打风吹去。

但建文却在无限地接近他的诗歌理想。他已出版多部畅销著作，眼下精选的诗集也付梓面世了。他恋爱结婚，升级做爸爸，他事业不断攀高，这是幸福的动力，亦是创作的源泉。

而今，读建文诗歌，很多句子仿佛就是在写当年的另一个自己。比如，他在《追赶》中写："风，追赶着时间/时间追赶着永恒//生活，追赶着我/我追赶着不可知的梦"。

更多的时候，诗中是疼，是痛，是咬紧牙关的坚守，是奋不顾身的爆发。建文的表达锋芒毕露，张力十足："沉闷闷地只想呐喊一声/苦涩涩地只想呐喊一声/像一只笼中的虎/恨不得用呐喊咬掉全部的栅栏//很多时候/嘴巴微微地张一张/呐喊却成了一颗打碎的牙/吞下肚去，没有任何回响//虎和我们一起/在现实的笼中踱着步子/偶尔呐喊一声，如巨石滚落/砸伤的常常是我们自己。"（《呐喊》）

这声声"呐喊"，其实正是无数个体内心的挣扎、无力、孤独，含泪带血的破壁突围。以"虎""栅栏"作意象，隐喻内在世界的冲突与博弈，凸显个体具有普适性的生命体验。

在传媒江湖辗转经年，我早已离开诗歌现场，迟钝于对诗歌的感知和理解。但在这个春天，建文用他累积的心血之作，终究唤起我内心深埋的一颗种子。

他的诗歌，即便忧伤也能明媚，纵然深沉也有光芒，是我眼前熊熊奔跑的火焰，烛照我们隐秘的灵魂沟壑和生活的柴米油盐。

在我们模式化、浅薄化的情感节奏和几乎没有喘息的生活中，是时候注入一点点诗意了。

正如建文诗歌的告白："行走是双脚对大地的追问/飞翔是翅膀对天空的追问。"

我想，即使无法飞翔，也仍需继续行走。

和建文相识相知十多年了，愿清澈的友谊长在，愿美好的诗意亘古不变。

（本文原载2016年5月6日《湖南日报》，作者刘永涛，青年作家、诗人，湖南日报社记者）

回过头去再看，看到的是另一个故乡

——胡建文诗歌阅读札记

◎ 刘泰然

让我们从这首诗开始，看看诗人是怎样通达对生命、存在的体悟的：

一条黄昏小路
走着我和一只蚂蚁
我停下，蚂蚁也停下
熟人一般礼貌地让路
绕道而行

走在一条路上的
不是好朋好友
就是难兄难弟
我们心有灵犀地互望一眼
没说话
然后我走蚂蚁也走

当我回过头去再看时
蚂蚁的黑
早已融入了
无边无际的
黑夜的黑

——《与一只蚂蚁相遇》

诗歌开头用平实的语言呈现的似乎是一个具体的、日常的场景：黄昏的小路，“走着我和一只蚂蚁”，但值得指出的是，这里不是“我和一只蚂蚁走在黄昏的小路上”，而是小路上走着我和一只蚂蚁。这里有微妙的语义上的区别。前者将我和蚂蚁作为“走”的主体凸显出来，而后者则似乎将“我和蚂蚁”的行走更自然地托付给“黄昏的小路”，仿佛是道路在驱动着“走”的行为。这种“走”的动作便不是一种纯粹主观的决断，而是来自人与道路的相互牵引。我和蚂蚁被道路牵引而走到了一起，但这条“小路”也许是无穷无尽的道路网络（大道）的一个小小的分支，在这种这纵横交错的道路和这样一个时间（黄昏）中，“我”的道路与蚂蚁的道路重叠了，就像诗的题目所说的“我”在这里“与一只蚂蚁相遇”。但此时又有着一种不平常的东西：并不是所有的人都容易和一只蚂蚁“相遇”。你也许遇到过一只蚂蚁，但“遇到”是一回事，问题是你能否和你“遇到”的那只蚂蚁“相遇”。“遇到”是人和物的关系，而“相遇”才是生命和生命之间的缘分。还不只是缘分的问题，因为缘分基于大道，或者说基于生命最本源的气息相投。蚂蚁在造物的序列中似乎太微不足道了，我们何尝注意到一只蚂蚁的存在也是一种生命的存在？但诗人却“以物观物”，把“我和蚂蚁”并列齐观，似乎是两个生命个体在各自的行旅中萍水相逢，于是“我停下，蚂蚁也停下”。两个“停下”的动作看起来微不足道，我们常常也会在行走中停下，或者是因为遭遇了障碍，或者是一瞬间的出神，或者是某物引起了我们的注意。但在这里，“停下”却不是由于一种障碍也不是因为一种简单的好奇，而是一个生命为另一个生命的驻足。

而且更进一步，他们“熟人一般礼貌地让路/绕道而行”，这偶然的相逢却像熟人一般，这种熟悉不是日常经验意义上的熟络，而是生命与生命之间一种最原始的熟悉与亲切。诗人回到生命最本真的质朴和单纯，只有在这种赤诚相待中，才会有这种熟悉，也才会有“我和一只蚂蚁”之间的相互的尊重。由此，这条小路也是一条通向生命和心灵的本源的道路。在这里，不是“我”发现“蚂蚁”，并把“蚂蚁”提升到人的位置，而是“蚂蚁”给了“我”发现“我”的机遇。

诗人继续推进对我与蚂蚁那样一种本源关系的洞察：“走在一条路上的/不是好朋好友/就是难兄难弟”。“好朋好友”强化了前一节点出的“熟人”的含义。而“难兄难弟”则更在这种熟悉、亲切的内涵中注入了生命苦难的意识，也包含着一种对存在本身的领悟。蚂蚁的形单影只与诗人的孤独，蚂蚁的卑微与诗人对受难者角色的体认，诗人从蚂蚁身上认识自己，惺惺相惜。或许，也只有自觉将自己与所有弱者、受难者放在一起，才能打破生命中的种种遮蔽，体会到那种“我”和“蚂蚁”之间的生命的感应。这种相遇如此本源，以至于“我们心有灵犀地互望一眼/没说话/然后我走蚂蚁也走”。我们为一个萍水相逢的生命而驻足，而互望一眼，不需要语言，然后继续行走。生命的相逢、相契，驻足与离开，各奔东西，人在旅途的种种经验，都包含其中。

但这种缘分总是让人在剩下的道路中忍不住再次回首，回望那些与你在黄昏的小路上有过交错的生命，这是一种珍惜和眷念，诗人由此将一种抽象性引入了具体之中，进一步推进了诗歌的主题：

当我回过头去再看时
蚂蚁的黑
早已融入了
无边无际的
黑夜的黑

从交错而过到回头凝望，中间的时间或许很短，不至于一回头就成了黑夜。但诗歌在这里不是一种写实，而是借助一个相对具体的场景来抵达更深奥、抽象的生命问题。在写法上诗人将具体与抽象、日常与神秘结合了起来。最后一节是在具体的场景中不断抽象的过程。蚂蚁是具体的，蚂蚁的黑就相对抽象些，但它仍然具有某种具体性；黑夜相对于蚂蚁而言要抽象些，它可以变为一个象征或隐喻，但它仍然具有某种具体的时间属性；但“黑夜的黑”则将“黑”本身从具体物之中逼迫了出来。黑夜是具体的，现成化的，黑夜的黑一下子将这种具体的、现成的层面扩展到一种对存在本身的领悟。蚂蚁的黑和黑夜的黑变成了混而不分的“黑”本身，这是一种更本质的“黑”。或许，“我”在这条道路上遇到的那只“蚂蚁”，同时也是另一个“我”？也许我们每个人在自己的生命历程中都需要与这样一只命中注定的蚂蚁“相遇”，并在后来的日子“回过头去看”，以认识本来的自我，认识世界与生命本身的底色——“黑”。这种“黑”是生命本身的幽暗与神秘，是所有的黄昏“小路”开端的“大道”，是黑暗的大地本身。正是这条黄昏的小路带领着我们去探询存在本身。

我觉得，一位能够以那么大的敬意来写和一只蚂蚁的相遇的诗人，他的内心一定能够包容天下万物。“在夜晚的绿歌小室/我还邂逅一位青蛙兄弟/其时我正在高声朗诵一首诗歌新作/青蛙兄弟仰脸呱呱地评论了几句//据说高校今年要加工资了/房子也一定会越住越好的/可青蛙兄弟还会来听我朗诵诗歌吗/高兴之余，又平添了一丝伤感的情绪”(《我在大学教书》)，“我”与青蛙称兄道弟，这种赤子之心何尝不让人感动。我想，这种态度中包含着人的最本真的单纯和善良，诗人一定有一颗柔软的心。在另一首诗中“我”因那只从树上掉下来的羽翼未丰的幼鸟而提心吊胆，“树下，看热闹的人越来越多”，“我”感受到树上两只老鸟的焦急，看到“它们竟勇敢地飞了下来/心急火燎地守在小鸟旁边”然后，“我走上前，把小鸟轻轻地捧了起来/放到树下一间小屋子的瓦棚上”。诗人用细致的语言叙述了小鸟是怎样经过一番反反复复的折腾而最终飞了起来的，“我”对两只老鸟的全部担忧和牵挂感同身受：“我的眼睛湿润了，不得不承认/2013 年 5 月 27 日，这个平常得不能再平常的日子/我柔软的心被两只急得团团转的鸟儿深深感动/我想起遥远的乡下老家/那年逾八旬的父母/当年的我，也是一只让他们如此担惊受怕过的小鸟啊……”(《柔软的心被两只急得团团转的鸟儿感动》)

我想，在诗人的心中，万物本无所谓高贵与低贱，一只蚂蚁、一只麻雀也自有它的尊严，他以温暖的目光打量着一只小小的麻雀在老虎边上觅食的那份自得与从容：

在动物园，最潇洒的是
虎笼里觅食的麻雀

它们偷偷从天外飞来
孩子似的愣头愣脑

虎大摇大摆，不时狂叫一声
小小的麻雀神态怡然

它们不停地吃着食物
吃饱后，翅膀一拍飞走了

虎也吃饱了，就在麻雀觅食的地方
它俯下身子睡觉

——(《动物园里的麻雀》)

或许，在诗人的内心一直生活着这样一只小小的麻雀，潇洒、天真、怡然，这只麻雀和老虎一样是尊贵的。以这样一种心灵来感受万物，来观照人间的悲喜，诗人对生命中的幸福与苦难具有同等程度的深刻感受。

诗人的心太柔软，有着太多的对身边人、身边事的情感的倾注，他试图珍惜、挽留他所遇到的一切美好事物。但世事当代生活的偶然性、复杂性、流动性要远远超出传统社会中那样一种时序推移带来的人事变化，今天我们置身其间的生活包含了太多的不可把握、不可预知、不可挽回的不稳定和脆弱，诗人对此无疑有着更深切的体会，这一切也构成了他在过去与未来、生与死、此地与彼地、城市与乡村之间的内心的反复撕扯和不能自已。距离感、迁逝感、转瞬即逝无法把握的美好、相逢与离别，都是他反复书写的主题。这些主题在诗中表现为生命的抛掷、离别、错失，体现为一种无家可归的行走与漂泊的经验，一种生命深处的动荡不宁。如："大雨倾盆而下/花朵转身离去//大风拔地而起/绿叶转身离去"（《转身离去》），又比如："我想珍惜的美好/像蔚蓝的空中/一片洁白的云儿/飘着飘着就散了//我想珍惜的美好/像绿色河流中/一朵红色的小花/打个旋儿就没了//我想珍惜的美好/像漆黑的夜中/一粒橘色的光亮/风一吹就灭了"（《我想珍惜美好》）"最后一片阳光/最后一朵微笑/转眼消失，在大地边缘/照亮一切又带走一切/如同秘密"（《最后一片阳光》）诗人以一系列动词来更集中更深入地思考这种生命本质的不稳定、脆弱及不由自主，如"追赶""穿越""消失""漂泊""逃""掷"等，都是一种更直接的对本质性问题的叩问。

我想，也许诗人作品中那种"在路上"的强烈体验都源自诗人对"根"和"本"的不能忘怀。对"根"与"本"的深切感情以及因这种"根"与"本"的逐渐丧失而产生的种种隐痛与执念，这是很多中国"70后"诗人的共同心理。这些诗人中有很大一部分童年、少年时期生活在乡村，而在将近成年时则背井离乡在都市中求学、工作，而从20世纪90年代到今天，中国的城乡结构、中国的乡土社会经历了从所未有的历史变迁。诗人也是如此，我想乡村在他那里不是一种想象的诗意，而是一种切身之痛，是血管里流动的血液，是心脏的跳动，是呼吸，是他生命与精神的底色，也是他在这个世界上安身立命的意义之源。乡村培养了他对善恶的基本判断，对美感的基本意识，也让他的诗歌带有某种强烈的乡土美学风貌。乡土是诗人的"根"与"本"，但乡土社会在当代的变迁、转型也构成了诗人对生命的偶然性与不稳定性的强烈感受，让诗人对乡村与城市的种种空间反差，对这个时代在时间上的急剧变化，对时代的加速度有着异常敏锐的感觉：

大地向南，我向北
风声向南，我的心音向北
大片大片奔跑的水稻，大片大片奔跑的玉米
大片大片奔跑的麦子，大片大片奔跑的云朵
天空高远，生命苍茫

一只小鸟，划出一道有力的弧线
一块墓碑，两块墓碑，无数墓碑
站立着，深深切入土地的诗篇
田间或原野里劳作的人，渐大渐小渐淡渐无
天空高远，生命苍茫

让我忘记从前，忘记现在和未来
忘记所有飞速来临又飞速撤退的事物
让我忘记生，忘记死，忘记一切
就这样慢慢抬起头来，平视或者仰望
天空高远，生命苍茫

——（《天空高远，生命苍茫》）

这首诗中同样有诗人诗歌中那种一贯的动荡感，那样一种生命在过去与未来之间、起源与终点之间、生与死之间没有定下来的感受，但在这里这种“在路上”的主题与一种速度感联结在一起。这种速度感包含着一种相反方向的运动：一南一北。我不知道这首诗写于何时，但我猜应该是20世纪90年代后期到21世纪之间，可能与诗人在秋天坐火车从湖南到北京求学的经历有关。那个时期也是中国“去乡土化”的一个重要历史时期，诗人从火车的车窗中看到的种种乡土中国的意象全部向后撤退，变成了一种奔跑的姿势。最先看到的是南方的水稻、然后是玉米，最后是北方的常见的麦子。这些都是之前的诗中很常见的意象，代表着与乡土文明有关的记忆和美学，但是这些扎根于大地的事物却全部奔跑起来，而且必然是朝着一个相反的方向，成为一种过去的事物，诗人对“飞速来临又飞速撤退的事物”的敏感正体现了一种对历史急剧变动的切身体会。但诗人并没有将这种历史感转换为一种现实的、具体的反思与批判，而更多是将之转换为一种更苍茫的生命体悟。诗中没有出现有关城市的任何意象，而只是出现了一个抽象的表示方位的“北”，但所有速度感、运动感都来自这种“一路向北”所带来的身体、生命体验。诗人对现代的感受是抽象的、混茫的，但对乡村在这种历史的加速度面前所面临的那种被“连根拔起”的状态却有着异常的切肤之感，他看到了在这种速度中还有那些无数站立的墓碑，成为“深深切入土地的诗篇”。

传统与现代的急速转型中所有既成的、稳定的东西都突然面临消解，一切过去的东西都在烟消云散，一切未来的东西都尚未成型，历史的火车在加速向前，那样一种突然置身虚空、无所依托，个体生命在南与北、故乡与他乡、告别与抵达、乡村与都市、大地与天空之间的运动中一下子被置于高远与苍茫之境。这种诗意来自一种独特的个人经验，也来自一种独特的中国式的历史境遇。

乡村必定成为一种记忆、一种过去、一种执念、一种需要反复申明的誓言、一种无法摆脱的宿命，但同时它也是一种无法抵达的距离。一方面，“走到田边/才发现——/这么多年/我的一只脚/踏进了城市/另一只脚/依然没有/拔出父亲的稻田”（《陪父亲到田边走走》），另一方面，“世界上最远的距离/是吉首到新化的距离”（《距离》）。时代越是加速向前，故乡越是加速撤离，对故乡土地的那样一种血缘归属的指认就越是成为一种热情、道义与责任：

八十岁的老父亲，带着我
走遍了我们家的每一块自留地
并一再叮嘱我，不要忘了这些土地
父亲跟我说这些的时候
非常认真
仿佛是进行一个庄严的交接仪式

——《跟着父亲上山》

近20年来，不仅是整个中国社会，而且在中国文学领域，对乡村的遗忘速度是令人震惊的。也许不用多久，乡村将彻底成为词典中一个抽象的、充满诗意却没有现实指涉的名词。而诗人曾经生活过的这种南方的小乡村不同于那些沿海的发达的乡村，在当代，这种乡村面临着种种问题，包括留守儿童问题、空心化、老龄化问题等。乡村的这种处境就像他在一首诗中所谓的：

一把废弃的空椅子
最大的痛苦和悲哀
在于——
它废而不弃

——（《空椅子》）

对乡村的遗忘构成了中国现代性进程的本质性的部分。但对于诗人而言，不是“转身离去”，而是一次次“回过头去再看”，一次次回到故乡，回到与故乡有关的那些人与事，他的诗歌中充满着对乡村的感激、感念，在离开故乡那么多年后，他还用那么深挚的文字去写他的父亲、母亲、二姐、表堂兄、利五叔、老家隔壁的两个女人、屋背后的伯娘，故乡那些似乎无人关注的“卑微”的生命，却时刻牵动着诗人的心。他们的生命似乎以一种隐秘的方式与诗人的生命紧密联结在一起，故乡来的消息常常让他“看清生活的本来面目——/喜忧参半，悲欣交集”（《故乡来电》）。读这些诗歌，常常令人动容。我不知道这样的诗歌是不是表达对乡土的敬意的最后诗篇。但我却相信，诗人对生命本来的苦难、不公、不幸的深刻体认、对社会边缘那些弱者的关怀、对世界上那些转瞬即逝的美好事物的深情注目都源自这种对“根”和“本”的执守不忘。

这种执守不忘不仅让诗人触及当代历史进程中那些被遮蔽与遗忘的部分，而且，也让诗人在动荡不宁的世界中看清自己，理解生命中最核心的部分。就像他“回过头去再看”那只蚂蚁时，已经不再是那只具体蚂蚁了，“蚂蚁的黑”指引诗人的目光看到更广大的“黑夜的黑”，让他对生命的本源有一份洞察。这何尝不是一种馈赠？

总之，在这样一个日益复杂的时代中，胡建文的诗歌保持着异常的纯粹、清透和质朴，这种质地源自他生命本身的本色与单纯。当然，人到中年，他对现实和生命的理解会比之前更加宽广厚重，相信他的写作方式也一定会更具包容性，更细密、沉潜和深刻。

（本文原载于2017年6月12日《团结报》，作者刘泰然，青年学者、评论家，吉首大学文学与新闻传播学院教授）

像水珠滴落大地

——序石慧琳诗集《掌心朝上》

◎ 吴昕孺

我没见慧琳之前，就已经有了她的微信。我一直以为她是吉首大学的老师，直到2016年4月，好友胡建文邀请我去吉首大学和同学们交流诗歌和阅读心得，我才知道她还是一名刚刚20岁的在校大学生，而且她读的是马克思主义学院，与我在20世纪80年代在湖南师大读的政治系专业相同，我油然而生一种亲切感。

2016年4月17日上午10点，我和夫人敏华参加了在吉首大学黄永玉纪念馆举行的“湖畔吟诗·吉首大学十大校园诗人诗歌朗诵会”。十大校园诗人有五名老师、五名学生。在五位学生诗人当中，我觉得慧琳的诗歌最为成熟。当很多校园诗人还满足于平铺直叙自己的校园生活或者引吭高歌青春与理想的时候，慧琳已经懂得了向下、向内，去了解社会底层的人们和自己内心的源流。我还记得，我发表在《湖南师大报》的诗歌处女作，是批评会场上的不文明行为，第一次上省刊，发表在甘肃《飞天》杂志的《小屋子诗人》，是讽刺两耳不闻窗外事、只顾躲在小屋子里写诗的那些所谓的诗人们。所以，当了解到慧琳的写作指向与诗歌风格时，我深感欣慰。比如，她的作品中给我留下深刻印象的一段：

当灰霾退去的时候，我发现
今天的阳光很白
白到人们都失明
只有我看见了空气中的一切
然后，满足地走了

不少诗人写过有关雾霾的诗，我也写过，基本上都是直接在“雾霾”上落笔，慧琳却抓住了“灰霾退去”的这个时刻，新意就出来了。更可贵的是，慧琳写得一点都不用力，或者说，她能巧妙地将自己的所思所想融入日常词汇中去，这样就在不经意间，说出了很多东西，耐人寻味。

这一段诗写的什么呢？写的依然是雾霾，但她不是直接去批判雾霾，说雾霾如何如何不好，而是将矛头指向了“人们”。绝大部分人都是这样，雾霾来的时候深恶痛绝，一片骂声，雾霾一走，太阳露脸，马上欢呼雀跃，好像雾霾再也不会来了一样。慧琳敏锐地看到人们的这种“失明”状态，那种盲目与麻木让她“哀其不幸，怒其不争”。“我”是诗人的代表，是年轻一代觉醒者的代表，与“人们”相对应，“我看见了空气中的一切”等于说“我”看到了真相。最后一句中，“满足地”这个词用得特别好，它含有诗人的自嘲，还有一种更加深刻的嘲讽意味。“我”知道真相，告诉你（指“人们”），你也不信，甚至你连听都不愿意听，只是满足于一时的“阳光”。诗人深深感到自己的孤独。众人皆醉我独醒，所以，“我”别无他法，只好自我“满足”地走了。

慧琳有两首写老婆婆的诗，一首是《拾荒阿婆》，另一首是《孤院老妪》。在《拾荒阿婆》中，她用简洁的短句描写拾荒阿婆与岁月、与环境、与歧视的抗争，最后一句“弯着腰，仍在作战”，七个字，字字千钧。“弯着腰”是阿婆的自然形态，而“仍在作战”昭示阿婆顽强的生命力与坚忍不拔的意志。“作战”一词用得很好，“仍”字更妙，说明这是一种长期的“战争”。

不同的是，在《孤院老妪》中，慧琳用绵延的抒情长调，细腻地刻画出一位养老院中孤苦的老妪：

> 傍晚，残留的日光
> 像蚯蚓一样在孤院冰冷的墙角蠕动
> 院中，一位老妪
> 倚着长凳吮吸着古老的烟担
> 一圈圈圆晕似逃离的烟雾慢慢上升
> 升到比天空还远的地方
> 孤院中的老妪半眯着眼，似睡似醒
> 眼角的皱纹像历史的壕沟装满了岁月的沧桑……

残留的日光像蚯蚓一样，蠕动在冰冷的墙角。这个意象多么精准，它完全是老妪内心清冷世界的映照。古老的烟担、逃离的烟雾、比天空还远的地方、半眯着眼、眼角的皱纹装满岁月的沧桑……我们看到，诗人在不断调动自己的情绪和灵感，她对一个孤院老妪的用心，表明了她对这个世界的用心。

因为有这样的用心，慧琳能写出《旮旯》这样的诗，就不足为奇了：

我深知这苍茫的大地终是宇宙的一隅
无比落寞，无比寂寥，无比缥缈
生长在墙角的那株野草
沿着大地的回音狠狠地对抗着
一切把生命置于深渊的原力
我深知这旮旯中的绿终是四季的剪影

旮旯，旮旯，那有一双深邃的眼睛
洞悉着大地和人心
我不知还有多少如草般的生命
聚居在繁华的一隅，苍茫，渺小
叩问着每日每夜的付出
我深知这声音如海浪撞击水岸
水花裂开千朵万朵……

诗人是宇宙奥秘的发现者，是所有生命的代言人，是为万物重新命名的创世者。诗人最可怕的毛病是自大，是“老子天下第一”的畸形心态。一名真正的诗人，必然认识到生命的美好与自身的卑微。广阔如大地都只是宇宙的一隅，渺小如野草都能狠狠地对抗着“一切把生命置于深渊的原力”，所以，唯有像野草那样“深邃的眼睛”，才能洞悉大地和人心。

因为有这样的用心，别人都是去江边看夕阳西下，诗人却是去“听日落”。看夕阳，往往是一种感官享受，是休闲式的漫步，是去拍张照片发发朋友圈；而“听日落”，却是去感知时序变化所引起的灵魂震颤，是去体贴和感应源自大地内部的声音：

那声音，是水珠滴落大地
不高不低，赶路的人继续赶路

我在江边听日落，从空中落到水里
落到每一个人的黑夜里

摘录的这两段，每段两句。第一段写日落的声音就像“水珠滴落大地”，“不高也不低”。不高，是因为它极容易被市井声所淹没，极容易被忽视；不低，是因为只要你用心去听，你就能听得到。

“我”，正是这样的用心之人。所以第二段就写“我在江边听日落”，夕阳从空中落到水里，最后一句写得非常好：落到每一个人的黑夜里。每个人的黑夜里都有一个落水的太阳，这还真不是每个人都知晓的秘密！这首诗的境界写得很阔大，但诗人表达得很节制；也唯其节制，才更显阔大。

我认为，慧琳是一个有追求、有个性的诗人。她写诗不随流俗，不跟风赶潮。恰如她用诗歌发表的宣言：“别把我刻成木偶/我砰地一声掉了出来/像一块暴露了的木头”(《别把我刻成木偶》)。即便暴露了，即使发出“砰”的一声，“我”也不愿意被公共标准刻成一具木偶。确实，模式化和标准化是文学创作的大敌。初学写诗时，父母亲情是诗歌的一个重要主题，有些诗人写给父母的诗都可以出一本诗集，但我发现，慧琳写父母的作品很少。她有一首《写给母亲》，仅四行：

我鼓起腮帮子把灶火吹旺
你经过的每一个地方都有皂香
原来，你更是一个诗人
走进田间，惊起那时光的波澜

这四行诗写得大开大合又张弛有度。更重要的是，它在呈现诗人对母亲的爱的同时，更体现出诗人对“母亲”这一身份的深刻理解。看来，她并不是不愿意写父母亲情，而是不愿意拼凑、挪用别人的语句和情感，她希望一落笔就是自己的！

我们来欣赏这首短诗。第一句“我鼓起腮帮子把灶火吹旺”，写母亲的诗却以“我”开头，“鼓起腮帮子”的动作以示为母亲分忧，这就是母女情深。第二句不写“把灶火吹旺”的事情，而是断崖式转换人称：“你经过的每一个地方都有皂香”，这一句节奏感非常好，一读便令人动容。三、四句是一体的，将母亲比喻为一个诗人，甚至用了“更”这个字。理由何在？因为，母亲“走进田间，惊起那时光的波澜”。极具概括力的一句，神形俱备，戛然而止。

当然，通读慧琳的诗集，感到慧琳的写作还不是太稳定，有些句子还比较稚嫩、生硬，较为直白。另外，在写出精彩句子和段落之后，如何让整首诗更完整、更富有表现力，也是她日后要去学习、钻研和攻克的课题。相信以她的年轻和对诗歌的执着，她一定会越写越好。

每一首诗也是有声音的，不高也不低，像水珠滴落大地。

（作者吴昕孺，著名作家、诗人，湖南省诗歌学会副会长）

绿芽儿在绽放歌唱

——读刘斌散文集《我与笔茧的苦恋》

◎ 张昌爱

深夜3点，总算把吉首大学文学院刘斌同学的散文集《我与笔茧的苦恋》看完，眼前浮现的画面是：一位美貌的少女，她外表柔弱，内心强大，想象丰富，常爱一个人在月光地里散步，沉思时如一块石头，高兴时会像一只蝴蝶在飞翔，给这个世界传递着一份温暖、一种个性与色彩。

刘斌同学的这本散文集，虽分三个小辑，但总没有离开呈现作者的所思所想，没有离开作者的亲身经历，写的是作者自己身边的人与事，写作者同父母、爷爷奶奶、外公外婆的相处。《老锣》这篇文字不长，一位山寨农民的形象却活灵活现地呈现出来，他善良勤劳，乐于助人，充实、乐观地行走于山寨乡村之间，在平淡的现实生活里总会忍不住去大嗓门喊几声，忍不住要去敲打几下锣。《大地诗人》几乎通篇是用诗一般的语句在告诉读者，作者外公是一位什么样的人。一位居于乡间，爱劳动、爱读书、爱书法的农民形象跃然于文字之间，让我感到作者喜文乐想的基因，一定同她的外公有关。青春的萌动、发芽总与朦胧的爱和遐想有关。读完《你于我恍然如兰花》，我的心久久无法平静，仿佛听到了作者的心跳，她在借助文中的人物表达自己的一种心境与等待和向往吗？人生怎能缺少等待与遐想呢？

刘斌同学的这本散文集，读起来给人一种亲切、接地气的感觉。它呈现出诗一般的语言，在读者的阅读之中，一种让人神清气爽的美感之香，飘离纸面，扑鼻而来，如《倾盆目光》里就有这么一句："几年后，乡村改建，池塘水被放干，填上土，建了房子，木盆就在床下慢慢腐成了往事。"一种语言的张力与美感，让人感到阅读的快乐、兴奋和美好、幸福；还有如《棉花开时》这篇散文里，有这么一段也让我感觉很不错："阳光下，娘一边拍打着棉袄一边自言自语：‘过日子啊，就像穿棉袄，有湿气了多拿出来晒晒，穿着就暖和了。’我收拾着东西，默默地听着。第二天，我拎着胀鼓鼓的行李箱，就像拎着一箱子满满的阳光。”这样的语句，除了给人以美感外，更可贵的是一种表达的准确。想象的文学语言的表达，达到了升华、丰富句之意义的效果，前后内容紧紧相牵、相融在一起，没有分离成两个画面让读者不知所言。“第二天，我拎着胀鼓鼓的行李箱，就像拎着一箱子满满的阳光”，这里的“满满的阳光”，会让读者自然而然地想到带着走的是母亲的爱、母亲的牵挂，前后呼应、画面完整，让读者既能明白作者所要表达的是什么，又留下了想象的空间。

刘斌同学有文学创作方面的天赋，势头不错，但在这条创作之路上，究竟走多久、多远，同她的人生轨迹有关，同她的视野与胸怀有关，同她面对这个世界思考的人生内容与人生境界的高度有关。借此机会，让我们一起期待着刘斌同学，祝福着刘斌同学！

任何成功都是来之不易的，文学创作的成功也是一样，艰难而漫长。不断战胜、修正自己才能获得一次又一次的突破，跃上新的高度，看到更辽阔、更美丽的风景。读完刘斌同学的文集，我也发现了三个问题，个人之见，不一定正确，供之参考。

一个是，可以延伸内涵的地方，没有去深入挖掘、充分表达，如《桂花落了》中有这么一段：“一个深秋的午后，外婆躺在她的木板床上，双手僵硬地垂下来，面目安详。婶子哭着说，这天，外婆起了个大清早，兴冲冲地打了许多桂花，然后蹲在地上往炕里添柴火，起来时身子没稳住，一头栽了下去便再也没有醒来……那一次，我没有吃到外婆做的桂花糕。”这应该是文中的一个情感爆发的高潮处之一，作者情感的河流完全可以继续向前流淌的，遗憾的是，作者一句话就草草结束了。如果修改与多添加几句，是否会好些呢？如“那一次，我没有吃到桂花糕，外婆做桂花糕的配料在默默地看着我，泪水汪汪的，在痛苦着我的灵魂、忧伤着我的回忆。”其次，我在读刘斌同学文集时发现：刘斌在运用文学想象之语言时，有成功的地方，也有表达不够理想之处。如《大地诗人》这篇文章里有这么一段：“农闲，外公就坐在田埂上，掏出《唐诗三百首》或《红岩》，狠狠啃上几口。随手拾起一根树枝，腰与地面呈七十度角，在水坑里涮两下，枝头在大地的心脏上左横右竖，一个风骨遒劲的繁体字便呼之欲出。”这一段写得简洁、明快与灵气十足，读者读完过后，谁都可以明白作者想告诉大家什么。可紧接后面的这句："杂草从地里拱出来，给诗句涂满绿色。"单独看也是不错的、没有问题，可上下一起看，两个画面总感觉是独立的，后面那句没有起到对前面那句之意境的扩张与延伸的作用。这样，小改一下看是否好些："农闲，外公就坐在田埂上，掏出《唐诗三百首》或《红岩》，狠狠啃上几口。随手拾起一根树枝，腰与地面呈七十度角，在水坑里涮两下，枝头在大地的心脏上左横右竖，一个风骨遒劲的繁体字便呼之欲出。杂草从地里拱出来，把外公的快乐与专注涂满绿色。"看了刘斌同学那篇《最后的生日礼物》后，我沉默了好一阵，觉得有些不可信，一个即将离开人世的有病老人，能去选择什么呢？就是有如此巧合之事，我也想讲自己的一个观点是：生活中存在的事，不少是不适、不配用优美的文字去记录和表达的。文艺作品，应该努力成为我们心灵的安慰，精神世界里的支撑。

当一个作者，脚踏实地，与祖国的山山水水融为一体，成为人民生活的啼鸣鸟时，她就有了写作的力量源泉和努力的正确方向。大家都讲，文艺作品来源于生活又高于生活。我觉得这句话意义深刻，值得常去品味。

最后，祝愿刘斌同学，始终能成为生活海洋里的坚强搏浪者、歌唱者，善观察、会沉思、能感悟，化成文学天地里一轮初升的太阳，把我们的生活照得更为明亮、精彩与美好。

（作者张昌爱，作家，《旅游散文》主编）

第五辑　征文佳作

父亲的字典

文学与新闻传播学院　孙立青

很小的时候，我就知道，父亲有两样东西不能乱动，一个是他的出工记录，一个是一本早已磨掉了外皮，上边用土纸卷成笔状蘸墨写着“义勇专用”的新华字典。

“义勇”是父亲为自己取的笔名，用他自己的话来讲，就是希望自己能够做到忠义，做到英勇。这笔名其实是徒有“虚名”。作为一个只读到小学五年级的农民，他从未写出过一篇文章，哪怕是完整的一段话。

三十多年前，父亲升入初中前的那个夏天里，他都在老家村外的草地里欢快地打着猪草。鸟雀围绕着他飞舞旋转，云彩也是那么的悠哉畅快。

开学前一天傍晚，父亲跨坐门前老杏树的枝杈上，两只眼睛像是刚挑过灯芯的油灯，紧紧地照着村口，寻找着奶奶的身影。身上背着洗得发白的小挎包，里面装着用来装笔的安定注射液药盒和用剪刀裁好的土纸。他脑子不停地转着，想着明天该怎样介绍自己，想着同桌是男的还是女的，要是女的，该怎么画上一条又深又直的“三八线”。

村口的人来来回回，由少变多，又由多变少，太阳缓缓地滚落山坡，星星也冒出了一颗、两颗……直到他反复揉捏干涩的眼睛，两腿开始坐得发麻，奶奶才裹着头巾，踏着夜色回来了。

父亲跳下树，赶忙迎上去。奶奶从手绢里掏出了一本字典推给父亲，一声不吭，转身钻进了里屋。接过字典，父亲的眼泪一下子就冒了出来。他紧紧地抓住那本字典，接着便是一阵目眩。

拿着这本字典，父亲知道，没有学可以上了。

差不多也是一整个夏天，奶奶挎着房前屋后长出的并不多的蔬菜，挨家挨户求人。老家村子里的人日子过得都很紧巴，拿出块儿八角的钱比拿出一袋子粮食还难。求遍了整个村庄，奶奶也没有借到父亲上学的钱。

实在是找不到钱了。

村里头的阴阳先生对奶奶讲，有一个小本本，叫作字典，那里面什么都有，学会了，也就成了识字的先生，成了村里的秀才。奶奶像是平地里捡了几升黄豆，赶忙跑到供销社，用二十个鸡蛋，换回那本字典。

哭，吼，闹，父亲折腾了一个晚上，但最终像是被众人按住的猪，再怎么也折腾，也斗不过杀猪刀的一进一出。

父亲败了。他开始向爷爷学习养家过日子的技能。编席子、养兔子、割草、挖粪、翻田、打谷子……他渐渐成了真正的农民。他敏感于四时的细微变化，熟悉每垄地的投入和产量。

闲的时候，他常常呆坐在老杏树下，将旱烟抽到几乎烧到手指为止。偶尔也会在村口和男人女人们插科打诨。唯一的不同，可能就是他较为整洁的衣裳和上衣兜里揣的那本字典。

父亲有了对象，结了婚，也有了我。

一年级的时候，父亲开始要求我写日记、练字。小学三年级，他给我买了一套有拼音的四大名著。四年级，父亲带我去城里的旧书摊淘书。

我上初中前的暑假，奶奶没跟任何人商量，砍掉了家门前那棵我祖爷爷栽下的老杏树，请会木工的三伯伯，给我做了一张书桌、一把椅子和一个书架。由于这棵树的死亡，重视亲族关系的族人从此不再上门。

在村里人看来，奶奶和父亲做的都是些令人瞠目结舌的怪异行径。

后来，我顺利考上了大学，父亲也从繁重的体力劳动中逐渐解脱了出来。他用上了智能手机，也学会了上网。很多时候，他都会戴着一副老花镜，靠坐在床头，看我留在家里的几箱子书。那本被父亲用得脱了漆、掉了皮、毛了边角的字典，常常是摆放在家里的神龛旁。

每次打电话，父亲都会重复讲他年轻时夜里读书，被爷爷指责浪费电，还有他上厕所时看到用来擦屁股的纸上有字，反复读过后，还舍不得用的往事。每次回家前，我也会去一次书店，买几本他嘴里提过的书，偷偷地放进家里的书箱里。

奶奶去世的那一年，我和父亲一同回到了老家。土坯的墙、木棱的窗都已支离破碎。父亲拔掉了老房子里长满的杂草，并在老杏树死去的位置，埋下了一把杏核。

三十多年过去了，我大学毕了业，读了研究生，小杏树早已长过了膝盖，字典上面那几个字的颜色也变得越来越浅了。

（本文荣获吉首大学第二届“立人杯”读书征文大赛一等奖）

与诗度日，静悟生活

文学与新闻传播学院　蒲炫桦

真正的阅读，是化灵魂为渡船在茫茫书海中寻找停靠的港湾，如同孤独的人在川流的人群中邂逅灵魂的伴侣。庆幸的是，我终于寻获，而得以结束某种意义的漂泊。

八年前，一个暴雨滂沱的午后，我赖在客厅的摇椅上看书，读的是由鹭江出版社出版的《心灵深处的对话·舒婷诗集》，在书的序言里，舒婷写了这么一段话，大致是："读他们的诗，于我而言是历经一场十七级飓风"。而当时的自己并不知道，这个女人无声地开启了我的诗歌之门。我生命中的一场剧烈暴动已悄然发生。阅读诗歌，让我开始重新理解世界，渐渐相信，某些世人眼里的疯狂和荒诞是可接受的。反之，我将长久地保守而沉默，在人群中规矩地活着。

从最初接触朦胧诗歌到后来阅读外国诗歌，这些作品不断拓展着我看待生活的视角。在每一本诗集里，我都做了一回孩子，被悄悄告知："理想因痛苦而光辉""相信未来，热爱生命""只有玫瑰才能为玫瑰，别的不能"……这些不同的声音、风格迥异的诗句包容着我稚嫩单薄的一切。读诗于我而言，最大的改变应当是开始学着耐心对待自身的笨拙，勇敢而坚定地表达内心的声音，尊重生命本有的节奏以及所有命运的独立性，不在生活里做一个拔苗助长的人。近些年，众多的诗歌作品中，有一位波兰女诗人的作品令我印象深刻。

古今中外，享誉文坛的女性诗人屈指可数，而辛波斯卡就是这为数不多的其中之一。1996 年，辛波斯卡获得诺贝尔文学奖后，她的诗歌在我国并没有获得广泛的传播。直到前些年，《万物静默如谜》和《我曾这样寂寞生活》这两本诗集被译介发行后，在读者中才引起了强烈的反响。这两本诗集，可用惊艳二字形容：一是来自译者出色的翻译表达；二是辛波斯卡独特的诗歌写作。诗人打破世俗的寻常眼光，以细腻的视野探寻生活本质。她偏爱选择生活中细微的事物切入，再由此拓展成完整的形象，所用意象都具有广阔的空间性和想象性，并由此滋生出哲理。借用唐湜先生的话来说是：实现了“从音乐到雕塑，从流动到凝练的转变”。辛波斯卡的每一首诗都是值得多角度品鉴的“艺术品”。

谈论起辛波斯卡诗歌的独特，我想其中一点就在于写作视角和意象的选择。这两者是诗歌写作中至关重要的环节。诗歌的意象是诗人与读者心灵通达的桥梁，而写作的切入视角决定着诗歌的境界大小。通常有两种写作方式：一是微观写作，即采撷生活常见之物，寻常中造境界，化腐朽为神奇；另一种是宏观写作，寄情于宇宙、天地等，营造宏伟宽阔的意境，给人荡气回肠之感。大多数诗人多用宏观事物作为诗歌创作的切入点，以表现庞大的主题。如展现时间主题时，常用“九月”“秋”“春”等具有宏观内涵的意象。如此写作虽不碍主题的表达，但令读者在阅读中，失去了惊喜之感。辛波斯卡偏爱用微观视角观察事物，将诗歌落在平常事物中，意蕴丰富。在这首流传度很高的《在一颗小星星下》中便可体察这一特点。

> 真理，请不要太在意我。
> 尊严请对我大度些。
> ……
> 灵魂，请别指责我偶尔才拥有你。
> ……
> 我知道，只要我活着，就不能变得公正，
> ……
> 因为，我是我自己的障碍。
> 言语，不要怪罪我借用了庄严的词句，
> 又竭尽全力让它们变得轻盈。

诗歌借助微小的意象创造出开阔的境界，营造出丰富的内涵。闪烁的一颗星星，在浩瀚的夜空里，渺若尘埃，并不起眼。但诗人将它视为宇宙万物的凝聚，她聚焦于这无数中的一颗。王国维先生在《人间词话》中谈到的境界大小之分。意象的大小并不能决定诗歌境界的大小。诗中，诗人通过“一颗星星”自省，由自我延伸到人的普遍心理。我们于世界，又何尝不是如星星一般渺小，对于万物的认知有限，对很多事情亦是无

能为力。诗人透过细微的事物观察世界，在其中挖掘最本质的东西。

辛波斯卡式的微观写作，可视为一种双重探索。一是表现在文学创作方面，留心生活，以陌生化眼光揭示寻常之物；二是表现在人的自我精神层面，也就是价值观念上的自我审视：在关注浩瀚世界的同时，观照自己，关注每一个渺小的存在。她的谦卑源于内心对自身存活的世界怀有敬畏，一草一木、一粒沙、一颗星……所有的生命，她都给予尊敬，并捍卫它们的权利。

此外，辛波斯卡在写作中对情感的处理，打破了女性作者的感性写作。记得里尔克在《给青年诗人的信》中写道 ：“艺术创作，尤其是诗，依赖的并非只是情感，更多的是经验。”在辛波斯卡的作品中，鲜有直接而热烈的抒情，更多的是冷静克制的描写。哪怕是在爱情题材的作品中，也没有过于浪漫的气息。你难以感受到作者内心起伏波动的情感，词句间总透露着一种平实，描绘的画面也与生活日常贴近，在不动声色中进行着对人性的探索，力求表现生活的真实。例如在她的诗歌《金婚纪念日》中：

他们一定有过不同点，
水和火，一定有过巨大的差异，
一定曾互相偷取并赠予情欲，
攻击彼此的差异。
紧紧搂着，他们窃用对方
如此之久
……
渐渐地，凝望有了孪生兄弟。
熟稔是最好的母亲
不偏袒任何一个孩子
几乎分不清谁是谁。

在金婚纪念日，这个庄严的日子，
他们两人看到一只鸽子飞到窗口歇脚。

诗人以一个旁观者的角度静静观察了这对走过半生的老夫妇。开篇将两人比作对立的“水”“火”，“相互攻击”，从彼此的差异再到人性的“情欲”渐渐走近，“窃用”“剥夺”对方实质上是一种融合，到最终默契的如同一体。最后，诗人描述他们一同看鸽子的场景，足以体现两人之间产生的平和宁静之美。全诗未提及一个“爱”字，只通过写爱人的相处，描述了一种长久幸福的爱情。诗中没有昂扬的抒情，在平静的陈述中，同样令人感悟到爱的含义。如此不露声色可称为一种成熟的写作。

读完辛波斯卡的这两本诗集，我所感叹的是：这位伟大的女诗人始终怀着一颗谦卑之心反思自我。面对神秘莫测的偌大世界，她理性且客观地揭示着、质疑着、嘲讽着，在诗中呈现出最真实的生活，而非用词句粉饰生活。辛波斯卡平实的语言中透露着一种智慧的力量。或许在当下，诗歌常被视为一种小众化的阅读，是纯粹而遥远的理想国。但事实上，诗人与诗始终蛰伏于最寻常的生活中，在触手可及的地方。诗歌是我们凝视世界的一扇别致的窗，是不可或缺的。与诗度日，是件奢侈的事，度日如诗又是何其幸福。

（本文荣获吉首大学第二届“立人杯”读书征文大赛一等奖）

你于我恍然如兰花

文学与新闻传播学院　刘　斌

深秋，几场寒风迁徙过后，院子里的兰花都开了，狭长的叶子张开臂膀，淡黄色的唇瓣柔柔地吻着冰冷的空气，精致的花朵被冻出星星点点的酡红。

彼时，我的桌子上正摆着那本《翡翠的心》，摊开书本，闺阁的气息扑面而来。琦君在书中诉说着那尘封在岁月长河里的古老故事，家乡清香的粽子、醉人的春酒、红彤彤的橘子、清香的玉兰花……她把对故乡、亲人的缕缕情思凝于笔端，泼墨成一幅沧桑有味的画卷，甜蜜中藏着细细的伤痕，温馨中透着幽幽的怆痛，不经意就勾得了我全部的泪。角落里，兰花幽幽地吐着馨香，琦君的文字便和兰花一起绽放在我的心上。

读琦君的文字的感觉，就像在天寒地冻的腊月，窗外北风咆哮，坐在燃着槐木的炉火边，翻阅膝盖上的旧相薄，一张张泛了黄的相片像枯叶蝶在眼前挥舞翅膀，一幕幕场景在火光里活灵活现，回忆的味道在鼻尖荡漾，火光噼里啪啦地抚摸着脸，身心都暖和了起来。琦君的文字，有一种解冻人心的力量。

第一次在茫茫书海遇见琦君，缘起于她那篇脍炙人口的散文《髻》。她母亲是个典型旧式的女人，一把青丝梳一条又粗又长的辫子，盘成螺丝似的尖髻，青春与美丽都被牢牢锁在这个又旧又老气的发型里，正如母亲不越雷池一步，循规蹈矩的一生。父亲终年在外，伴随着母亲的是静静的庭院、静静的黄昏和静静流淌的眼泪。日子一天天过去，母亲望穿秋水，终于等来父亲归家的消息。那越来愈急促的蹄声，把山水烙上稠密的阴影。父亲的马后，却坐着一位巧笑倩兮，奔放时尚的俏佳人。

像春花与秋月，两人差异十分明显。母亲墨守成规，梳着老太太式的发髻，低眉顺眼地过活；姨娘热情浪漫，发髻日日新鲜，眼波流转地在父亲面前取媚。母亲勤俭节约，操持一大家子；姨娘铺张浪费，经营着自己的小日子。这两个品性相异的女子，花开两朵，以不同的姿态生活着。

琦君的眼里饱含同情与爱怜，在结尾处自言自语地说："这个世界，究竟有什么是永久的，又有什么是值得认真的呢？"母亲是被时代遗忘丢弃的女子，固执地守在自己的角落里等待油尽灯枯。姨娘像一朵灿烂的大丽花，姹紫嫣红开遍，却终究逃不过命运的桎梏。生命的庭院，前庭喧嚣热闹，后庭冷落寂寥。而身为局外人的琦君，似乎很幸运地逃离了旧时代的魔爪，成为一个独立自由的女性，拥有健全的情感，而当她明白这一切的时候，亦已青丝转白发，背弯成月，几分回味，几分沧桑。

穿过现实的风沙，直面溃败的命运，琦君依然能用颤抖的双手把文字的灯盏举出暗夜的水面。她照亮的不仅是那段晦暗的旧时光，还有我那湮没在尘世里，日渐凋敝的心。

秋阳下，兰花的每一片花瓣都染满金色，明媚落进纹理，延伸着时光的悠长，我第一次读懂她的熟稔。

回忆如静海深流，再静的海底下都藏着你所不知的暗涌。

琦君长大后，一路辗转漂泊来到了台湾。"莼茱鲈鱼长入梦，他乡虽好总添愁。"岛还在，却丢失了整片大海。琦君曾在无数个夜晚任失眠在枕上流浪，任思念在脑海长成茂密的没有风的森林。几度辗转反侧后，她披衣而起，提起诗笺上的墨韵，来填补月夜的寂寞，灯火亮到天明。

她是故乡遗落的一片云，随风漂泊在海角天涯，但是云心的每一滴雨水里都深藏着故乡的影子。故乡是一口井，她从中汲取着源源不断的记忆，故乡的青山绿水、舌尖上的诱惑、身姿摇曳的故乡人……多少悲欢往事，都在铜香炉的绿锈里隐姓埋名。冉冉升起的檀香中，每一个细小的物件，每一个简单的场景，都像绣花般密密地织于纸上，每一针一线都精致明媚，饱含浓浓的情意。

岁月在微黄的灯光里漂洗，这株长了多年的兰花，终于倒在了岁月的渡口上。后来，再读她的文章，心中难免有悲凄苍凉之感。

琦君是大自然孕育的女儿，她经历过尘埃的风霜，却仍有一颗翡翠的心，脊梁和花茎一样颀长，四季更迭，岁岁年年，蓬勃地生长，再认真地老去，这是一种静默的优雅。

人生固然短暂，生活却是壮美的。繁华落尽，生命仍该是朵挺立的兰花，枝叶典雅，花儿如温暖着人间的月亮般清润。

（本文荣获吉首大学第二届"立人杯"读书征文大赛二等奖）

读一卷，梦一席

文学与新闻传播学院 罗 雪

轻轻地抽出一本书坐在窗前，阳光透过斑驳的树叶在书上留下深的浅的剪影，旁边沏上壶热茶，独自一个人，享受着这种氤氲的氛围。在平平仄仄的笺语呢喃中、在长长短短的墨言缠绵中徘徊。

闲暇时总喜欢看看书写写心情，几万字里描绘各种诗情画意，寥寥数语里面揭露各种人生百态，一字一句藏着感同身受的爱恨情仇，看到动情处，竟也和作者感受到一样的喜怒哀乐。

一本本书好像是一个个新奇的世界,它们能带我穿梭到不同的时空，见证不同的故事。轻轻推开一扇门扉，看到一女子白衣素手写着什么，走近一看，是“一种相思，两处闲愁。此情无计可消除，才下眉头，却上心头”。这份愁怨，像是蝴蝶点过小潭，深深浅浅的涟漪荡漾开去，像是烟雨宠着长风，层层叠叠地熏染开去，是归雁飞过长空，是小舟划过江湖。等待的人儿啊，最可怜。沾着泪滴的人儿啊，独自闭目轻叹，待君归，归来兮。风散云聚，落日斜晖，黄沙万里孤愁意，烽火狼烟下守着孤单的圆日，守着一段岁月长河静默的心，“大漠孤烟直，长河落日圆”，红日出长河，河水吞日月。

缠绵多情尘世缘，凄冷如烟葬花魂。“一个是阆苑仙葩，一个是美玉无瑕，若说没奇缘，今生遍又遇着他，若说有奇缘，如何心事终须化?一个枉自嗟呀，一个空劳牵挂。一个是水中月，一个是镜中花，想眼中能有多少泪珠儿，怎经得秋流到冬尽，春流到夏!”黛玉似狂风暴雨中一朵孤傲的花，衰弱生命中全部的炽热的爱，毫无保留地给了宝玉，“一朝春尽红颜老，花落人亡两不知”，九重天来雁回肠，芙蓉香魂离人泣，只留一片落叶萧萧、寒烟漠漠。

烟雨时空下，轻歌曼舞、云卷蝶飞、巧笑嫣然。在青山绿水间一支竹篙绘出一个故事、一座城、一段情，翠翠同湘西的水一样温婉透明。

少女怀春时的不知所措、如梦一般幽幽的歌声，随着湘水滔滔而去。“这个人也许永远不回来了，也许明天回来”，最是那一低头的温柔，等到梦尽荒芜，秋去冬来，我在这，不是归，也不走。

一本本书好像是一盏盏人生的明灯，它们能带着我走出迷茫低谷，指引着我用正确的方式活着。在书中，我看到田埂上的一人一牛，老人脸上的沟壑和眼神中的孤独像是一场逃亡，灯灭了，灯亮了，那些流年岁月中悲怆的残阳、烟花柳巷中的堕落、年少轻狂时的无知似乎渐行渐远又似乎刻骨铭心，只留下数不清的惆怅，道不明的忏悔和几分淡然。书中的福贵挥金如土家破人亡，妻离子亡感悟人生，以该笑的方式哭，在死亡的伴随下活着，该走的人最后来缅怀该留下的人，那些久久无法释怀的思绪只为活着。

平凡者伟大，荡气回肠真少年。职业的高贵与低贱，不能说明一个人生活的价值，恰恰相反，孙少平现在倒很“热爱”自己的苦难，通过这一段血火般的洗礼，他相信，自己经历千辛万苦而酿造出的生活之蜜，肯定比轻而易举拿来的更有滋味。那些浮躁喧嚣的心最后都在流淌的岁月中变得强大变得饱满，那些风风雨雨的离别都在最后化为轻叹和沉思。

轻轻翻开一卷书，洗去满身的浮华疲惫，抿一口清茗，任思绪翻滚，那些故事之中的人，似一抹青烟，悠悠地在心头四散开去，填满整个空间，然后融入你的骨髓，在你某个孤独失意的瞬间，他们带着或明亮或温暖的笑容，告诉你不要怕，在远方，那里花开艳艳，那里红霞满天。

（本文荣获吉首大学第二届“立人杯”读书征文大赛二等奖）

安如斯

马克思主义学院　石慧琳

如果你问我为何这般安静，因为岁月把生活编成了一本书，而我正捧着书读生活。

我们与书结缘，在很久以前，或许那时阳光正艳，又或许是冷风细雨。我们在尘世中与书结缘，不为什么，只为能静听灵魂的耳语，像现在这般安静。

总是在这样一个暖暖的日子里，把书与茶放在一起。闻着茶香，把自己关进书里，触摸每一笔墨迹。每一个字都像那无法言说的密文，每一张纸都给人以舒适的质感，每一本书都是我心灵的栖居地。我栖居在书中，书里的春夏秋冬永远不会出现极寒与极热。

春，总是带着一丝惊喜，藏在含苞待放的花苞里。三月的柳絮不飞，四月的阳光不燥。我依旧不由自主地往书店走，像奔赴一场盛宴。是的，奔赴一场精神的盛宴。穿梭在一排排书柜之间，就如穿梭在作家无声的探讨中。安静如夜，克莱尔·迈克福尔、顾城、冰心、席慕蓉、阎真……总是能穿越时间与空间的隔阂，在书店或者书吧齐聚一堂。文学艺术、历史小说、名家名著，各类书籍都以它独有的存在方式展现在我的面前。我忍不住想触摸一下，即使无法全部领它们回家，也要珍惜这分分秒秒的偶遇。

余光掠过旁边的长凳，几个书友已经沉浸在书中。我想，这便是一种区别于一般的安静沉思吧！

我从整齐的书中抽出一本诗集，是席慕蓉的。

“溪水急着要流向海洋，浪潮却渴望重回大地。在绿树白花的篱前，曾那样轻易地挥手道别，而沧桑的二十年后，我们的魂魄却夜夜归来……”

我们何尝不是“夜夜归来”。在离开书店之后，或许在某一个宁静的夜晚，我们的魂魄仍旧皈依书中，化作那满天繁星。

我们与书结缘，就此安静地品读书语，咀嚼生活。

盛夏，我们心中住着火花，一不小心就引燃了心情。烦琐的工作与炎热的天气总是把愉悦如同杯子一样打碎，刺伤了躁动的灵魂。或许，我们都是通缉犯，在生活的牢狱里。

于是，我扔下烦琐的事情，就这样捧着一本书。坐在舒适的椅子上，细细咀嚼，把书嚼透，把心事也嚼烂。这样才能在快节奏的生活中慢下来，找回自己那份从容与冷静。

如果问我为何这般安静，因为我捧着书嚼着生活。

自古逢秋悲寂寥。秋风瑟瑟，总是离人泪。落叶飘飘，几处是闲愁？总是在相同的季节，有着相同的感伤。试问，那枯树落叶何尝不是一幅动人的画卷？一棵树，把叶子落成了一本书。我捧着满地落叶，听嗖嗖的秋风，我想这就是书的声音。

微凉的秋夜，躺在床上，拿一本自己喜欢的书。不在乎读了多少，更不在乎有几份益处。只在乎书中的文字让我看到了自己的影子。执笔行文，洋洋洒洒，把自己的感受通过文字记录下来，就是极好的。有时候，我们为了某一目的去读书，为了完成任务去读书，这就完全失去了读书的真正意义。因为，这样的读书无法入脑，更无法入心。书，不可或缺，把读书当成习惯，自然而无功利地读书，是不可或缺的。

我们与书结缘，只为静听灵魂的耳语，它是这般安静。

隆冬，我们变得畏畏缩缩，恨不得将全身包裹得只留一双眼睛。漫长的寒假，难道真的成了漫长的冬眠？

他们说，冬天一无所有，只剩一望无际的寒冷。我说，冬天还有躺在床头柜上的书。一个平常的下午，我漫无目的地翻箱倒柜。在众多物品中安静地躺着一本书，七堇年的《平生欢》。又一次相逢，我却好像从没记起过它。厚厚的灰尘给它增添了不少“古老”的味道。我翻开它，依旧没有太多印象。我甚至不知道它的来历，买的？送的？还是借的？无从考证，罢了，既然重逢，就注定要重读一遍。

把它带回身边，我又一次把自己关进书里。

读过的故事免不了有一种熟悉之感，但却有不同的感悟，更深、更浓，是对岁月的吊唁，是对时光的挽留，是对平凡的思索，是对生命的感叹。

"时光驯服一切，我与往事之间，像回声，再怎么千回百转，终究消失在山谷。"

我们无法把读过的书全部记住，不管怎么努力，记忆总会淡去。这也许是书的一生，由新到旧，被记起又被淡忘。书的灵魂与肉体就是它的影响与书本身。书本被烧得灰飞烟灭，也不会燃尽书魂，因为书曾经影响过我们，一刻或者一生。

安静地咀嚼，安静地听。我仿佛在冬天感受到了灵魂的温度，是书唤醒了沉睡的灵魂。

春夏秋冬，四季轮回，转动的是时间，转不动的是书与我的缘分。岁月把生活编成了一本书，我把书捧在手上，如这般安静……

（本文荣获吉首大学第二届"立人杯"读书征文大赛二等奖）

浅浅书香留人醉

外国语学院　廖菲宇

我们每个人都带着自己独特的使命来到这个婆娑世界，有着不同的喜好，有着不同的追求，过着不同却只属于自己的生活。出生时，流着的是自己的眼泪；离世时，流着的是别人的眼泪。恍惚间，人生数十载，就如此轻易地从指尖流过。而我只愿在这短短的数十载，能有这浅浅书香的陪伴，留我一世安宁。

我想多去感知自己的内在，多去倾听自己内心的呼唤。我想把我的生活过成诗一样。一盏茶汤、一卷诗书，伴随着悠扬的轻音乐，度过一个迷人的下午。我是如此痴迷于这种感觉，希望所有的美丽都在此刻驻足。

翻阅着卷卷古典著作，感受着古圣先贤的谆谆教诲，我心中的敬佩之情油然而生。孔老夫子的圣贤之道，孝悌忠信、礼义廉耻……诸多这些言论都是在教化我，让我学会如何为人处世。手捧着《易经》，让我更加明白宇宙人生的真谛，万事万物都依据其自然规律运行着，我的心中便也更多了份安宁。

细读着古代诗人的诗词，我感觉自己似乎穿越了千年，与这些诗人一同把酒言欢，谈笑风生，感受着他们的喜怒哀乐。短短的几行诗词，有着优美的韵律，凝聚的是诗人最真挚的情感。也许就是那些灵感迸发的瞬间，一首流传千古的诗歌便跃然于纸上。隔着千年，我似乎看到了李白“举杯邀明月，对影成三人”的孤独，我似乎察觉到了李煜“问君能有几多愁，恰似一江春水向东流”的悲痛，我似乎感受到了李清照“寻寻觅觅，冷冷清清，凄凄惨惨戚戚”的落寞。我更喜欢凄美的诗词，它们对我似乎更有一种耐人寻味的魅力，直捣我内心深处。

相信每个向往内心宁静的人，都应该会喜欢喝茶，我也不例外。我之所以迷上喝茶，还是因为阅读那本名为《茶道》的书。书中详细记载了茶的发展历史、制作、分类以及茶艺。最吸引我的还是书中从茶道中悟出的人生思考。茶不仅仅是茶，它更是一种对生命的态度，茶喝到最后就是禅。正如在洗茶的这个过程中，洗的不是茶，而是我的心。而书本给我的洗涤是在灵魂上的，人不只是因为有肉体而存活，更重要的是心与灵，人应该是棵有思想的芦苇，人因有灵魂而绽放不一样的美丽。看着热水从茶壶中直泻而下，注入杯中，茶叶随水波上下翻滚，进而慢慢停下来，静静地观察这盏茶汤，我感受到的不仅仅是宁静，还有对人生的体悟。人这一生，不管刚开始经历多大的风浪，到最后都归于宁静。人这一生，或许可以像茶一样活着，不以物喜，不以己悲，人生百味，自在其中。

最近看的比较多的是近代诗歌，尤其是诗人的传记。这些美丽的文字将诗人的一生展现在我面前。我欣赏着他们用心倾吐的诗歌作品，细读着他们每个动人的瞬间，思考着他们的人生。渐渐地，我发现我自己更多思考的是自己的人生。我也想和顾城一样，在地上画满窗子，让所有习惯黑暗的眼睛都习惯于光明，给身边的每个人带去光明与温暖。我最喜欢的是海子，他就是诗歌中的太阳，我也想站在离太阳最近的地方，汲取更多的能量，哪怕会被灼伤，那也是我的天堂。因为太爱海子，我开始追寻他的足迹，想象着去那神圣而美丽的西藏。带着对海子的痴迷之情，我打开了他最喜爱的《瓦尔登湖》。仔细地翻阅着这本书，我发现它的字里行间透露的只有两个字——宁静，作者为我们展现了一个平静而美好的世界，此刻的我不禁觉得宁静祥和或许是对生命最好的诠释。

我经常想象着，希望有个“子虚谷”，谷中的小木屋是那样的小巧别致，谷中有着潺潺的流水声种竹林间袅袅的笛音，而此刻的我手握一卷诗书，伴着袅袅茶烟，这样的生活岂不甚好？只愿我们的生活能多一份书香的陪伴，多一份云水禅心。

（本文荣获吉首大学第二届“立人杯”读书征文大赛二等奖）

墨香缓缓，尘世温暖

文学与新闻传播学院　朱　勇

这是我的世界，墨香缓缓，尘世温暖。

每个清晨，我都喜欢看着阳光洒满的方向微笑，晨风徐徐，花香漫长，仿佛生命的清香浸润在悠远的时间里，慢慢地，缓缓地……

我喜欢这样温暖的世界，那些穿过街道经久不散的笑声，那些彼此对视真情流露的目光，那些透过窗户丝丝缕缕洒入教室的光线……它们都会记得，我对这样的温暖是如此依恋。

而在另一个最深最深的地方，所有记忆都被珍藏。当外面的世界不再平静时，这里依然存在着无限宁静。这里有着无法触碰却又无比真实的温暖，以文字、以音符、以墨香，它们像源源不断的光和热，穿过我的生命。

墨香缓缓

这是一个文字和眼泪的故事。

彼时，迷茫的我站在青春的尾巴上，背负着沉重的翅膀仰望蓝天，流着泪一遍一遍地对自己说，天使注定了要飞翔，不可以折断自己的翅膀。

后来的后来，疼痛都被忘却，但眼泪的灼热，成为永恒的记忆。

我是怎样忘记疼痛的呢？以眼泪的方式铭记着。我是怎样铭记眼泪的呢？那些眼泪在黛玉的笼烟眉下流转着，在纳兰的《饮水词》里泛滥，在易安的《漱玉词》里奔涌……它们洒落的时候，闪着同样晶莹的光泽，连苦涩的味道也丝毫不差，最后在悲伤这个统一频率的协调下涌入我所有过往的疼痛里。

穿过那些袅袅的墨香，在不同的蓝色忧伤里，我总是看到有相同炙热的泪水滚烫着染出悲壮的红色。圣贤如孔子，逃不过颜渊离逝的悲痛；

超脱如庄子，也要经过一番难过之后才能“鼓盆而歌”；睿智不过孔明，终究抵不住“天下三分，益州疲敝”的伤感。

原来，人都会在某个时候向眼泪屈服，过去无人幸免，未来也无一例外。

于是，我原谅了自己，即便是流泪，我也不再恐惧。再后来，我和眼泪说好了，不轻易哭泣。

我是这样告别眼泪的：在保尔·柯察金的勇气里，我消散了懦弱的哽咽；在《命运交响曲》的不屈里，我抛弃了无力的啜泣；在《假如给我三天光明》的顽强中，我忘却了逃避的哭泣。

如果我还有眼泪，也要为了那些感动和幸福而落。为它们溅落的泪，一定会开出明亮的花朵。

岁月，像是一场马不停蹄的相遇离别，那些过往的快乐和忧伤，它们沉淀在风里面。在变幻无常的光阴逆旅中，人生，总在寻找一个安静的停靠。

我的世界，是这样归于平静的。那些忧伤和快乐缓缓地掠过笔尖，阳光和雨露洒落在宣纸上，在心里落满层层的尘埃，被阵阵墨香款款洗去，所有躁动不安的情绪，在文字里静静地安眠。

在每个杨花飞舞的春日里，在每个繁星闪烁的夏夜里，在每个大雁南飞、百花凋落的秋天里，在每个雪花飞扬、北风呼啸的冬季中，面对着唐诗的喷薄炙热，面对着宋词的哀怨凄婉，我看到李白乘风破浪的豪迈，我看到杜甫忧国忧民、感时伤世的悲情，我看到苏东坡从容不迫、随遇而安的淡定和豁达。我总是泪流满面，因为，那些悲伤和欢乐，总会猝不及防地涌入脑海，我仿佛看到了自己内心的喜悦和失落，它们纠缠着，蔓延着，最后像无边无际的原野里穿行不止的风一样，归于天际，无声无息。然后，我的世界，沉入了恬美而宁静的梦境中。

有很多时候，我觉得那些在诗词里涌动的情绪、文字里流淌的泪水，它们是比现实里的春花秋月、夏雨冬雪更真实的体验，穿过阵阵墨香。带给我永恒的感动和安静。

尘世温暖

也许，时光很长。

但是，人生很短。

在那些我觉得时光太漫长的灰暗岁月里，与文字的一场邂逅，让我感到光阴很暖，人生太短。

春花明艳，夏雨缠绵，秋月朗朗，冬雪漫漫，在人间走一遭，这些都是触手可及的温暖，虽然这样的温暖常常带着稍纵即逝的感伤。

而世界终归是温暖的，我们拥有比光更热的眼泪，比花更艳的鲜血，也有比月光纯洁的明亮，它们在我们触碰不到的地方默默流淌、静静存在。以文字，以音符。

我相信，即便是在人生的尽头，我们依然能够感受到文字的温暖，它们像源源不断的光和热，自始至终穿过我们的生命。

（本文荣获吉首大学第二届“立人杯”读书征文大赛三等奖）

读《青铜时代》有感

文学与新闻传播学院　袁宏宇

这个学期，我一直在读一套书，叫《青铜时代》。

此书非彼书，作者名叫“潇水”，原名张守春，是一名理科生。可能没有王小波有名，但不妨碍这套书在读者心中的地位。我通过“罗辑思维”了解到这套书后，毫不犹豫地买下它，作为送给自己的精神大餐。

全套一共五本，写的不仅是浩浩荡荡的先秦历史，也是关于作者和一段青春的纪念。当年他上的是清华大学，他女朋友上的是北京大学。每个周三下午他没课，就跑去陪女朋友上课。正好那一年北大老师讲的是《左传》，于是潇水这个理科生边谈恋爱边听《左传》，就这样度过了那一年的青春。后来，两人分手了，潇水去了美国，为了纪念这一段感情，他就只带了《左传》这一本书。

在美国，每逢心情郁闷时，潇水便拿出《左传》来看看，最后把它翻得烂熟。回国后听说了前女友结婚的消息，他黯然神伤，然后奋笔写作，于是就有了这一套《青铜时代》，所以这是一本饱含“感情”和“才情”的书，也是一本很好的通俗历史读物。

《青铜时代》一套五本，分别是《蕨类战争》《恐龙战争》《鳄鱼战争》《蜥蜴战争》和《终结战争》，内容从远古神话到前秦历史。因为神话是最不像历史的历史，所以这套书的第一部叫《蕨类战争》。万物生长，但我们只了解皮毛，文明还未开始，有的只是荒诞离奇的故事。极好极好的“尧、舜、禹、汤、周文、周武”，极坏极坏的蚩尤、夏桀、纣王、厉王，漂亮的坏女人妹喜、妲己、褒姒，甚至更早的伏羲、女娲神农等远古神祇……所有这些可爱人物的存在，使青铜时代有了更让人追思的幽远色泽。

第二本《恐龙战争》，讲的是春秋五霸。那个时代，西方已经进入铁器时代，而中国人还抡着青铜武器，用很讲礼数的精神在打仗。春秋时代的五位霸主，因为脾气好，打仗讲礼数，所以被作者形容成“颇有古风的恐龙”。当然晋文公是个例外，他的贵族气不浓，因为他流浪的时间长，心理花样也较多，“小资情调”少一些，市井机巧多一些，于打仗没有不耍奸的。孙武子后来把他的著名战役“城濮之战”的打法，总结提炼出“以正合、以奇胜”的新军事理论——所谓“兵者，诡道也”，至今在商海里还被人津津乐道。

第三本是《蜥蜴战争》，这些“大蜥蜴”们没有春秋霸主的古风了，主要擅长在泥塘里打滚，其中尤以夫差、勾践的故事最为令人目瞪口呆，当然发生了其他更多的趣事。在这本书里我们可以看到，战争也不再是贵族们的特权了，卿、士大夫阶层也开始走上舞台。在下一本《鳄鱼战争》中我们看到越来越多的底层士、民走上政治舞台，周王室更加没落，最后落得被赶走的窘境。而这个时候，打仗也不再讲礼数了，什么增兵减灶等小伎俩也出现了，抓获统帅也不再停马下车作揖了。

最后一本《终极战争》，在这一本书的末尾，秦始皇已经统一中国了，分封制的青铜光泽，也在专制时代的门槛上开始暗淡下去了，最终彻底不见了。

五本书，作者潇水打着“反无趣”和“反没智慧”为口号，用生动形象、诙谐幽默的语言演绎历史而不忘历史，趣味历史写作也最终受到像我一样年纪的青年人的喜欢。在这本书里的历史许多都与我们在课堂上听到的大相径庭，更新读者原有的认知，甚至颠翻人们的世界观，每个读者都会经历自我怀疑和自我否定的道路，最后发现“历史被重塑”，而思想也变得自由。这个过程就是我读这套书的感受：从崇拜、大呼小叫到不屑一顾、大加讽刺再到最后的慨然长叹。

读到最后一本时，我一直有几个问题，和这套书的推荐者罗振宇一样，我在追问——为什么春秋时代最终崛起的是楚国，而终结战国时代的是秦国？要知道在历史博弈过程中，这两个诸侯国都是被当时的“主流国际社会”看不起、看不惯、看不懂的边缘小国。为什么竞争到最后，留下的反而是他们？而居于中心位置的周王室子弟或者亲贵——比如姬姓的郑国、姜姓的齐国，反而垂垂老去。边缘文化往往具有旺盛的生命力和兼容其他文化的功能，是新方法、新眼光的孕育处。边缘向中心挑战，动摇中心的地位，迫使中心接纳自己或兼容自己，这种能量来自何处？边缘的崛起能够给我们今天的转型时代怎样的启发？

在学校的一个讲座里，陈秉公教授为我解答了其中一个问题。他告诉我们，即使笑到最后的楚国和秦国，获得的也都是技术层面的胜利，是锐利改革的成功，辉煌的时间并不长，最后还是被同化。而中华民族精神在交流和碰撞中融合，中心文化兼顾包容了边缘文化。至于其他的问题，好书还需多磨，才能有自己的真知灼见。

一口气看完后，我走到阳台，抬眼望向星空，几千年历史的浩浩荡荡，帝王、英雄、佳人已去，化作天上的一颗颗星，仍旧璀璨闪耀着，看着后人在这片新的土地上创造着新的历史。我心中的万千感慨化作一句：“梓泽丘墟，流水无情。往事已矣，明月常在！”

（本文荣获吉首大学第二届“立人杯”读书征文大赛三等奖）

天空的色彩

——读《画天：子尤的世界》

商学院　蓝娜圆

我不敢说生命有多大的意义，但我也从不敢妄言生命没有意义。我庆幸我们有文字，所以我们能够回顾属于我们的历史，那曾经的一切，或真或假，或虚或实，让我能够窥探生之所以。

我不敢说文明有多么的伟大，但也不敢妄言文明终将走向毁灭。我惭愧不能肯定我们拥有进步的历史，然而那时间与空间之中，恰恰是我们曾经存在的痕迹。或许文明就是空间中一条萌发的路径，无论走到哪都不能算是前进。

我们常感叹生命短暂，却始终看不透死亡的意义。回首往昔，有多少曾经在死亡的阴影下消逝得无声无息。可曾忆起，远古的地球根本找不到一丝生机。有那么一刻，在那之前，世界里从未有死亡。也有那么一刻，曾经的存在，已经全部死亡。

岩石千万年亘古不变，在岁月中只留下了风雨侵蚀的痕迹。是的，生命在某一刻选择了自然死亡，也正是从那一刻起，活着，已经不再只有活的意义。

回顾生命之旅，倘若不死，何来新生？死亡之于生命，是新生的颂歌，延绵亿年，从未停息。死亡为新生咏唱，新生将死亡传承，生与死，从此轮回不止。或许这也不只是轮回，而是印下了条浅浅的车辙，在时空中留下了痕迹。

直到今天，生与死的故事仍在延续，而世界却早已焕然一新。我们感叹生命的伟大，咏唱大地的繁荣生机。却未曾想过，让这世界从此不再单调，或许这就是生命之所以选择死亡的意义。

然而，对酒当歌，人生几何？为何人类永远逃避不了死亡？死亡之于人，又有什么意义？纵有千古英雄，终于也只剩死去的可惜。更何况是凡人？

有人说死亡让人更加珍惜生命。的确，人固有一死，正是如此，人们才唯恐韶华易逝，唯有奋发，才能走向前去，看一眼生命到底有没有意义。没有死亡，也就没有发展的动力，或许这就是死亡之于人的一种意义。然而，死亡为何成为一种恐惧？

抛开整个世界，也抛开我们自己，看一眼我们社会的曾经和现在。倘若我们把曾经的圣主比之于如今的民主，把曾经的丰年比之于如今的繁华，我们的选择，是继承，还是摒弃？再来想一想，在这社会中，发展与死亡，究竟是有怎样的联系？

再高明的制度也终将腐化，再先进的技术也终将过时。所以，等到那些“老顽固”一个一个寿终正寝，旧世界便被完全打破，新世界即将开始。死亡之于社会，就是革命，革去旧的命。谁能尘封旧世界全部的思想烙印？

伤病，灾难带来的死亡，我们只有哀悼，只有惋惜。逝者安息，生者奋发。但自然的死亡会带来新生，我们无须恐惧。

子尤，我看到了你的诗歌，我看到了你的心，看到了那份坦然面对。我隐约看到了恐惧，却更多看到了那生命的热情和自灵魂涌出的诗歌。古往今来，所有故事，都是相遇，然后别离。我想，我看到了生，也看到了死，看到了岁月中的痕迹，也看到了一切的未来，那便是全部的希望。

我看到你的离去和你飘飞的灵魂，然而，这不该是故事的结局。病痛是死亡阴影，爱便是新生的希望，所以，这不该是故事的结局！别人让天空主宰自己的颜色，我用自己的颜色画天。没错，那应该是碧空的蓝天，是璀璨的金黄，所以，死亡不该是故事的结局！

我愿向上天发难，这为何是故事的结局！莫非是这世间最纯净的心灵，才能飘飞在缥缈的宇宙，化成永恒的灵魂？从此，苍生只能仰望，那俯瞰着这苍茫世间的你？或许，在那头，有灵魂的诗歌，伴随着永恒的生命？

（本文荣获吉首大学第二届“立人杯”读书征文大赛三等奖）

灵魂自有安放处

——读《原谅我红尘颠倒》有感

商学院　蒋诗涵

都说慕容雪村的书从来是一条路走到黑，灰暗的文字带领你打开封闭的通往人性的大门，每个人都褪下白日精致的妆容和浮华的衣冠，转而走进没有色彩的房间。这里没有关怀，这里不被理解，这里道德腐朽，这里伦理崩塌，这里罪恶之花肆意生长，这里的人抖抖脚踢走带有灰尘的善良软布，摆摆手扑扇走空气里的温情霉味，踮踮脚抓取四处零散的故事碎片进行拼接，重塑成一个红尘颠倒的新世界。领悟完《原谅我红尘颠倒》的这场大梦，看着昏暗灯光下自己印在墙壁的身影时，我竟会感到一丝不真实。

《原谅我红尘颠倒》讲述了一个黑白不分，贪婪奢靡的社会，主人公魏达本是个努力向上的法学系大学生，毕业后顺理成章地以栋梁的名义进入了法律行业准备一展抱负，但在他尝到了钱权交易的甜头后便一头栽入污水池中不再上岸，从此名利双收，春风得意。整本书以魏达为主线，用最象征公平与正义的司法界作为背景，通过魏达贿赂法官，明码实价做伪证，最后杀人灭口以求自保等一系列黑暗故事展现了一个毫无人性，利益至上的绝望世界。

我想每个看过这本书的法律人士都会对里面描写的黑暗情节耿耿于怀，甚至急切地渴望用一个大喇叭来昭告天下事实并非如此——急于辩白被无端扣上的污浊，急于澄清被无限放大的丑恶，急于呼吁这仍是一个和谐美好的法治社会。无论如何，我们都不可否认黑暗存在的事实，即使它渺小，却也是万里晴空中打眼的乌云。

在小说中世界里，世上人有高下，却都在污水中过活，圣人把污水泼向整个世界，然后用金粉给自己塑身。剩下的大多数人在泥潭里越滚越深，饮脏食秽，弄脏自己也弄脏别人。在这场名利财富与人性良知的较量里，我也看到了一个英雄——挂着公正廉洁大字牌的法官潘志明，时刻企图唤醒人类沉睡的性本善，最终，他还是被冠上“异己”的罪名缉拿归案。人们常会感慨潘志明的生不逢时，妄想仅靠自己的正直去清洁世界，得到的却只有别人的讥讽。然而谁最开始没做过潘志明，幻想自己指点江山呢？曾经正义凛然，疾恶如仇，可最后还是背叛了自己。红毯和深渊都有相通性，最终也是殊途同归，人生无路可退，沉沦与救赎总在同时进行。或许有些人会如魏达一样，放手一搏，花花世界里走过一遭，虎狼面前他做麋鹿，麋鹿面前他变猎枪，终有一日醒握天下权，醉卧美人膝。可手中的物质最后都会如沙般流走，八面玲珑的人内心终归是孤独的，除了金钱与算计外魏达无所期待。活着就是为了给别人设计一个又一个的牢笼，活着就是为了给自己竖起一层又一层的屏障。或许会如老潘，就算跟这个社会斗争失败仍在牢狱里传播法律的公平正义。他相信灵魂总有安放处，没有人会是一座孤岛，就算再昏暗的地方只要人内心有光，彼此扶持，彼此鼓励，彼此照亮便也无惧。

我们无法证实书中故事的真实性，就像我们不希望它是真实的一样，因为我们的心底大都是充满了希望与爱的。故事的最后，作者善良地把这些贪欲构成梦境，睁开眼，魏达其实生活在一片净土上，贪婪无情残忍血腥的片段化为虚无远去，而希望永存。

魏达和潘志明的同类人在这个真实的世界里密密麻麻地散布着，他们都在低头寻找机会，他们都有自己要去的彼岸。恩怨纠葛总让故事多彩，纷纷扰扰也让故事在现实里显得更有真实性。在大浪淘沙的考验中，唯有敢于打破黑暗的勇气和赤子之心的坚守相得益彰。相信灵魂总有安放处，守卫心中的光，大胆前行，黑暗就将终结。勇者无畏，在疲惫和复杂的生活里，我们都要用一颗干净的心来面对各种诱惑和考验，逃脱污浊，就自有繁花相伴。

或许有一天那些你不曾愿意相信的故事会来到，靠近你，拍拍你，试探你。无须担心，因为生活的路途上永远会有挑战，记得与怪物战斗时，自己不要变成怪物。坚持本心，不被污浊同化，就可以把握好这场红尘颠倒。

（本文荣获吉首大学第二届“立人杯”读书征文大赛三等奖）

平凡之光

——读《平凡的世界》有感

信息科学与工程学院　肖　军

不要光赞美高耸的东西，平原和丘陵也一样不朽。

——菲·贝利

有那么一群人，出身如尘埃一般平凡，饱受人生的坎坷艰辛，尝尽生活的苦难与风雨，然而他们依然勇敢而坚强，不甘平庸，在平凡的世界里活出了如阳光般耀眼的一生。

翻开《平凡的世界》，我似乎穿越了时空，似乎我也和他们一起经历了那个苦难的时代，它让来自农村的我对于生命中的贫穷、残酷、卑微以及苦难有了更加深刻的理解。我看到平凡的人即使平凡，只要不甘平庸，拥有并坚持自己的梦想，勇敢大胆地去追求，只要珍惜自己的青春时光去做一个有价值的人，那么就注定是不平凡的！

《平凡的世界》是路遥对人性光辉的诠释和赞颂，使我对生活的苦难和人性的真善美有了更深层次的理解。也许是心底深处的某些东西被触动，书中情节让我不知感动了多少回。

路遥以恢宏的气势和如史诗般的笔触在《平凡的世界》里描绘了改革时代中国的社会生活和在那个时代那些可爱又善良的人儿，在平凡的世界他们闪着金色的光芒。

粗犷又孝顺的农民孙少安，为了减轻家中的负担，他13岁就辍学回到家里务农。他睿智而又敢于担当，18岁就当上生产队队长，后又为改善双水村惨淡光景而带头实践生产责任制，划分土地来带动双水村村民的种地积极性。后来他又炸山修窑做砖，带领全村人民富起来。

渴望知识、追求理想的孙少平，如饥似渴，废寝忘食，昼夜不分地去读《钢铁是怎样炼成的》，尝尽吃黑馍馍的心酸，经历了揽工的苦难和矿场的艰辛，面临了失去晓霞的痛苦，体会过面容近毁的绝望。即使如此，“天行健，君子以自强不息”，他关心家人并且忘我付出，他从未放弃对美好生活的渴望和追求，依旧坚强地活着，再度扬起生命之帆，诠释了苦难中的哲学。他是平凡世界里不平凡的人！

平凡的世界因他们的至真至善至美光芒万丈，你能说他们平凡吗？

正如田晓霞对少平说的，你跟别人不一样，你不平凡，你是一个有另外世界的人。而少平则说：“我是个平凡的人，但也可以过得不平凡”。晓霞在自己的日记中也写道：我放纵自己的天性，相信爱情能给予我创造的力量。我为我的“掏炭丈夫”感到骄傲。

命运啊！命运！为何要如此折磨他们。她摒弃世俗的观念，深深去爱，但他们的爱情却如山楂树之恋般凄凉。

当润叶写给少安一张“我愿一辈子和你好”的纸条，仿佛整个世界都眉开眼笑，少安激动地把纸条吞进肚子。可是为了能让润叶过得更好，他把爱埋在心底。

田晓霞是个向往诗和远方的女记者，她很想永远与少平做伴，可是最后却因救他人和少平阴阳相隔。以后谁鼓励少平看报纸，关心国家大事？谁会鼓励他在困难面前不要畏惧？谁会让他坚持自己的世界？少平积藏在心底的思念更与何人说呢？

“我们原是自由飞翔的鸟儿，飞去吧！飞到乌云背后明媚的山峦，飞到那里，飞到那蓝色的海洋，只有风在欢舞，还有我做伴！”晓霞的语言犹在耳，而斯人已逝。

生命中有多少无奈和惋惜？又有怎样的愁苦和感伤？

是的，在这个平凡的世界里，人们其实有很多无奈。所以不是所有的美好都能按照自己的愿望存在和实现。

纵使生命平凡、短暂，苦难不断，生命也是美好的，不要放任自己庸碌沦落，我们要怀着梦想，向往美好，不抛弃不放弃，在平凡中实现自己的价值，终究会造就自己的不平凡，这是我从《平凡的世界》中学到的。正如少平对自己说的，精神的消沉无疑是自杀。即使是痛苦，那也是正常情感的一部分，也是我们幸福人生的不可缺欠的一部分。

（本文荣获吉首大学第二届“立人杯”读书征文大赛三等奖）

品好书　染墨香

文学与新闻传播学院　汪雪梅

冰心曾说："我一生中读书奉行九个字，就是：读书好，好读书，读好书。"的确，品读一本好书，如同沐浴在和风微醺的春日里，让人忘却烦忧，增添温情。好似品味一杯香茗，虽有淡淡的苦涩之味却齿颊留香，令人沉迷留恋。读书，已经成为我生活中必不可少的一部分，作为精神食粮不断为我补充前行的能量，我甚是喜爱品读一本好书，从书中熏染淡淡的墨香。

读书好，好似经历风雷暴雨后见到的那一弯七色彩虹，让人收获知识和欣喜。英国哲学家培根曾说过："史鉴使人明智，诗歌使人巧慧，数学使人精细，博物使人深沉，伦理之学使人庄重。"可见读书的好处之多，魅力之大。小时候，我并不知道读书有这么多的好处，只是喜欢天天拿着唐诗宋词诵读，受年龄和经历的限制，我并不能真正理解其中的意味，纯粹是喜欢读起来朗朗上口的那种节奏韵律感。稍大一些时，我渐渐地了解唐诗宋词，明白了豪放不羁的李白孤独时也会在月下高歌"举头邀明月，对影成三人"，生活困窘的杜甫会发出"安得广厦千万间，大庇天下寒士俱欢颜"的无奈与憧憬，五柳先生向往"采菊东篱下，悠然见南山"闲适自得的田园生活，李清照"寻寻觅觅，冷冷清清，凄凄惨惨戚戚"的凄美与孤寂。受幼时唐诗宋词的滋养，知识渐渐在我的脑袋里萌芽。记得一次偶然的机会，在朋友的摘抄笔记里，我看到了一句朱熹先生关于读书心得的话："读书须是遍布周满，某尝以为宁详毋略，宁下毋高，宁拙毋巧，宁近毋远"，感触颇深，此后，我便扩大读书的范围，古今中外均有所涉猎，随着年龄的增长，阅历不断丰富，书读得越来越多，知识也在脑袋里不断生长。

好读书，如同饥饿的人扑在面包上一样，不断咀嚼其中的养分和精华。我认为"好读书"需要拥有一份爱读书的热心，且要持之以恒，不能因生活的烦扰减去一分热度，才能达到你想要的读书效果。人人都说“书中自有黄金屋，书中自有颜如玉”，但要真正爱上读书，就需要学会和书谈恋爱，用自己的细心、耐心和恒心去对待它，它也会报你以真心。心情不好时，静坐在图书馆的一隅，一杯茶、一支笔、一本幽默故事集子，或许就能让你忘却烦恼。自卑堕落萎靡不振时，沉浸在励志人物传记中，用心倾听它与你私语，告诉你世上还有很多比你不幸的人仍在奋斗，激励着你重拾信心，看见未来生活的美好。梁实秋说：读书，永远不恨其晚，晚比永远不读强。所以，不论你现在是什么职业、性别、年龄，学习是永无止境的，读书也是无休无止的，趁着现在，赶紧和书谈场轰轰烈烈的恋爱。

读好书，就如炎炎夏日里午后的一场甘霖，滋润心田，使人成长。我曾读过卡内基的经典著作《人性的弱点》，书中深刻剖析了人性中的弱点，充满了力量、智慧，在生活中给了我很多关于人际交往方面的启迪。令我印象深刻的还有路遥的《平凡的世界》，其中的孙少平在艰难岁月里中凭借自己坚忍不拔的毅力努力生活，给了我极大的震撼和感染，在生活中面临困境时，让我找到了不断向前的勇气。品读一本好书，不仅能享受文字在心灵间的跳动，还能让人学会怎样更好地生活。

读一本好书，就应该让自己沾染淡淡的墨香。

（本文荣获吉首大学第二届“立人杯”读书征文大赛三等奖）

手捧纸墨，心嗅清香

医学院　田开天

岁月轻浅，草木枯荣，风吹过一程一程荒原。在时光里驰骋的人们穿梭往来，忙碌的生活总是无端扰乱人心。于我，文字是一处暖人的温泉，是一座沁人的花圃。世上几多繁华事，于我，车水马龙、人来人往，都是寻常。唯有纸墨，穿过无数时光，依旧清香扑鼻。

日光尚浅，一盏茶、一本书，耳边是鸟鸣，窗外是花木，我俯首于书桌，眼前是一首又一首诗词。“死生契阔，与子成说。执子之手，与子偕老”，我向往于这美好愿景；“桃花潭水深千尺，不及汪伦送我情”，我欢喜这此间温情；“十年生死两茫茫，不思量，自难忘。千里孤坟，无处话凄凉”，我哀伤于这悲欢离合；“枯藤老树昏鸦，小桥流水人家，古道西风瘦马。夕阳西下，断肠人在天涯”，我感叹于这其中寂寥。在这些文字里，我的喜怒哀乐仿佛都被抹平，时间停止，没有人世，也没有了我，只剩这宁静。

日光渐暖，《小王子》带我进入他的星球，看他的玫瑰花；《简·爱》告诉我爱情是不分贫富贵贱的，每个人在人格上都是平等的；阿富汗的战事纷扰，但总归是有《追风筝的人》给人以绝望中的希望；在《忽然七日》里，我知道人生只有一次，爱你想爱的人，做你想做的事；《东京塔》下，我读懂了母亲对子女不平凡的爱。世事孤寂，我庆幸有文字安抚，给人以力量前行。

日光变淡，竹叶声寒，风吹了一季，唐僧还在取经路上，林黛玉却早已进了贾府，数不尽的英雄进了梁山，诸葛亮用计火烧了赤壁，曹操最后却还是赢了。大江东去，梦里花落。徐福贵老了，身边只剩下头老牛，也许没有比活着更美好的事，但也没有比活着更艰难的事。也许笛声暮去，年华老去，只有你——文字还在原地，不言不语，下自成蹊。

白驹过隙，苍狗白云，我只愿手捧纸墨，心嗅清香。

（本文荣获吉首大学第二届“立人杯”读书征文大赛三等奖）

读《小王子》心得

医学院　蒋新桂

“像最伟大的艺术家们一样，梅尔维尔把他的象征建立在具体之上，而不是梦的质料之中。神话的创造才具有天才的特性，仅仅是因为他将神话置于厚实的现实之中”。本质上，我们每一个人都现在是或曾是“小王子”，我们和小王子一样单纯、童真、善良，但事实上呢，却不是那么回事儿了，现实的泥沼把我们的棱角磨得圆圆的。而我想表达的是，不管现实如何，我们都要保持童心，做一个有责任感的人。

——题记

《小王子》的作者以第一人称叙述故事，给读者一种亲切的感觉，拉近了读者与作者心灵的距离。《小王子》开头写了这样一句话：“我请孩子们原谅我把这本书献给了一个大人，我愿意把这本书献给儿童时代的这个大人。”正如大家公认的，童话故事一般是小孩子们喜爱阅读的，但为什么说《小王子》也同样适合或者说特别适合大人们阅读呢？原因是，《小王子》中的部分内容就像是一面有魔法的明镜，它真正的魅力、魔力就是照射出人们失去童真、丢失单纯善良和爱心的内心，这样的人才能更容易理解小王子的故事的真正意义，才能明白在生活中单纯、童真和善良的重要性和不可或缺。当我们面对学习上或者生活上的烦恼，感到无奈、挫折、伤心时，有了《小王子》，我们就能怀揣着一颗初心，继续坚强向前迈进，精彩地生活。

小王子之单纯

在旅途中，小王子遇到了地理学家，地理学家要求小王子讲述他的星球，小王子说了这样一句话“我还有一朵花……花最美了”，地理学家说，“花我们是不编录的”。就这样简短的对话，表现出了小王子的童真和单纯，所有的事物在他眼中、在他心里，都只有“美”与“不美”之分，他在自己的星球上每天也就是清扫清扫星球，给玫瑰花浇浇水，忧郁烦闷的时候看看落日，总之就是享受生活的自由和欢乐。而当今有些人利欲熏心，追逐功名利禄，钩心斗角，每天都有无尽的烦恼忧愁，丢失了小时候的单纯，更加不懂得如何愉快、自由地生活，就像小王子所说的那样“大人的确是很怪”。

小王子之坚持

如俗语“打破砂锅问到底”那样，小王子一生中从未放弃过他提出的问题，不得到答案便不罢休。小时候的我们不也是这样吗？有时看见了一个奇异的现象，脑袋中会灵光一闪，紧接着就会有无数个为什么。好奇心促使我们飞快地跑到爸爸身旁，一直追问，直到爸爸表现得特别不耐烦，最后也不了了之。久而久之，我们渐渐变得做什么事都给自己找个借口，不再坚持，结果可想而知了。假如我们每个人都像小王子那样，坚持自我，保持个性，那样我们的生活会不会有更多的惊喜呢？我们应该做一个勇于探索，敢于担当，有责任感的人，活出属于自己的精彩，做夜空中那颗最闪亮、最耀眼的星星。

小王子之爱

爱，是神赐予人间最伟大、最美好的感情。万物因为有爱而熠熠生辉。然而，在现实中我们常常迷失在爱里，打着爱的幌子伤害别人，最终害人害己。就像那朵小王子爱的玫瑰花，她娇弱而任性，需要友谊的安抚和爱的灌溉，但她却爱面子，骄傲自大，虚荣心重，爱说谎。俗话说，“可恨之人必有可怜之处”，外表自大骄傲的她，内心深处也有根脆弱的神经。她为了不让小王子看到自己的眼泪，用凶恶的口气把小王子赶走，然后自己一个人孤零零的。此次旅行也好，经历也罢，小王子明白了自己对玫瑰花的深沉爱意，他懂得了责任，他要关心、爱护、守护她，单她一朵就比花园里五千朵都宝贵。“小王子与玫瑰花”的故事准确完美地诠释了狐狸的“驯养”一词。小王子是她的唯一，她更是小王子的唯一。所以故事的最后，小王子为了回到他爱的玫瑰花身边，献出了生命，他在那一片星空下倒了下去。

“生命诚可贵，爱情价更高”，虽然这个结局与我所期待的不尽相同，但小王子做的决定一定是不后悔的，他回到了玫瑰花身边。小王子人小，脑海中却充满了智慧，是我们每一个人应该学习的对象。

（本文荣获吉首大学第二届“立人杯”读书征文大赛三等奖）

品读《人生》 思考人生

马克思主义学院　李海姣

“人生道路虽然漫长，但紧要处常常只有几步”，《人生》封面上这句话深深吸引了我，于是我毅然决定拾起它，细细品读一番。就这样，我进入了主人公高加林的生活。我能感受到高加林在做出人生选择时的艰难，他离开土地又回到土地，再离开土地，最后又回到土地，仿佛人生就是一个循环。人生真的是一个循环吗？显然不是。如果当初高加林依靠自己的努力而不是通过所谓的“捷径”进城工作，那么他就不会被别人揭发，最终又回到农村。人生有捷径吗？固然有，但是不是所有的捷径都能达到成功的彼岸，要想成功我们需要的是努力。

读完《人生》，我也开始思考自己的人生。从一定程度上讲，我与高加林有着相似的生活环境。我出生在一个边远农村，父母都是面朝黄土背朝天的农民，村里面一直盛行着“读书无用论”。我和高加林一样，不满父辈们为了生活而生活的简单生活方式，更不相信“读书无用论”。两年前，刻苦努力的我以优异的成绩进入了梦想中的象牙塔，成了村里面第二个大学生。当我进入了梦想中的象牙塔后，我却迷茫了，我深知身上不仅肩负着父母亲的期望，更肩负着一种改变“读书无用论”的责任，但我却无心学习。我开始反问自己，我是谁？我适合做什么？在考研和就业的十字路口我又该走向哪里？“人生道路虽然漫长，但紧要处常常只有几步，特别是当人年轻的时候，没有一个人的生活道路是笔直的，没有岔道的。我们要把握好自己人生道路上的每一次转折，走好人生路上的每一步”，我面临着人生的重大选择。每当做选择时，我心里总会出现两个人，左边的人跟我说“孩子，去工作吧，上了三尺讲台你将体会到教书育人的快乐，这个社会看中能力，你可以用读研的三年时间积累人生经验”，右边的人跟我说“孩子，考研吧，你还没有到达诗和远方呢？读研能够提高学历，也能提高自身能力，以后会有更大的发展空间”，最后两个人打起来了，右边的人赢了。

既然做出了选择，就应该朝着诗和远方不断的努力。也许现在的你也和我一样，有着自己的追求，有了追求就应该不畏艰险，披荆斩棘。我们每个人都是逐梦路上的行者，逐梦路远，且行且奋斗！

人生都是一场直播，没有彩排更没有重播，愿我们都能不忘初心，不负光阴，不畏挫折，不畏挑战。光线唯有聚焦才能更加明亮，人生唯有专注才能成就卓越。

（本文荣获吉首大学第二届“立人杯”读书征文大赛三等奖）

读 诗

文学与新闻传播学院 李明倩

是在一个雨夜，远方，有雾。

是在某天清晨，近处，有光影。

一本诗集，点亮了时光。生活中纵有再多不如意、不欢喜，看一首诗，便好了。或是冰心，或是席慕蓉，又或是北岛。只要是诗，只要是那清冷的几行小字，就可以让我的不安通通消散。

“四季可以安排得极为暗淡，如果太阳愿意。生命可以安排得极为寂寞，如果爱情愿意。我可以永不再出现，如果你愿意……”。席慕蓉的这首《如果》是我近期最爱的诗。每一个字、每一个词都那么朴实无华，但汇成诗后却显得诗人的这份情感精致又清新。佛说：求而不得，是为最苦。天底下有多少痴男怨女，终日郁郁寡欢思而不得。但席慕蓉却让我感受到每个个体至高无上的尊严感，我不为其他人活，一切一切的生活都是为了我，为了我这珍贵的生命。

席慕蓉的诗让我感受到思绪变得柔软，可以无限地伸展，让我懂得人生苦乐自有定论，是非得失也全有因果。

读完席慕蓉，我又想起了那个孤零零站在渔港上等待着穷孩子的背影，单薄却伟大。那是北岛，是我最崇敬的北岛。他像一个有着无限大的怀抱的长者，当他的双臂微微张开，我便觉得这世间所有的污浊与不堪都被他轻轻吸了去。诗人北岛啊，教会我博爱与平等，教会我尊重与奉献，更教会了我万物自由。

在这个世界上，人可以很大很大也可以微小如蝼蚁，学会尊重与博爱，便能轻松自在地活在当下，享受当下！

再回到如今的生活，我只是万千大学生中的一员，每天机械地重复着某些动作，空闲时便读一读诗，仔细琢磨这字里行间潜藏的温情。吕定德有一句诗是这么描写雨声的：“滴雨的声音像折下的一条细枝条，像过冬的梅花。”我盯着这句诗久久不能移开视线，我实在想象不出来雨声能够被形容得这么冷冽与清香。诗人果真是世界上最具灵性的人，而诗歌是一条流淌在心底的河流，顺着光阴、岁月、季节流淌而来，诗人做到了倾听内心的声音，静静地书写。

也许我永远也写不出那么考究的好句，甚至连一句简单的情感都无法完整表达，但这也丝毫不影响我对于诗歌的热爱。当远方的人通过一首诗抒发出了此时此刻你最想抒发的情感，还写得那么美好又纤尘不染，那该是多么令人快意的事啊！

在诗香中入睡，多么温暖惬意，那些虚幻的人物在梦里相逢，演绎着诗里的故事。既如此，且一直读下去，倦了就眠，眠而有梦，梦里清芬，与许多许多的美好一一相遇。

（本文荣获吉首大学第二届“立人杯”读书征文大赛三等奖）

读村上春树的《世界尽头与冷酷仙境》

资环学院　盛康乐

我想分享的这本书是村上春树先生写的《世界尽头与冷酷仙境》，也许有人觉得分享一个日本人的小说会太过于凝重，然而我觉得文学与艺术一样，是不分国界的。这只是简单地分享一种由阅读所带来的喜悦，不带有其他的色彩。

先谈谈作者和这本书吧，村上春树，毕业于日本名校早稻田大学文学部，以处女作《且听风吟》出道，最著名的作品大概是《挪威的森林》，我本人也是通过一次偶然的机会拜读了他的《挪威的森林》才逐渐走进村上的世界当中去的。这次的主角并不是《挪威的森林》，而是早于它出版的长篇小说《世界尽头与冷酷仙境》，因为是最近才读完的，所以较于前者的记忆可能更加清晰。

《世界尽头与冷酷仙境》的故事主线很清晰：一条是世界尽头，围绕未来的日本城市所展开的关于主角的一系列所遇之事；另一条是冷酷仙境，围绕的是一个具有幻想风的中世纪城镇所发生的关于主角的事情。小说以平行时间轴为目录，世界尽头和冷酷仙境的章节相互穿插，让人觉得是两个故事是在完全不同的世界观中同时演绎着。那其实呢，主角是同一人，关于这点我并不想做太多的说明，因为“剧透”是很不礼貌的一件事，这是一种文学礼仪，关于小说本体我只想说这么多，无论是村上春树，还是《世界尽头与冷酷仙境》，了解这个人和这本书的人自然就了解，不了解的也没有太多关系，这不影响我的分享和与他人的沟通，这本身也是一种哲学，一种求同存异的哲学不是吗？为何世人非要对某个人某个事了解得那么透彻呢？本书中所提到的模糊计算不就是一种看待世界的新角度吗？当然，我们也不需要知道什么叫模糊计算，知道书中有这么个东西出现过就够了，现实也应该如此的，有时候不如驻足想想，这个世界的发展，这个社会的推进，到底是为了什么呢？迷失自我是很容易的不是吗？村上在书中的那个结局，那个主角永远长眠的结局，就像是在警醒人们，太过于重视科学技术与生产力的发展，最后的结局就是把自己搭进去，就像是《终结者》系列所描述的，对人类进行末日审判的，正是人类所创造的智慧结晶。

而冷酷仙境则是从另一个角度来描述另一个哲学理念的，我们称之为理想乡，也有人把它叫作乌托邦式的社会模式，在冷酷仙境，人们没有欲望，没有冲突，一切井然有序，每个人做着每个人的事情，然而在这美好的背后，作者又穿插了一个伏笔——冷酷仙境中的所有人都是没有心的，这是一个很讽刺的事情。听说无欲无求是人达到圣的最高境界，然而事实是，没有了人心的人，是否还能称之为人呢？而作者在故事的最后，寄托了这样空然的理想，男主放弃回到原来的世界，他仍然愿意留在冷酷仙境，即使他不会失去心，但也不会被冷酷仙境的一切所接受。当然，没看过这本书的人听我讲了这么多肯定觉得很突兀，但我所传达的只是作者的两个理念而已，这就是我读完这本书的收获——即警醒人性的放纵和科技的发展以及对理想乡式的生存方式的一种空然的追求。

然而，事实是人性的泯灭仍然在世界各地发生，科技也随时间的变化而不断发展，乌托邦式的理想社会被人们断定为只是一种美好的虚幻产物而已。所以，一切看起来是那么无奈，村上并不能左右人类的前进的步伐，他只是如同鲁迅一样，在无声的绯色天空下，那么随性地呐喊了一声而已。一切事物都具有它的局限性，世界是如此，人类也是如此。然而我们依旧要前进，不能停下脚步，这不仅是生物的本能，也是在思考这一体系运作下必然的产物。也正是这样，作者在文中塑造了一个既非黑也非白的灰色世界，这样的世界中没有绝对的坏人，也没有绝对的好人，并让漫无目的的男主在这种茫然的时空中不断地走向属于他的命运的终点。

我想，在我们的世界中，形形色色的人们也都是秉持着这一理念而活着的吧，简简单单地为了生存而探索，为了使一切事物具有逻辑性，为了达成事物的因果关系，不断地努力，不断地寻求属于我们命运的终点。

（本文荣获吉首大学第二届“立人杯”读书征文大赛优秀奖）

浅读《瓦尔登湖》所感

医学院　唐龙飞

迎着晨曦的第一缕阳光出现在泛白的天际，伴随着清凉的空气沁入肺腔。映入眼睛的是各种淡水鱼聚集在湖面贪婪地享受着大自然的气息，氤氲的湖面混合着大大小小的气泡组成了清晨的画卷。苍郁的白桦树上搭建出一个临时的舞台，而在上面表演的精灵们，穿着各种颜色和形态的演出服，有的从这个舞台飞到那个舞台，有的在梳理着自己的衣服，有的已经迫不及待地开始了歌唱。歌声婉转在林间，宣告着新的一天的开始。梭罗就在这大自然恩赐的画卷中开始了一天的生活，最终写下了这部旷世经典之作——《瓦尔登湖》。

读完这本书之后，令我感触最深的就是，它就像炙热沙漠中一泓清泉，让我们在喧嚣的世界中感受到宁静淡泊，让红尘中的心洗去浮尘。当下的人们行走的脚步是那么急促，人们总是希望着能够快一点再快一点。小学时家长们就担心自己的孩子输在起跑线上，于是他们拼命地报补习班，希望以此在起跑线上领先一点。等车的人们在上车的时候，总是一窝蜂地拼命往前挤，旅游景点的人们则忙着各种拍照，然后匆匆离去。人们的步伐总是那么快，仿佛他们身后就是万丈深渊，走慢了便会万劫不复，又仿佛他们的心里有一个拿着鞭子的魔鬼，每当他们的步伐慢了便会受到鞭笞一般。

然而在《瓦尔登湖》的世界里，时间是那么慢，你尽可以无忧无虑地躺在草地上，沐浴着阳光的温暖，感受阳光洒在你的肌肤上，穿过你的毛孔亲切问候你的细胞，让全身充满一种阳光的气息。或者漫步在林间，看着松鼠奔跑嬉戏，偶尔也会有几只毛茸茸的兔子在啃着香甜的萝卜，运气好一点也许你还能看见火红的狐狸穿梭在林海，偶尔也会有猎人带着机警的猎犬在林间路过，亲切地和你打招呼问候。有时你还可以带一壶清酒和一些自制的美食，去和林间的伐木工一起讨论古往今来或者对当下政事的看法。我想当你见证了这个世界的从容和大自然的魅力，你那颗焦躁的心一定会宁静许多。当你再次行走时，你一定也会试试漫步的乐趣，渐渐注意到路边的花儿小草，然后有一种探索到未知风景的惊喜。

梭罗在《瓦尔登湖》中关于简单生活的深入思考和对于心灵的沉思，仿佛晴天霹雳振聋发聩，让人耳目一新。比如关于阅读的思考：就像梭罗说的那样，书籍是一个民族、一个国家最重要的东西，阅读可以让我们的世界变得更宽广。我们虽然处在现代，但是通过阅读《三国演义》，我们可以感受到周瑜的儒雅智慧、关羽的义薄云天，赤壁之战的宏伟残酷。我们或许没能生活在叶芝的周围而无法见证叶芝对茅德·冈的痴情，然而通过阅读《霍乱时期的爱情》，我们可以见证洛伦索·达萨用五十三年去等待他一见倾心的费尔明娜·达萨的爱意。对于很多思想贫瘠的人来说，我想《瓦尔登湖》或许可以帮他播上知识的种子，让那片贫瘠的世界变得富饶。

在我们的传统认识中，一个家庭必须要有自己的房子，这样才有家的感觉，有安全感。所以人们都抢着去城里买房，很多人因此成了房奴，他们为了还清房贷，很多时候不得不放弃许多梦想，去努力做着自己也许并不喜欢的事。而梭罗用实际行动证明，人们所追求的大部分奢侈品、大部分的所谓生活的舒适，非但没有必要，而且对人类进步大有妨碍。我不敢说现代人的选择是对还是错的，但我想梭罗的观点在这个物欲横流、很多人拼命地去争名夺利的现代社会有一定的价值。至少可以让人们看到，“一箪食，一瓢饮，在陋巷，人不堪其忧，回也不改其乐”也是一种生活态度。有些时候少一点追求物质的心切，多一些追求内心安静愉悦放松的热爱，未尝不可。

梭罗用他那质朴的思想，隐者的灵魂，独特的角度，创造了《瓦尔登湖》这部经典，留下了一座思想的宝库，但愿每一个阅读它的人都能从中得到启发。

（本文荣获吉首大学第二届“立人杯”读书征文大赛优秀奖）

住在月亮里的女人

医学院　钟　典

读毕飞宇的《青衣》是一件纠结的事。毕飞宇不是女人，却是最懂得女人的人。青衣也不是女人，却是女人的极致。

“一九七九年的筱燕秋年方十九，正是剧团上下一致看好的新秀。天生就是一个古典的怨妇，她的运眼、行腔、吐字、归音和甩动的水袖弥漫着一股先天的悲剧性，对着上下五千年怨天尤人，除了青山隐隐，就是此恨悠悠。”作为一个天生的青衣她是幸运的，作为一个十九岁的姑娘她是单纯的。就像初生的嫩芽，惹人怜爱和羡慕。

有很多人说她的悲剧命运起源于老团长的那句话：“这孩子，黄连投进了苦胆胎，命中就有两根青衣的水袖。”只要投了青衣的胎，骨头就再也不能是泥捏的。但此时的她尚是一个对艺术、对人生有着追求的人。选择做青衣，不意味着就要在悲剧中活下去。人生哪里能因为一个行当走死，所谓悲剧所谓落幕，不还是自己选的。

十九岁的筱燕秋因在《奔月》中饰演“嫦娥”而一举成名，红极一时。这时候的筱燕秋就像一出戏，唱到了顶点，多少人沉迷沦陷。谁能料得到她在这个时候会自毁前程呢？她的名利心开始膨胀，想独霸“嫦娥”一角。在她眼中，她才是真正的嫦娥，是无人可以替代的嫦娥，但她没有想到在心里滋长嫉妒的时候，生活中的筱燕秋已经开始遗失了。梦想和艺术也掩盖不了丑恶的嫉妒和自我膨胀。

在她的老师李雪芬取代她登台演出之后，筱燕秋的这种情绪爆发了，两代青衣的矛盾彻底激化。“筱燕秋似乎被什么东西击中了，鼻孔里吹的是北风，眼睛里飘的却是雪花。这时候一位剧务端过来一杯开水，打算给李雪芬焐焐手。筱燕秋顺手接过剧务手上的搪瓷杯，‘呼’地一下浇在了李雪芬的脸上。”

在那个时代，这一杯水隔断了她与嫦娥，从此筱燕秋再没登台，被调到戏校任教。八年前我第一次看到这本书的时候，最心疼的是这一幕。心疼一个风华绝代的女子，就此要远离舞台，洗净铅华，做一个普通的家庭妇女。我感到说不出的惋惜和难受。活生生地掐断一个人的黄金岁月，其实比杀死她更让她寒心丧气。她力不从心地活着，时时欲罢不能，处处又无能为力。八年后我再看，看到的却是人性的弱。一杯水，确实隔断了舞台，隔断了月亮里的那个女人，但却是隔不断她筱燕秋这个人的。梦想散场，不意味着人性的沦落。做不了月亮里那个蛊惑众生的女人，她也可以选择做好筱燕秋。从月宫里跌下，不意味着就可以在人间自恃仙子，肆意妄为。她自愿嫁给了一个老实巴交的男人，却又处处刁难，连一个笑容，都像是给他的施舍。

谁能想到，仙子还能有重返舞台的一天。二十年后，因烟厂老板怀旧，出资重拍《奔月》。筱燕秋一段二黄慢板转原板转流水转高腔，时隔二十年依旧唱得枝繁叶茂。团长乔炳璋问筱燕秋说："你怎么一直坚持下来了？""坚持什么？"筱燕秋说，"我还能坚持什么？"炳璋说："二十年，不容易。""我没有坚持。"筱燕秋听懂炳璋的话了，仰起脸说，"我就是嫦娥。"这时候的她可以说是迷人的，二十年的时间，她都没有离开月亮里的那个女人。但是她也是可怜的，在她四十岁的时候，她鄙夷她懦弱的丈夫，笨实的女儿，鄙夷她现实中的生活。但同时我们又不能谴责她，谁能谴责一个固执梦想的人？只能说她是可悲的。二十年她确实没有放下嫦娥，却进一步迷失了筱燕秋。她不再是那个单纯的小姑娘，而是一个为了重新登台而疯狂的女人。

为了达到重新登台的目的，她发疯似地减肥，以至于在排练中出现"刺花儿"。为了挽留徒弟春来又违心地允诺徒弟春来当A档嫦娥，自己当B档。这里的筱燕秋是高昂的，就像迫不及待入海的河水，似乎她身上的那些晦暗一点一点在洗去，似乎终于等来了苦尽甘来的一天，让人为她松了口气。

然而，筱燕秋让我失望了，为了能顺利出演嫦娥，她不惜和烟厂老板上床。这一步跨出去，这位昔日青衣此刻已经真正走上了痴狂的道路。她已经忘记了现实中的筱燕秋，忘记了她的家庭和责任。她的眼中，只有那个月亮里的女人，为了她筱燕秋可以什么都不想。

二十年前的一幕重演了，她就像嫉妒师傅一样，把止不住的嫉妒之心转移到她年轻漂亮的徒弟身上。"筱燕秋长久地望着春来，她年轻的侧影是多么的美，颧骨和下巴那儿发出瓷器才有的光。"到了临演出的时候，她不但没有实践自己的诺言，反而连演四场不肯罢休，不要说是自己的学生，就是她亲娘老子来了她也不会让。

上天像和她开了一个玩笑一样，因为怀上了烟厂老板的孩子，筱燕秋流产未愈，在医院睡了过去，最终没有阻止那第五次演出。在观众对春来的一片喝彩声中，筱燕秋绝望了，最终她陷入了疯狂，她的精神世界坍塌了，她不再是众星捧月的嫦娥，甚至不再是现实里的燕秋。

寒冷雪地里，筱燕秋在剧团的门外边舞边唱，唱一曲已经成痴的奔月。看过这本书的人，大概都难以忘掉这最后的演出。是一代青衣的谢幕，也是一个女人的告别。

“筱燕秋穿着一身薄薄的戏装走进了风雪。她来到剧场的大门口，站在了路灯的下面。筱燕秋看了大雪中的马路一眼，自己给自己数起了板眼，同时舞动起手中的竹笛。她开始了唱，她唱的依旧是二黄慢板转原板转流水转高腔。雪花在飞舞，剧场的门口突然围上来许多人，突然堵住了许多车。人越来越多，车越来越挤，但没有一点声音。围上来的人和车就像是被风吹过来的，就像是雪花那样无声地降落下来的。筱燕秋旁若无人。剧场内爆发出又一阵喝彩声。筱燕秋边舞边唱，这时候有人发现了一些异样，他们从筱燕秋的裤管上看到了液滴在往下淌。液滴在灯光下面是黑色的，它们落在了雪地上，变成了一个又一个黑色窟窿。”

天生的青衣筱燕秋，从大幕拉开的那一瞬间，就是一出戏。一步步，一声声，她自己操纵着自己走向毁灭。红消香断，繁华落尽，好不凄凉。人生如戏，戏如人生，终究是谁演绎了谁？谁毁灭了谁？谁背离了谁？虽说人生如戏，可是人生毕竟不是戏，沉溺戏中，梦醒时分却已乱了自己的本性。

有人把她的悲剧归因于社会，归因于女性的弱点，归因于对梦想的痴迷，我以为不然。这位昔日青衣所走的每一步路，哪一步不是她自己选择的？为了目的，她不择手段，甚至枉顾道德。不要为错误披上梦想和追求这样美丽的外衣，我从不认为为了追求理想，人必须遍体鳞伤，路遥马亡。她错就错在丢了自己，丢了自己的清澈灵魂，甚至丢了自己作为女人的尊严。嫦娥也好，青衣也罢，筱燕秋做不了一个平凡的女人，又怎能演好一个极致的女人。她到底，是成不了嫦娥的。

青衣是一出戏，是一出关于人生，关于命运的戏。戏里嬉笑怒骂，哭了笑了，我们戏外的人又怎能去解戏中人的苦与乐呢，剩下的只有对这位旧日红颜的一声叹息。唯有不忘初心，去演好自己的那一出戏。

（本文荣获吉首大学第二届“立人杯”读书征文大赛优秀奖）

艾 叶

商学院 刘 颖

在我们正青春的年纪，不管是开心还是悲伤，表达自己的情感都太不懂得节制，总是放大再夸张地表达出来，认为笑或者哭都要竭尽全力或者是撕心裂肺，全然不顾场合和时间。正因为年少，不知道好时光要算计着过，竟跑了题，去给自己兜观众，以证实自己的长大与成熟。

作家曹文轩的《草房子》通过男孩桑桑传递了一种淳朴的美感，荡漾着一种悲悯的情怀。男孩桑桑在油麻地小学度过了六年刻骨铭心、终生难忘的校园生活，亲身目睹或直接演绎了一串看似寻常却又催人泪下、震撼人心的故事：少男少女之间纯洁无瑕的情意、不幸少年与厄运相拼时的悲怆与优雅、残疾男孩对尊严的执着坚守、在死亡体验中对生命的深切而优美的领悟，垂暮老人在人生的最后瞬间闪耀出的人格光辉、大人间扑朔迷离且又充满诗情画意的情感纠葛……这一切，清楚而又朦胧地展现在少年桑桑的世界里。

在我还是桑桑那么大的时候，就已经接触过这本书，只因为我也住在一个屋顶长草的房子，便觉得与桑桑是同类人，很有亲切感，然而年幼的我并不能体会书中所表达各种情感。暑假时在学生那里看到这本书，依然感到一种亲切，虽然我住的房子已经不长草了，但那个长草的房子存放了我所有的童年记忆。都说人老了容易念旧，可我偏偏在青春年少的时候就开始怀念草房子的那段日子了。那时候的我也如秃鹤一样单纯地坚守人格的尊严，也总是出各种风头，如细马一样渴望被人招惹，同时也在心中立志，长大后要给家人造一座大房子。也见过像纸月一样长得漂亮学习又好，看起来文文弱弱骨子里却又透着一股倔强的女同学，同情杜小康从豪门经历家境的落败，敬佩他最后成为一个坚强的为家庭生计拼搏的男子汉，也遗憾白雀和蒋一轮的美好爱情不能修成正果，虽然我没有切身体会，做不到感同身受，却也在心里暗生一种莫名的情感。

我天生性情较冷漠，但我在读《草房子》中艾叶这一章中却感受到情感的涌动，眼睛也是滚烫得难受。秦大奶奶让我不由自主地想到我亲爱的奶奶。并不是因为她们的境遇多么相似，而是老人对孩子的疼爱和在死亡面前人性的光辉。我甚至也可以体谅秦大奶奶固执地不愿意搬出油麻地小学，故意给油麻地小学添乱。这证明了一个历经几十年奋斗的劳动者对她的劳动成果的珍惜，哪怕她一个人孤军作战，哪怕她的反抗只是白白挣扎，但她也不感到悲哀，她也没有感到势单力薄。我也能理解秦大奶奶在众人都挽留她住在油麻地小学的时候，决然地搬出那个她曾经死也不愿意离开的地方。虽然她老了，但是她心里明白得很，就像油麻地小学的师生早已把她看作油麻地的一部分，她也早就把这块土地看成油麻地小学的了。因为热爱这片土地，因为热爱油麻地小学，因为爱，她选择离开，她不愿意让它看起来不完整，不愿意让它有一点点不完美。曾经油麻地小学抬也抬不走，如今她自个儿卷包袱离开了，即便校长为了不让她离开不让别人帮她搬家。曾经她故意把她的“战士”鸡鸭鹅放到学校，任其肆意妄为，在学校里拉屎，在学校里东蹿西跳，后来却看到她一大清早抱一只鸡或抱了一只鸭，拄着拐杖，晃着小脚，朝集市走去，等到中午时分两手空空地回来。曾经油麻地小学的小女孩看见秦大奶奶拄着拐杖走过来，吓得像兔子一样从艾地里逃窜出来还一边尖叫着，她却依然不怕死地扑进河里救乔乔，明明她双手无力了，自救都是一件非常勉强的事，却还是把孩子推送到浅滩才松手，后来孩子们都喜欢去她的艾地，仿佛那是最好玩的地方，秦大奶奶给小姑娘们扎小辫染指甲。曾经她倚着自己老眼昏花，拄着拐杖横穿菜园，一路把菜苗踩倒，甚至一不留神把学校种的瓜或豆荚摘了去扔到河里，后来她守着学校的豆荚莲子怕让人摘了去，甚至最后为了油麻地的一只南瓜落水，再也没有活过来了。

秦大奶奶一生中全是油麻地的影子，年轻的时候为了得到这块土地，和她的老伴拼命了大半辈子，忘记了其他所有欲望只为了那块土地，老了还为了留在油麻地做着各种可笑滑稽的事。后来终于可以和油麻地小学和谐共处，最后还为了油麻地小学的一只南瓜落水，永别了人间。

秦大奶奶的土地里总是种着艾草，有一股淡淡的苦香味，到了夏天还可以去闻。但不知是人工的原因还是艾的习性，艾与艾之间，总是适当地保持着距离，既不过于稠密也过于稀疏。这倒跟我们现代社会的人际关系有些相似，人与人之间即使有矛盾也不会直接用武力解决，更多的是维持表面的和谐；再好的朋友亲人也会有所保留不会坦诚相待。草房子年代的草根感情越来越淡薄，没有人再把邻居家的事情当成自己的事一样尽心尽责，甚至住了大半年的邻居还不曾相识。小孩子的世界也不再只有糖果、玩具，取而代之的是作业、人民币、早恋。而男男女女的感情我不敢说是爱情，只要物质层面合适，外貌方面合适，无关爱情就能发生关系，一生的风流韵事都能赶得上古代的皇帝了，一生一世一双人只能说是理想。每个人都在快步伐地赶路，却有几个人知道路到何方？路过了什么？最终只能成为人生的过客。就拿我自己来说，上课经常是踏着铃声进教室，吃饭一般不超过五分钟，匆匆的节奏已经成为习惯。直到某天我不经意间发现我们每天生活的校园是如此美好和谐，同学们有说有笑，成群结伴地嬉戏着，天上的蓝天白云相依相偎，阳光缓缓照射在这校园里，还有某位摄影爱好者专心致志地拍摄那人、那景。身边的事物就这么美好，我还在忙碌地追逐什么呢。或许大多数人都跟我一样，不管我们身处何种阶段，都会有一段迷茫的时期，不妨放慢脚步，看看世界，等等时机，踏踏实实地前行，可能幸福正缓缓归来呢。

（本文荣获吉首大学第二届“立人杯”读书征文大赛优秀奖）

繁华落尽一场空

——读王安忆的《长恨歌》

医学院　李嘉琪

像是和煦的微风，夹带着温暖的阳光从远方而来，轻抚着脸颊，却是温温柔柔不留痕迹不见踪影的；像是上好的丝织的锦缎，单凭眼睛去看，是定不出质地好坏的，得用指肚去抚摸，去轻触，那种盈握在指端的温软细腻，光滑鲜亮；像是在某个充满着小倦怠的午后，外婆门口院子里熬着的桂花粥，传来的淡淡的桂花的甜蜜。

这些都是王琦瑶。

她是弄堂里出生的规规矩矩的小家碧玉，她是照片被杂志选作封里的“沪上淑媛”，她是红极一时的三小姐，她是爱丽丝公寓里被圈养的金丝雀，她是流转于男人之间却独享寂寞落得悲惨下场的可怜者。

王安忆的《长恨歌》我看得很慢，作者的行文也慢，常以一字两字物件心境做题，看似断开，其实又藕断丝连，在惊艳于作者笔触之细腻、构思之精巧的同时，我想更多地深入探讨一下王琦瑶。

也许大多数人会认为王琦瑶的悲剧人生，究其根本是因为她的虚荣和心比天高，她的不安寂寞让她作茧自缚，是要走上无奈的不归路的。可于我而言，看到的只是一个在上海这座繁华大都市里拥有单纯的梦想的女子，她像所有简单的女子一般渴求美丽的衣服，希望受到别人的关注，寻求一个足够强大的庇护，这一切似乎都没有什么错，只是命运把一切的极悲极喜一股脑安放在了她的身上。

女性的成长，相对于男性来说，显得柔弱纠结。然而，纠结亦是执着的力量，纠结是柔亦是刚，没有禁锢就无所谓突破。

命运有宿命的制约，而站在你对面的另外一半人类，他们通常象征着事物的另一面，以隐秘的命运推手的身份出现，为每一个女子的出场以及后来的人生轨迹留下或深或浅的印记。王琦瑶的一生，就是被过多这样的人打上了印记，多了许多普通人不该有的身不由己。

我有想过，大家只看到程先生甘愿为王琦瑶不娶不爱，几十年如一日苦苦等待，即使是面对怀有别人孩子的王琦瑶仍旧是百般呵护，细致入微地照顾，可当年若不是程先生把为王琦瑶拍的照片寄到杂志社，就不会有后来“沪上淑媛”的名号，让王琦瑶的心中泛起渴望登上华丽舞台的想法。如果不是程先生的建议和比赛时的尽心尽力，就不会让她成为流连于上海灯红酒绿的风月场合的三小姐。是程先生一步步在不经意间将一个小女生的心境打开，让她对自身的美丽有了更为直观的理解，知道自己的自身条件可以带来的价值，也是程先生亲手把王琦瑶送得离自己越来越远。

如果不是有那么多的机缘巧合，也许就不会有后来的李主任、阿二、康明逊、萨沙、“老克腊”，可能在某一天，王琦瑶会和程先生成为上海弄堂里最普通的一对夫妻，没有那么多的爱恨纠葛，过着平淡温馨的小日子。

可有些事情发生了就注定没有了往后回头的可能，我不否认程先生对王琦瑶的爱，但当王琦瑶低头屈服委身于生活，愿意跟着程先生踏踏实实过日子的时候，他却抽身走了，那个他日日夜夜都渴望的温情的梦，在即将要触摸成真的时候，他却不敢认了。生活有时候就是这么的滑稽可笑，得不到的永远在骚动，真正可以拥有时却会因恐惧而选择逃避。不是不爱，只是逃不过生活，程先生的故事看得我很无奈，却又是在情理之中。

王琦瑶和李主任，一个图财、一个贪貌，所以才会有了甘当金丝雀住在爱丽丝公寓的王琦瑶。李主任的权势和财富可以满足一个女人对物质的渴求，他们仅仅是一种相互利用和相互安慰的关系。可我分明感觉到不是这样的。也许那时的王琦瑶还不能真正懂得什么是相濡以沫的爱情，可她不关心钱财，也并不是物质和爱欲的追随者，她只是想找一个足够强大的庇护，而强势的李主任刚好满足了她的需求。于李主任而言，他在社会上久经历练，什么样的风情没有见识过，什么的女人又得不到呢？王琦瑶并不是美艳到光彩夺目、百般柔情，可偏就是个小门小户故作老成的王琦瑶，恰到分寸用自己微小的触角吸附着他，触动了他内心最柔软的角落，让他想去呵护她。我还清晰地记得李主任将一个西班牙雕花的桃心木盒放在王琦瑶枕边，又抽出她的手把一枚钥匙按在她的手心，说要走了，汽车已在门口，王琦瑶像个孩子一样哭着搂着他的脖子不让他走。我还依旧记得，李主任好不容易抽空回来见王琦瑶时的焦急，卧房里到处都是王琦瑶的气息，处处都是她触过的痕迹，等不到的那般难忍的渴望和最后还是错过的悲凉和绝望。这些细节带给我的，是相互眷念的表达，是一种难以名状的爱意。可造化弄人，王琦瑶那么勇敢的不留余地一次，却连正式的告别都没有就因为李主任飞机的失事而画上了句号。

从邬桥回来的王琦瑶开始辗转流连于男人之间，可她是清醒的，她没有像读者预期的那样沦陷成为出卖自己身体的角色，而是学了打针的技术，靠给别人输液来养活自己。这时的她遇到了康明逊和萨沙，我是痛恨康明逊的，他懦弱和胆怯，散发着旧式家庭的陈腐气息。他的爱没有抗争，全败给了时代，甚至后来竟然还任着王琦瑶拿萨沙当幌子，自己的亲生骨肉也不敢相认，不来相见。我真的很心疼王琦瑶，她是那么的体恤康明逊，面对一个不能为她争取幸福的男人，她还想着办法如何保全他浅薄的面子，遵守他要恪守的家族礼数，甚至还要给肚子里的孩子的到来找一个合理的理由而亲近一个自己不爱的人。彼时的王琦瑶，已经被生活磨砺得沉稳，冷静而又坚强，她的爱是那么大度，她因为爱而放走了康明逊。

无论是邬桥遇见的情窦初开的少年阿二，还是被用来帮助康明逊脱身的萨沙，抑或是最后展开了一段畸形之恋的“老克腊”，这些各式各样的男人终究都是一样的结局，成为王琦瑶生命中的过客。

我很喜欢王琦瑶这个女人，她即便繁华也是淡定的，即使落寞也是祥和的，终其一生的女儿心，但偏偏也有几分气度和见识，有双冷眼，清醒地知道自己想要的，不悔自己经历的。正因此，她才能收藏起过去，带着回忆以及留下的疼痛，孤独而清醒地过完一生。

此恨绵绵无绝期。长恨长恨，恨的到底是这个时代，是生命中那些无疾而终的男人，还是恨自己纠结坎坷的一生？天长地久有时尽，美人迟暮，光阴流逝，是恨；爱而不能，爱而不得，是恨；繁华谢幕，寂寂悲凉，是恨。人生本即是如此，并不是我想象，也不是你想象，它不是你安排，也不是我安排，所以，只能是错着走，好像除了叹气，就只得长恨了。

一首《长恨歌》唱出了老上海几十年风云变化下小人物王琦瑶浮萍

般的人生叹息之歌。繁华落尽一场空。几十年的风云变化，几十年的繁华流离，几十年情爱坎坷，都幻化成一首沉寂悲凉的余歌，曲终人散，热闹的不过是看客。

脑海中王琦瑶又出现了，着阴丹士林蓝的旗袍，身影袅袅，漆黑的额发掩一双会说话的眼睛，笑靥如花，仍是少女的模样。

（本文荣获吉首大学第二届“立人杯”读书征文大赛优秀奖）

于读书路上，邂逅更好的自己

医学院　何莎莉

欣赏过张嘉佳的《从你的全世界路过》后，你的内心深处可曾泛起过一层涟漪？你是否也曾期待过那个如山间清爽的风，如古城温暖的光一般的人？品味过李尚龙的《你只是看起来很努力》之后，在漆黑的而寂静的夜晚，你是否也曾叩问过你的心灵，你是真的在努力吗？读书，是我们生活中极小的一部分，但它却教会了我们如何去思考人生，让我们可以邂逅更好的自己。

在每个人的一生之中，至少会出现一段黑暗的时光，而那段黑暗的时光会让你成长。当乌云毫无征兆地把你头顶的光明遮蔽的时候，你会选择去适应黑暗吗？这是我曾经迷茫时反复思考的一个问题。大一的我，用堕落、自卑、懦弱这几个词语来形容毫不为过。我向往各种多姿多彩的生活，却一直没有迈出自己脚步去尝试的勇气，就像是一个装在自己孤僻的套子里的人。渐渐地，我开始变成了我讨厌的自己，过着自己都嫌弃的乱七八糟的生活。但在大冰的《阿弥陀佛，么么哒》中，我发现了另一个跟自己的世界完全不一样的世界。是的，他们正在过着我想要的生活，既可以朝九晚五，又可以浪迹天涯。于是，我下定决心要放飞自己禁锢已久的灵魂，去追寻属于自己的生活，邂逅更好的自己。

大二这一年我改变了很多，开始把自己的标签变成了乐观积极、善于言谈、成熟和有责任感。我也经常会利用课余时间去阅读，不断去发掘我所不了解的那些各具特色的人生。远离了孤僻的我开始想要去走进不同人的世界，了解那些与我素不相识的人的生活。每次在回家的火车上，我都会跟我邻座的人聊得不亦乐乎，以至于忘记了路途上的困倦。虽然我们只是彼此生命中的一个匆匆过客，但是，这一切已经足够了。

读书，与其说是一种个人修养，倒不如说是一块可以让我们洞察人心的跳板，让我们在下一个路口邂逅更好的自己。这让我不禁想起了我前不久在去看望好朋友的途中遇到的一位姐姐。因为当时路上堵车特别严重，我们又是邻座，便在开始闲聊，以打发这段漫长而又难以等待的时间。姐姐是当地的本地人，去年刚毕业，现在是当地一家小公司的会计，她说她现在的老板十分苛刻，每天都让她完成大量的工作，每月工资才 3500 元，她严重感觉到自己的付出跟收入不成正比，所以她打算下个月辞职。听她吐完自己的苦水后，我便问她为什么不去别的城市发展？她脸上浮现出一丝淡淡的忧伤。她告诉我，她是从江苏理工大学毕业的，她上学那会儿就特别恋家，每次她看见学校对面小区的灯一盏接着一盏亮起来的时候，看着孤身在外求学的自己，她就会特别想哭。听她说完自己的故事后，我什么也没说，只是握着她的手，拍了拍她的肩膀。之后她看了看我，问道："你一个人来这么远的地方上学会感到孤单吗？"我耸了耸肩，回答道："已经习惯了。"

其实偶尔我也会感到孤独，只是我懂得孤独是一种常态，并且孤独会在另一片新天地中去邂逅更好的自己。就像刘同的《你的孤独 虽败犹荣》中写的那样：也许你现在仍然是一个人下班，一个人乘地铁，一个人上楼，一个人吃饭，一个人睡觉，一个人发呆。然而你却只能一个人下班，一个人乘地铁，一个人上楼，一个人吃饭，一个人睡觉，一个人发呆。很多人离开另一个人，就没有了自己。而你却一个人，度过了所有。你的孤独，虽败犹荣。

其实，在这个世界上，每一个人的背后都隐藏着不为人知的故事，在读书的路上，我浏览了很多别人的故事，思考过自己的人生和那些跟自己世界完全不一样的人的人生，邂逅了更好的自己，足矣。

（本文荣获吉首大学第二届"立人杯"读书征文大赛优秀奖）

读《信》

数学与统计学院　李　数

《信》是今年暑假我看得最慢的一本书，可能是因为题材太沉重，有点沉重到让人窒息。东野圭吾向来以推理小说闻名，而《信》不同，它不算是个推理故事。

他的每部作品的名字都是作品的灵魂，《信》也是如此。信是小说中直贵和刚志联系的纽带，是刚志忏悔的依托。很轻的信，却是很重的社会话题。罪犯给家属带来的伤害不可避免，正如给被害者家属带来的伤痛不可弥补。

书的三分之一处的内容如同一把利刀，直戳心灵。

“正是这样。人都有着各种关联，有爱情，有友情，谁也不能擅自将它切断。所以绝对不可认可杀人。从这个意义上讲，自杀也是不好的。所谓自杀，是杀掉自己。即便自己认为可以这样做，他身边的人不一定愿意这样。你哥哥可以说像是自杀一样，他选择了社会性的死亡。但是，他没有考虑留下来的你会多么痛苦。靠冲动是不能解决问题的。包括你现在受到的苦难，都是对你哥哥所犯罪行的惩罚。”

平野社长的话一针见血。在社会上，罪犯家属被嫌弃、被歧视也许理所当然。因为，犯罪亲属所承受的一切，也是惩罚的一部分。对罪犯而言，惩罚是牢狱之苦，是心灵的折磨，是自我的不可饶恕。而对罪犯家属而言，是被蔑视，是被剥夺了公平的权利。

主人公直贵是罪犯的弟弟，哥哥刚志为了替他筹学费而闯入民宅偷窃，失手杀人，为此入狱服刑，他也从此背上“杀人犯弟弟”的名称，被驱逐、被歧视。因为哥哥，他失去了初恋女友，失去了上学的机会，也远离了音乐梦想。为此，他选择逃避，不断搬家，销毁哥哥的来信，不再提起哥哥甚至断绝兄弟关系，想把这个人生的污点从生命中抹去。殊不知，该承受的终究要承受，逃避在任何时候都不是解决问题的办法。

亲情，也是我们存于骨子里从始至终都无法割舍的一部分。

在小说的最后，直贵选择跟着寺尾去监狱演唱，他最终选择的还是释怀和接受，看着哥哥耷拉着脑袋双手合十在胸前微微地颤抖，他却无法发出声来。最终，15 年的牢狱，360 封赎罪的信，哥哥还是无法原谅自己。

不管人性本善还是恶，能让我们生活下来的是与社会的相容性。有时所谓的包容谅解，所谓的同情温暖，都是看似善意实则残酷的谎言。每个人都是在舞台上被灯光照耀的小人物，或许我们无法选择生活的起点，但我们可以选择生活的方式。悲情里也总会掺杂着些许温情，由子对直贵的那份不离不弃就是灰暗中的星光。每个人都有为人知或不为人知的黑暗岁月，但抬起头，总会寻到属于你的闪光。

（本文荣获吉首大学第二届“立人杯”读书征文大赛优秀奖）

你去哪儿了

——读《寂静的春天》有感

资源与环境科学学院　吴　婧

静静地读完《寂静的春天》后，我的心情犹如那大海中翻腾的波浪，久久不能平静下来，脑海中萦绕着济慈的一句话：湖中的芦苇已经枯萎，也没了鸟儿歌唱！这样相似的情，这样相似的景，让我仿佛看到了我的家乡正同寂静的春天中所描写的那样，将会再现明天的预言。

窗外寒风肆意地飞舞着，10月人们就穿上了大衣来抵御这刺骨的寒风。在这个四面环山的求学地，由于独特的地理环境形成了独特的气候条件。曾有人开玩笑地说过，在这里只有两个季节，一个是夏季，一个是冬季。秋季十分短暂，过完夏季不到半个月就迈入了冬季。我的家乡四季分明，这导致我刚来这里时，根本不能适应这里的气候。

我的家乡以前是一个典型的江南小山村，正如王羲之《兰亭集序》中所描写的一般：有崇山峻岭，茂林修竹，清流激湍。我家房屋后面有一座大概两人高的小山，山上有一片翠绿的竹子。屋前有一条大约两米多宽的小路，路的下面是一片种着水稻的梯田，而紧挨着梯田的又是一片竹林。夏天的傍晚，吃过晚餐后，我们一家人经常坐着竹做的椅子，围在一起，聊着一些家庭中琐碎的事。几乎每家每户都是这样的场景。伴随着一些轻微的风，竹子顶端的一段随着风左右摇摆，发出沙沙的声响。屋前屋后的竹林相互应和着，演奏出一曲独特的竹林之乐。这是我小时候听过的最好听的声音，这独特的乐曲一直保存在我的记忆中。

由于竹子上有虫子，蚂蚁等会顺着顶端爬到家里面来，人们就买来了大量的杀虫剂喷在竹子上，渐渐地我发现竹子的叶片不再是翠绿色，而是有点泛黄，是那种病态的黄色。后来，听说竹子可以卖钱，村里人把大部分的竹子都卖了，留下来的都是瘦小的。而长出来的竹笋，大部分都让人挖来吃了。随着时间的流逝，不知道从什么时候开始，我已经再也听不到竹林那沙沙的声音了，到了夏天，只剩下光秃秃的山头上零零稀稀的几根竹子带着泛黄的叶子发出嘶嘶的声音。我心里不禁纳闷，我美丽的翠绿的竹林，你去哪儿了？

我们村的稻田大部分是集中在一起的，每当丰收的季节，金灿灿的一片。小时候，我很喜欢到田埂上玩耍，经常在田埂上跑来跑去。田埂上长着草，光着脚踩上去软软的。田埂旁边有一条小溪，可以清晰地看见小溪中随着水流晃动的水草。我经常采下花瓣，用双手捧着放在胸前，许下一个心愿，再把它放进水里。让它带着我的心愿一直顺着溪流流向远方。慢慢地，我长大了，随着新农村建设，小溪变成了用水泥砌成的专门用来通水的管道，田埂上的草也因为打了除草剂而死亡，只剩下黄色的土坯，而田埂上、管道里，遍布着用完了的农药包装袋。以前田里有泥鳅，夏天下完雨之后，我和弟弟就背着桶去捉泥鳅，不一会儿就满载而归。而现在不知什么原因，泥鳅很难捉到了，偶尔捉到一只，也很瘦小，不再那么肥美了。而现在看着那白色的管道，五颜六色的农药包装袋，我心里堵着一块石头怎么也放不下。我清澈的小溪、肥美的泥鳅，你们去哪儿了？

上一次回家，我在离我家大概两里路的河边碰到了一位奶奶带着小孙女，小孙女仰着头问她奶奶："奶奶，这是什么？"她奶奶抬着那布满皱纹的手摸了摸小孙女的头说："这是河，以前这里的水还是清，现在啊，是臭的了……都不见了，不见了……""臭臭的河水。"小孙女用稚嫩的童音说道。听了之后，我只能在心里默默地呐喊：养育了我们这个村庄几代人的母亲河，你去哪儿了？

农药、杀虫剂等化学药剂就如死神一般正在吞噬着家乡的点点生机。各种化学品洒向了其他生命。"稻花香里说丰年，听取蛙声一片"已经不复存在，"月初惊山鸟，时鸣春涧中"已是寥寥无几，而他们都去哪儿了？

以小见大，透过我的家乡可以看到整个中国乃至世界的环境现状，我们以为科技带来了社会的进步，但我们失去的可能更多。

（本文荣获吉首大学第二届"立人杯"读书征文大赛优秀奖）

让我们与书籍温暖相拥

文学与新闻传播学院　陈超群

在书籍中获得温暖，然后用一颗温暖的心，成就一个更好的自己，拥抱这个世界。

——题记

总是喜欢坐在教室里安安静静地看书，合上书的一抬头，窗外就是翠绿的树和澄净的天。

一直以来我总是喜欢读有温度的，能够带给人温暖的书。即使秋天来临，天气骤凉，但是当你在看书的时候你会觉得心是暖的。

大学，是一个很神奇的存在，它给了我们无限可能。大学，本就是在大圈子里学习，而我们既然有幸来到了这里，便要对得起这四年青春。大冰的书里写下过一个故事，不过故事的主人公没有我们的运气，能够来到温暖的大学校园。那个年代上学对于农村的孩子来说，太奢侈。他的父母想方设法为他补了一个艺校的学籍，他拼命地学画，每天蹬两个小时的车去西安美院蹭课，到后来美院的教授对他说："孩子，是来蹭课的吧，好好努力，别被发现了。"农村出身，煤矿工人的儿子，在那个时代，走到哪里都会被异样的目光注视。他倒好，哪里都敢闯，深圳、香港、北京，拼命地寻找机会，拼命地工作。孔子曾经在《论语》中说："吾少也贱，故多能鄙事。"那个时候的他又何尝不是如此。回过头，在我们的青葱岁月里，我们有可以依靠的父母，有平安快乐的生活。我们只需要做好一件事——学习。即便现在到了大学，我们依然是学生。只不过除了课本上的知识，还有通过实践学习到的课外技能。还记得路遥的《平凡的世界》里那个从双水村里出来，攒着一股劲到黄原闯荡的孙少平吗？他不也是把学习当作一种信仰，不论在何种境地都在努力地学习吗？后来的少平终于找到了实现他人生的价值的方法。而铁成，也从努力生存变为享受生活。既可以朝九晚五，又可以浪迹天涯，以梦为马，随处可栖。所以，我们也应该去体会努力奋斗后的温暖。让自己变得更好，然后拥抱这个世界。

大冰说：“不久的将来你会拥有一群没有血缘关系的家人，一堆不是籍贯的家乡。”第一次离家，第一次离开父母独立生活，每个人的心里都或多或少有些思乡的情绪，我也不例外。但是当夜晚来临，我们坐在寝室，听室友弹琴，一起歌唱，一起笑她跑调，那一刻我觉得我已经找到了那一群人。而我也相信，我们相聚在这里本身就是一种缘分。在《萤火虫小巷》里有一对姐妹花，缘分使然，她们在一个宁静的夜晚相识，自此以后塔莉和凯蒂互相依靠走过人生漫漫长路。她们也历经过嫉妒、愤怒、伤害、憎恨，又重归旧好。只不过上天在她们重归旧好之后，又给她们的友情带来一个巨大考验——凯蒂病了。当饱受病魔折磨的凯蒂在那样一个熟悉的夜晚，满怀期待地打电话给塔莉，希望得到好朋友的陪伴，电话那头却是无人接听。“好朋友，我需要你，你为什么不在……”还好，还好，塔莉还是收到了电话录音，知道了凯蒂需要她，她放弃一切，飞到朋友身边，陪她走完了最后一段生命路程。最后的最后，她没有参加完凯蒂的葬礼，她在教堂门前的那条小路上跳了一支舞，一支只为凯蒂跳的舞。原来凯蒂说的没错，“塔莉，是不能参加完葬礼的，她会哭，因为她早已经历过太多的别离……”所以塔莉选择用舞蹈和在天堂的凯蒂告别。好朋友就是这样，无论怎么样我们之间都有一种无言的默契，无论你遭受多大的困难都不用担心，因为我一定会守候在你的身边。

在大冰的每一本书里都会提到丽江的那个小火塘，在那个小屋里众生平等，天南地北没有高低贵贱，进门即是客，坐下来，不说话，我们一起听民谣。每年除夕，小屋不关门不打烊，只是不营业。除夕的小屋是供单飞飞累的鸟儿们栖息的岛礁。没有家人，那么小屋给你一个家。我们一起吃饺子，一起放鞭炮迎接新年到来。没有其他的目的，和你结个小善缘而已。

其实，这个世界有很多温暖的地方等待着我们去欣赏。很多温暖的人等着我们去结识。读一本有温度的书，让自己的心变得温暖，然后让我们把这份光和热传递给身边的人，一路传递下去。那样这个世界不是会多些阳光，少些风霜雨雪吗？

最近天气渐凉，是时候去寻找一本属于你的有温度的书，给你的心穿上一件温暖的外套了。

（本文荣获吉首大学第二届“立人杯”读书征文大赛优秀奖）

史学姑娘的读书体会

历史与文化学院　邱　晴

岁月匆匆，如白驹过隙，一转眼的工夫大学时光已过去一年，看着书桌上那整整齐齐的一排书和压在下方的读书笔记，旁边的灯光闪烁着，我陷入了沉思……

在传统的纸质书受到来自新媒介的冲击的时代，“纸书是否能被电子书取代”成为热议的话题。我一直坚持着纸质阅读，纸质书籍中一些看似微不足道的细节，却往往能够触动人的心弦。我喜欢第一眼吸引我的精致封面，喜欢闻书一页页翻过时散发出的淡淡油墨味，喜欢看一排排整齐的黑色小字盛开在雪白的纸张上。在纸质书籍的阅读中，有一个具有永恒魅力的情感境界存在。一枚印章可以代表一个人的痕迹，古人喜欢在字画上留下自己的印迹，不仅为了证明这件作品的作者或收藏者，还可以证明自己存在过。我是个极爱书的人，在得到一本好书后往往要在上面盖上我的姓名印章，作为持有人的标记。古人说：“书如妻妾，恕不外借。”当真是道出了读书人的真实感受！书，在我眼里就是一个心灵伴侣，外人只可远观。

据说古人读书极讲究，每每读书之前都有一个庄重的仪式。焚香净手，端衣正帽，一系列准备工作完成后，才凝神敛气地坐下来开始读书。古人有“红袖添香夜读书”的情怀，在书斋读书时常常燃香一炷，添一份幽雅情致。北宋诗人陈与义的《焚香》一诗写出了焚香读书的美妙意境：“明窗延静昼，默坐消尘缘。即将无限意，寓此一柱烟”。古人的这种态度可谓是虔诚。我也想体会下“暗香袭人”的喜悦，但这种对读书环境的雅致追求以及这种高尚的意趣着实让我望尘莫及。当然，我也有我的小追求：一杯香茗，一卷书，偷得半日闲散；一抹斜阳，一壶酒，愿求半世逍遥。冬日里阳光正好，暖风带来阵阵窸窸窣窣声，捧一卷《史记》坐于庭院细品，感受这有生命的历史江河蕴藏的无穷力量，感叹朝代的兴衰，领略其中蕴含的人生智慧，敬佩太史公的优秀治史传统与妙笔。品一杯香茗，才发现人生就在里面。当穿梭于历史时空时，仿佛尘世的时间就飞快流逝，斜阳已经映入庭院，鸟也已归巢，闲暇半日已过。

三毛说过："读书多了，容颜自然改变，许多时候，自己可能以为许多看过的书籍都成了过眼云烟，不复记忆，其实他们仍是潜在的。在气质里，在谈吐上，在胸襟的无涯，当然也可能显露在生活和文字里。"我一直认为自己的思想很封闭、保守、落后。以前我选择历史学专业时，认为三千年读史不外乎功名利禄，但当我看完一部部史学著作后，不禁发出"先天下之忧而忧，后天下之乐而乐""达则兼济天下，穷则独善其身"的感慨。作为一个当代的知识青年，仅为"蝇头微利，蜗牛虚名"所触动，心胸未免太狭隘。当年在日寇侵华，中华民族面临危亡时，章太炎先生号召国民读史，以激发爱国主义热忱。他说："夫读史之效，在发扬祖德，巩固国本，不读史则不知前人创业之艰难，后人守成之不易，爱国之心，何由而起？"我愿拿出巾帼不让须眉的意气，在浩瀚的史书海洋中探寻治世良方，将修身齐家治国平天下作为自己的毕生追求。

半亩方塘一鉴开，天光月影共徘徊。问渠那得清如许，为有源头活水来。学习新知识的根本途径是阅读，只有不断阅读，我们的修为才能在潜移默化之中得到升华！

（本文荣获吉首大学第二届"立人杯"读书征文大赛优秀奖）

送自己一片草原

马克思主义学院　梁喜红

关于书，关于文字，独处时才最能享受得淋漓尽致。从清晨到夜晚，从山野到书房，手边有书，一人独处也别有一番滋味。而这并不是说爱书之人必定是安静文雅之人，有些人在光怪陆离里有一片属于自己的简单静谧，喧嚣后有沉淀的平静，在一片大草原里做一匹奔腾的野马，我喜欢的三毛就是这样。

“这个世界的色彩与可观，在于每一个人对价值的看法和野心都大异其趣。有人爱书，有人怕输，一场人生，输赢之间便成了竞技场。”竞争恰好也不属于我。书不和人争，反而在书里可以任思想徜徉。更有时候，故事结束，合上书的那一刻，仿佛一个朋友的离开，再打开时，便是回忆满满。

想要练得马甲线，一天是练不出来的，需要长时间地慢慢积累。想要通过读书改变气质，也是一个长期积累的过程。《梦里不知身是客》里，三毛说：“读书多了，容颜自然改变，许多时候，自己可能以为许多看过的书籍都成过眼烟云，不复记忆，其实它们仍是潜在的。在气质里，在谈吐上，在胸襟的无涯，当然也可能显露在生活和文字中。”

但是读书，一定要是自己喜欢，而不是刻意。刻意的东西最累人。我最欣赏三毛形容的“蓦然回首，恰在灯火阑珊处”的惊喜，几年后，也许你会突然想起某个看过的句子读过的故事，突然领悟，潸然泪下。

真正读懂三毛是在今年暑假。她是个怎样的人呢，读《撒哈拉的故事》，我深深被大漠里的深沉吸引。这个野马一般的女人，她落寞时的孤寂不输于沙漠里大清晨的孤烟，她享受着横跨撒哈拉的快活，如同没有云彩的蓝蓝的天，像野马一样的洒脱快活，但我在她的家信里却又分明感到一种对“父母在，不远游”的想法的放不下。沙漠里有很多血淋淋的故事，大概那些浩浩荡荡的故事和看惯了的别离，让她慢慢归于平静。以至于当我读到《送你一匹马》这本书时，读着她一字一句的平淡表达，也在为她心疼。

书里有这样一个漫画。画中的男孩查里布朗突然想逃学一天，于是早上该起床的时候，推说头痛，死赖着不肯穿衣服。

“如果逃学一天，对整个的人生会有什么影响呢？”查理想了又想。他的答案是“没有什么影响”。那天查理没有去上课。

第二天他心虚地上学去了。

那一天，太阳照常升起，老师没有消失，课桌仍然在同样的地方，学校和小朋友的性命也没有改变，甚至没有人注意到，原来查理逃了一天的学。

三毛终究是会疲倦的，她答应了很多推脱不掉的讲座。一个学生不去参加，好像就像漫画里的小男孩一样并无大碍，而她的推脱却会让一群学生失望。她真的很累了，她常常在夜晚灯火通明，只是为了与自己独处。她提起自己的身体状况，也是轻描淡写而过，那又有什么呢。她想做自己喜欢做的罢了。我也是一个师范专业的学生，现在拥有的短暂的教学体验已经让我明白责任的沉甸甸。我常常累得梦到自己被五马分尸，哭完第二天，还是要继续生活。

“Echo，常常，你因为不能满足身边所有爱你的人对你提出的要求而沮丧，却忘了你自己最大的课题是生活。”生活总是这样，我们活着活着就多出来很多不愿意去做却必须要去做的事情，即使安心于生活，也忘了怎样去享受。

她说，愿意失去世间其他的娱乐和其他人眼中的繁华，只因能力有限。时间不能再分给别的经营，只为了书架上的书越来越多。

三毛的痛苦是在书里平复的，而书于我，亦是灵魂伴侣。踩着十九岁的尾巴，在花花世界里瞻仰更高的山和远方。青春的伤痛不言亦明媚，忧伤浅浅里，我不知不觉中交上了太多书中的朋友。

一个好农夫，当田就在你面前的时候你不能再去做梦。有书为伴之人，愿你有梦为马，送自己一片草原，随处可栖。

（本文荣获吉首大学第二届“立人杯”读书征文大赛优秀奖）

为你，千千万万遍

——读胡塞尼《追风筝的人》有感

化学化工学院　张　娟

如果我是在没有读到这本书之前先看到了这句话，我会认为，这便是世上最美的情话。从这本书里读到这句话后，我认为，这是世上最美的诺言。

卡勒德·胡赛尼是一个讲故事的高手。《追风筝的人》故事情节很精彩，也很流畅，读来并不需要费脑细胞，不需要你去反复咀嚼或者揣测某句话或者某个情节是不是具有草蛇灰线伏千里之外的效果。当然，我并不是说这部小说毫无文学技巧，相反，它的文学手法在我看来，毫不逊色于我们读过的许多堪称世界经典的小说著作。只不过，《追风筝的人》更加让我为外国作家的文学创作艺术叹服。

故事内容很简单，简单到我们现在在任何一部狗血连续剧里都可以找到相似的情节。背叛与救赎、忠诚与毁灭、懦弱与强大、原罪与升华。在灿若星辰的世界文学长河里，类似于这样情节的小说，更是比比皆是。但是，我想，能如胡塞尼这般不急不缓、娓娓叙来而撼动人心的怕也是不多见的。

首先说说主人公阿米尔，这个阿富汗贵族家的少爷，从小过着优渥的生活，父亲是一方绅士，富可敌国，慷慨大方，勇敢无畏，是人人敬仰的名流。而阿米尔却和他父亲的品性大有不同，他忧郁、懦弱，生性善妒，遇到问题总是本能地想逃避。做错了事情，也不能很好地自我反省，而是将责任一股脑推到别人身上。在他身上，人性中恶的成分占据上风。很多次，在读到他卑劣的做法时，我会咬牙切齿地恨。但是，在合上书的最后一页后，我知道，我不讨厌阿米尔，甚至，我深刻地理解了他身上与生俱来的那些劣根性。其实想想，我们每一个人，谁的身上没有缺点，谁又没有人性中的弱点？阿米尔犯下了罪孽，最终，他勇敢地扛起了所有的责任，他为了赎罪，甚至抱着必死的信念。我想，就算那个叫索拉博的孩子不是他的侄子，他也会为他挺身而出，甚至不惜以死相搏。因为，在成年的阿米尔心里，自己童年时对自己的仆人兼好朋友哈桑犯下的错误，是不可饶恕的。这么多年，他一直背负着沉重的愧疚不能释然。他一直在潜意识地躲避、逃离，他以为只要离哈桑远远的，那么，他的罪孽就会消除。可是，即便他离开了阿富汗，背井离乡到了美国，他依然会在异乡的噩梦中遽然惊醒，他依然会清晰地记起那个冬天，那条小巷，以及哈桑那件破旧的被扔到砖头堆上的灯芯绒裤子。所以，在打破平静的生活重新踏上那条危机重重的回国之路时，他不再犹疑，他知道，无论是生是死，他必须去，因为，那是一条让他“再次成为好人的路”。

我更喜欢哈桑。这个地位卑微的阿富汗男孩，他从一出生就继承了他父亲仆人的身份。他的母亲水性杨花，抛夫弃子，哈桑甚至都没有来得及好好看看那个生他的女人。而且，天不怜惜，这个不幸的孩子生来就是一个兔唇。可是，这一切并不影响他快乐地咧着兔唇微笑，不影响他快乐地生活、快乐地付出。为了他的小主人，那个叫阿米尔的少爷，哈桑愿意“为你，千千万万遍”。这样的誓言，美得让人流泪。为“你”，他早早起床做好早餐，熨好衣服，打点好上学的一切；为“你”，他挺身而出，将还大他一岁的“你”护在身后，和那些顽劣的孩子对峙；为“你”，他不顾一切地去追风筝，想让“你”在父亲、在族人、在所有人面前扬眉吐气；为“你”，他在经受了如此巨大的精神折磨后，面对你的诬陷选择默默承受，默然离开；为“你”，阿米尔少爷，这个叫哈桑的男孩，付出了他生命中可以付出的和不可以付出的全部。只是因为，“为你，千千万万遍”。哈桑出生学会的第一个词就是“阿米尔”，我猜想，这是不是就已注定了哈桑从骨子里会一直深爱着阿米尔少爷。他习惯于跟在他的身后，被他奚落，被他捉弄，被他当作可有可无的玩偶。他习惯于阿米尔少爷的光芒遮住自己，他甚至觉得能为他去死，都是一种荣耀。阿米尔少爷问他，如果我让你去吃土，你会吃吗？他说：“如果你希望我这么做，那么，为了你，我会的。”直至，为了替阿米尔少爷追回那只蓝色的风筝，哈桑付出了一生中最大的代价。其实他完全可以把那只风筝交出去，这样他就不会被那群恶魔一样的孩子欺凌。可是，他没有，为了阿米尔的荣誉。

读到那个令人发指的情节时，我的心在滴血。尤其是看到阿米尔眼睁睁地看着罪恶在眼皮底下发生，眼睁睁地看着自己最忠诚的朋友被欺辱，他居然因为懦弱或者内心里由来已久的宗教歧视而选择逃避。

哈桑的痛，不是被坏人欺辱，而是亲见自己舍命维护的阿米尔少爷在目睹自己处于困境时，居然无动于衷。我想，那一刻，哈桑的心碎得无以复加。这个可怜的阿富汗哈扎拉小男孩，他其实本可以有不逊于阿米尔的身份和地位。他和阿米尔拥有同样的血统，但是却没有拥有同样的命运。他同他的“父亲”阿里一样，终其一生都忠诚于自己的主人。他与生俱来的、奉安拉之名的宽容、善良、忠诚，让他面对谎言时不揭穿，面对背叛时不愤怒，面对离弃时不申辩……而所有这一切，皆是因为他卑微的种族身份和天性中的誓死守护。

阿米尔的父亲，一个声誉远播的阿富汗贵族，他的身上其实也存在着两面性。一面诚然如阿米尔，自私、怯懦、逃避；另一面，显现在他的另一个见不得光的儿子哈桑身上，忠诚、勇敢、宽容。他是一个矛盾的集合体，因为他的一时之错，他对生活撒了谎。他剥夺了阿里作为一个丈夫的尊严，他剥夺了哈桑知道自己真实身份的权利，他甚至把这个谎言给自己产生的苦痛转嫁到他的儿子阿米尔身上，所以处处苛责他，以至于阿米尔以为自己的父亲对自己的爱还不及对一个下人的儿子。这一切矛盾的根源，皆由此而产生。他极力去弥补，所以他清楚地记得哈桑的生日，也会买个他珍贵的生日礼物，会想方设法请专家来为哈桑治愈兔唇，会在阿米尔试探“想换一个仆人”时勃然大怒，恶狠狠地警告自己的儿子“哈桑哪里都不去，他会一直待在这儿……我们就是他的亲人”。他这句话当然是意蕴颇丰，只可惜他人不知道，他的谎言剥夺了所有人的知情权。

故事的演绎，让人难受。尤其是阿米尔设计陷害哈桑，为了赶走他。那个大雨天，哈桑面对自己最亲爱的人的构陷，丝毫不反抗。大雨滂沱，那是哈桑心中流不出来的泪水。他为了他——阿米尔少爷，付出了那么多，而他，却从来没有感动过，却处处与他为敌，在自己遭受了侮辱时，非但袖手旁观，而且之后还觉得他“脏”。或许，阿米尔忘记了，哈桑之所以会“脏”，都是为了他，甚至于成年后的哈桑为了替远在美国的旧主守护园子，舍弃了自己虽然贫穷但相对安稳的生活，以身犯险，结果夫妻双双被塔利班匪徒一枪洞穿了脑袋，留下孤苦伶仃的索拉博饱受塔利班的蹂躏。阿米尔哪里懂得，哈桑这一生，为了他，千千万万遍。

故事的后半部分，洋溢着浓浓的亲情，同样让人感怀。成年的阿米尔在深沉的罪恶感里苦苦挣扎，就如同他曾经彻夜难眠一样，他甚至认为自己的妻子索拉雅毫无理由的不孕都是真主对自己曾经犯下的过错的惩罚。终于，有一条“再次成为好人的路”摆在他面前时，阿米尔义无反顾。为了哈桑的儿子索拉博，他，也千千万万遍。

《追风筝的人》这本小说，叙事恢宏，情感细腻，语言利落，读来让人回味。而且，在这些文字里，你会看到一个你以前从不知道的第三世界。战争、死亡、流离、歧视、孤儿等等，这一切在文明国家都已成为遥远的历史，而在阿富汗，这些几乎每天都在上演。胡赛尼用深沉的文字，为你描绘了一个从天堂到地狱的阿富汗，他文字里对塔利班给美丽安宁的阿富汗带来的毁灭性灾难的谴责溢于言表。小说中有这样一个情节：一个装着假肢的男人，为了给自己的孩子换来救命的口粮，居然把自己的木头假肢拿去出售。我想，没有谁的内心可以强大到看到如此悲惨的情景而无动于衷。而小说中，这样震撼人心令人深思的地方还有很多。同样，我以为，“风筝”在这部小说里是一个美好的象征，哈桑穷其一生都在为“我”而追逐那只风筝，到最后，“我”替索拉博去追风筝，这样的结局，正是胡赛尼想传达给我们的：人性中的美好，会永远传递下去。

（本文荣获吉首大学第二届“立人杯”读书征文大赛优秀奖）

问 渠

医学院 张 星

朱子在半亩方塘前那一问，携万古遐思，跨越几个世纪，问出了宋儒哲思，问出了千古名句。我也总是想问，生活中，我们要怎样读书？读些什么书呢？

听闻钱穆九岁可诵三国演义，鲁迅背过《史记》在内的国学著作，茅盾对《红楼梦》也倒背如流。因此，从幼年开始读书，涉猎大量书籍，尤其是国学书籍，这大概是大文学家们共同的读书法则吧。

不知道其他孩子幼时第一本书是什么，我的第一本读物叫作《幼学琼林节选》，我初读的时候将白话与文言混读，大概读懂了意思，所说的多是“履端为首祚；人日是灵辰；献花椒颂，为祝遐龄”这一类轻松有趣的教诲之言。然而这本书我至今记忆深刻。它不似外国的《小王子》《格林童话》一类充满浪漫色彩的睡前故事，仅带给孩子一时欢愉。《幼学》教会我的，更多的是铭记中国传统的文化，比如书里将自然更替与传统节日无缝衔接：“七夕会牛女，家传乞巧之针。月朗中秋，唐帝神游于月府。”轻松的几句话便让我脑海里浮现七夕节牛郎织女会鹊桥，中秋节唐明皇游广寒的场景，通过读书，我隐隐懂得了自然人文和谐的道理，而这样的理解，对今天生长在外国文化浸染之下的中国孩子们犹如必需品。

长大以后，我特意将整本《幼学琼林》找到读了一读，发现其中卷二卷三中有许多摧残妇女和培养奴性的内容，已不适合现代的孩子读，也难怪我小时读的内容都节选自书中的天文地理和父子兄弟部分。由此可见，读古代传统书籍的确有益于增长我们的见识，但是要做到去腐存精，并不可一味盲从。

后来我听说一句古话：“读了《增广》会说话，读了《幼学》走天下”，如今的时代，《增广贤文》的内容仿佛太单纯，一味地“白云出岫本心无”似乎在物欲横流的社会说不上话，《幼学琼林》的教诲也许太老实质朴，“雪飞六出，预兆丰年”大概已然跟不上世界信息化、工业化的步伐。但是如果能够做到仔细阅读、用心体会其中真谛，或许就能明白，回归国学、回归本心的重要性，而这又恰恰符合《增广》所说的：“读书须用意，一字值千金”。

说到读书需用意，我不由得想到六一居士欧阳修。听闻唐宋八大家之一的欧阳修阅读时从不分地点，无论是骑马过长街或是靠首于枕上，向来是书不离手，又传闻犹太民族在书籍封面涂满蜜糖送给新生孩童，旨在让从孩子出生起就养成爱好书的习惯。我想，读书即使不必做到欧阳修的“马上、枕上、厕上”，起码也应该钟情于书，读好书，好读书。

有人说：“阅读，是消灭无知、贫穷和绝望的终极武器。”我深以为是。人生没有阅读，头脑便会空洞，而阅读，让人足不出户也能体会人生百味。拿我最近读的几本书来说，读《我与地坛》，从史铁生青年巨变的人生中，我学会坚强面对生命的不幸；读《一个人的朝圣》，从弗莱晚年远行的人生中，我懂得时间会宽恕生命的一切；读《活着》，从福贵孑孓一生的人生中，我明白生命的重量是如此沉重……茫茫书海，能够偶遇一本好书，从书中汲取力量，亦是我们作为读者之幸。

每每攀登岳麓山，看见岳麓书院里斑驳的桌椅，就仿佛听见千年前这里的琅琅读书声，朱子宣忠孝廉节，道林三百众，书院一千徒，古代读书人“四书五经”的说法从此开始。如今，斯人已逝，我们却正值读书的好年华，何不让大学生活重现岳麓书院的旧景，醉心书籍，涉猎古今，让一股股源头活水，浸润我们在现代网络文化暴晒之下逐渐干涸的心灵。

“问渠哪得清如许，为有源头活水来。”朱子几番推敲，如是说。朱子一问，几地沉思，问一声渠，各自了悟。

（本文荣获吉首大学第二届“立人杯”读书征文大赛优秀奖）

再读《红楼梦》有感

化学化工学院　熊　艳

红楼缘起绛珠草，沧桑世俗为谁生？

初读《红楼梦》，沧桑世俗终难悟，缘起缘灭不知因。金玉良缘，最后不知缘深缘浅；家破人亡，终究落得人去楼空。

她是一株清高孤傲，孤芳自赏的空谷幽兰；她是一枝一眼万年，情根深种的阆苑仙葩；她寄人篱下，处处小心翼翼，贾母问她可曾读过书？她说只读过“四书”。她问贾母四春读过何书？贾母说“不曾读书，识几个字罢了”。之后宝玉问她“妹妹读过什么书”？她便回答“不曾读书，上过一年学，识得几个字。”她满腹才华，时时援笔成诗，月明风清，满池荷花芬芳馥郁，她能吟出“寒塘渡鹤影，冷月葬花魂”而非“桃园芬芳尽，荷花始盛开”；而当桃花飘落、落花满地时，她又吟出“试看春残花渐落，便是红颜老死时；一朝春尽红颜老，花落人亡两不知”而非“落红不是无情物，化作春泥更护花”。为何她如此凄凉？

他是一位枉入红尘，天性纯真的神瑛侍者；他是一块目若秋波，面若桃花的无瑕美玉。他不畏世俗，混于姐妹之间，吟诗饮酒，其乐无穷。贾政让他在家中勤读书，他却去外面看戏饮酒，后因被诬陷私藏蒋玉函而被贾政暴打。他怜香惜玉，他惜晴雯性情爽直，却出身卑微；他惜黛玉天生丽质，娴静如娇花照水，行动如弱柳扶风，却红颜薄命。他曾为那弱柳扶风之人舍下自己所好，一切只为她能够安好；他曾为那娴静如花之人，发疯发狂，一切只因世事难料。

他们的爱情缘于木石前缘，却终于金玉良缘。他曾因林妹妹无玉而砸玉，也曾为宝姐姐有锁而藏玉。可是最终的结局依然是“苦绛珠魂归离恨天，病神瑛泪洒相思地”。黛玉含恨而终，只留下“宝玉！你好……”，一句不解之谜。宝黛之恋的终结，到底是金玉良缘的错，还是人情世故的错？

世事洞明皆学问，人情练达即文章

《红楼梦》是个人生宝库，“横看成岭侧成峰，远近高低各不同”。每看一次《红楼梦》都会有不一样的收获。这是我第三次看《红楼梦》，它并不是一部简单的爱情小说，也不是一部单一的家族败落史。其中有很多学问潜藏在故事人物当中。书中那些美好的女子们最后却无几个得到善终，其实这些结局都在宝玉在秦可卿房中午睡梦入太虚幻境所见到的十二金钗正副册上一一暗示。

秦可卿她能左右逢源，未雨绸缪。秦可卿在贾府可谓是最圆和的一个人，贾府上下人人称赞，人人疼爱，就连八面玲珑的凤姐跟她也是感情至深。在《红楼梦》第十三回，秦可卿知道自己即将不久人世，前来和王熙凤话别。当时，贾府还正处于运势上升期，整个家族可谓是权倾一时，尽享荣华。可是即使是在这个时候，秦可卿依然有居安思危的意识，谆谆叮嘱王熙凤及时做好家族的财富管理。秦可卿告诉王熙凤“常言：‘月满则亏，水满则溢。’又道是：‘登高必跌重。’如今我们家赫赫扬扬，已将百载，一日倘或乐极生悲，若应了那句‘树倒猢狲散’的俗语”，然后又提出了自己的解决方案——“趁今日富贵，将祖茔附近多置田庄、房舍、地亩，以备祭祀、供给之费皆出自此处；将家塾亦设于此。合同族中长幼，大家定了则例，日后按房掌管这一年的地亩钱粮、祭祀供给之事。如此周流，又无争竞，也没有典卖诸弊。便是有罪，己物可以入官，这祭祀产业连官也不入的。便败落下来，子孙回家读书务农也有个退路，祭祀又可永继。”短短的一席话，却深刻体现了秦可卿与众不同的家族财富管理理念，这也是可卿得到众人疼爱的原因之一。

宝钗容貌美丽,举止娴雅，为人含蓄端庄，在偌大的贾府中树立了一个谦谦君子的形象。袭人托湘云做活，她告知袭人湘云的难处，既成全了袭人，又维护了湘云；见黛玉怕吃燕窝粥兴师动众，她主动从家中拿出燕窝来替黛玉熬粥；见岫烟迫于贫穷典当棉衣时，她主动要来当票替岫烟赎出……她的淑女形象很快得到了贾府上下的广泛认可。湘云对黛玉说：“你敢挑宝姐姐的短处，就算你是好的。”袭人评价宝钗说：“真真的宝姑娘叫人敬重……真真有涵养，心地宽大……”就连素爱使小性的黛玉也对她推心置腹：“你素日待人，固然是极好的……竟大感激你，往日竟是我错了……”宝钗可谓是贾府上下处世最为成功的一位。

王熙凤翻手为云，覆手为雨。然而她的处世哲学，并不那么高明。她两面三刀、见风使舵、口是心非。虽然她精明强干，但她也有处事中的“短板”。首先，她没有团结好两个人，一个人是丈夫贾琏，另一个是婆婆邢夫人。她本是邢夫人儿媳，却在王夫人这边当家。除了王夫人是她姑姑外，最主要的一个原因就是王夫人这边是贾府正房，就在贾母身边。书中写尽了她如何奉承贾母，如何为王夫人出力，然而一旦贾母归西，一旦宝玉娶了一位精明能干的“宝二奶奶”，王夫人就会马上收回她当家的权力，邢夫人也会立即把她叫回贾赦住处，她在荣国府的权力就会马上失去保障。所以，王熙凤的处世哲学是有失偏颇的。

《红楼梦》是一部蕴含人生哲理、爱情故事、人物描写、家族败落史的伟大杰作。每读一次，都会感慨万千。

（本文荣获吉首大学第二届“立人杯”读书征文大赛优秀奖）

第六辑　书友留言

多读书，不油腻

◎ 欧阳仕君

已近中年“油腻”男，工作繁重，家事烦琐。事情一多，心思就不到书上了。

半个月前，于沙发一角见到《袁氏当国》后面的扉页被撕破，大惊。后来发现竟是未及一岁的小儿撕书来玩。我顿觉愧对作者，奋斗两夜，终于啃完。却还有几本早前翻动的书，不见踪迹。

书丢了不好问，问了会被骂：“买书又不看，买书干什么？”

真不知道什么时候把看书的习惯丢下了，也许是那连续一周的加班吧，也许是带娃的压力吧，也许是有了另外的爱好吧。

喜欢看书，可以追溯到识字起。难道这一习惯，就要丢下吗？

冷风吹拂的夜晚适合思考。以前看书，是为无知的自己打开一扇窗，透过书本，可以窥见未知世界。少年对成年世界、乡下人对城市、今人对古人的种种遐想，都是在书本中完成。人近中年，谋生的手段已臻熟练，一切世俗的、想要收获的基本收入囊中。

读书，似乎不再必需了。

前些日子，吉首大学“立人”读书沙龙又开讲，作为以前的“铁粉”，我收到了主持者胡建文老师的信息。主讲人是一位画家，难得还是隔壁市的，想来他行事讲话应当不用太注意本地文艺圈，我顿时有了兴趣。计算了一下时间，有空。

到现场，一看主讲人便是一惊：一个把自己遮得严严实实的老人，脖子都被高衣领围得严严实实，胡子还有半寸长，眼神游离在三尺之内，手持保温杯，走路既慢还略有驼背。套用时下的说法：“油腻”。

胡建文老师先声夺势一开场，主讲人却明显活泛过来，眼神放光，连抢话筒，不乏妙语，先前颓废之象、“油腻”之气一扫而光。主讲人自言，退休前，沉于世俗，怠慢笔墨；退休后为画而画，再攀高峰，恨不能向天再借五百年。

沙龙之后，“油腻”的定性在心中呼之欲出：安于现状、不思进取、得过且过，才是油腻的样子，无关年龄，无关着装。

油腻，是一颗心的疲惫、乏力、蒙尘。

岂不正是我现在的样子？

前天，另一本翻动的书找到了：《以自由看待发展》。上次困在序言，这次咬着牙，回环反复读，一字一字琢磨，总算有所理解。理解序言，一个新的世界打开，对身边熟悉得不能再熟的“精准扶贫”，对国家实施的民生政策，有了新的认识，更多了一份反思。

如果每天都有新的认识，又如何会“油腻”呢？多读书，不油腻。

（作者欧阳仕君，吉首大学校友，现为《团结报》记者）

一份视觉、听觉和心灵上的盛宴

◎ 张　悦

我不是第一次来参加立人读书沙龙的活动了，但每一次参与都能感受到活动组织者的用心。一场优质的读书沙龙，不同身份的参与者都能从中获得收获，这种收获能让短短两个小时变得有意义，也许还能够长时间影响一个人，这正是活动圆满的真正价值所在。

2017 年 11 月我独自来到吉首大学参加主题为“话说武陵风骨：画家、学者带你走进百年湘西风云人物”的活动。由于绘画领域对我来说完全陌生，加之当晚变天，毛毛细雨让出门都变得需要勇气。我在“来”与“不来”之间做了小会儿思想斗争，因为对往期立人读书沙龙质量的信任，我最终还是赶来了，也正是这个正确的决定，让我在接下来的 2 小时收获满满。

此次沙龙的主讲人舒湘汉教授谈及国画创作时，没有用到任何专业词汇，幽默风趣的表达和真挚亲切的情感交流，让我看到了一个已至花甲之年却充满童心的艺术家，以及他背后比作品本身更加难得的人格魅力。“画画落笔的那一刻，笔墨的技巧是最不重要也是最简单的，真正重要的，是创作者本人所拥有的思想高度。”舒教授一字一句地将这句话传递给讲座参与者。我们再去欣赏他的绘画作品时，则有了更加深刻的认识和理解。

活动中，湘西本土文化学者吕华明教授也就此次讲座主题“武陵风骨”阐释了自己的观点；青年评论家刘泰然博士则从美学角度告诉参与者欣赏画作的方法。这种“三足鼎立”的嘉宾搭配，让整个讲座的层次和角度丰富多元起来，加深了活动的深度性和专业性。现场可以直观直感地剖析画作，并且每幅画作旁配有相应人物的详尽介绍和历史故事，由此可见，活动组织者对活动场地的选择也是十分有心的。

作为立人读书沙龙的创始人、活动的主持人，胡建文老师为我们在寒冷的初冬夜晚献上了一份视觉、听觉和心灵上的盛宴，我们感动并感激，由衷希望立人沙龙一直办下去，并且越办越好。

（作者张悦，湘西州食闻书舍创始人）

我爱这书香之地

◎ 朱夕夜

那天晚上，我有幸在沈从文纪念馆参加了一期“立人”读书沙龙，这一期的分享嘉宾是优秀校友杨琳文。杨琳文说：“我喜欢看书，它能去除内心的浮躁，使我平静下来。”确实，我们能通过书籍获得很多精神上的动力，我喜欢他推荐的《沧浪之水》，我能够体会到书中主人公在生活中面对困难如何奋发图强，并在生活和学习中不断激励自己的精神。于是在这一期的读书沙龙后，我只要有时间便都会去“立人”读书沙龙聆听学习。

“立人”读书沙龙会邀请许多热爱读书的名人作家跟我们一起促膝交谈，分享他们读书的故事，或艰苦或有趣，时而哽咽痛哭，时而仰头大笑，每一次交流都让懵懵懂懂的我更加坚定。它不仅滋养了我们校内的老师学生，还吸引了来自社会各界的读书人，给热爱读书的人提供了一个指引、分享、交流的宝地。

生活在这样一个知识飞速发展的时代，我越发觉得我看过的书籍、学懂的东西太少，应该学的知识太多，我需要从书中吸取营养，充实头脑，提高自己，才能赶上这个对我们要求越来越高的时代。莎士比亚曾说：“书籍是全世界的营养品。生活里没有书籍，就好像没有阳光的树木不能健康地成长；智慧里没有书籍，就好像鸟儿没有了翅膀不能展翅高飞。”

“立人”读书沙龙，使我们每个人都体会到读书之乐，书这个亲密的朋友，是不会因为任何外界的干扰而离开你的，它给了我们很多东西，也让我们的人生快乐而又充实，并充满意义。

（作者朱夕夜，马克思主义学院2015级政教班学生）

感受读书的魅力

◎ 周婉珍

2017 年 4 月 23 日，这一日是世界读书日。傍晚时分，室友鼓励我参加“立人”读书沙龙的分享会。我的内心是忐忑的、惶恐的。毕竟到了大学，我很少看书，纠结半天，还是被室友拽出寝室门，跟随胡建文老师来到了乾州古城的一个幽静的茶楼里。

我们围坐在一张长桌前自我介绍时，我才知道，原来在座的不仅有吉首大学的老师、同学，还有社会上的热爱读书的人士，并且《头颅中国》的作者黄摩崖先生也来到了现场。第二个环节是阅读提问，我们向黄摩崖先生和各位老师提出有关阅读的理解与困惑。针对阅读经典，黄摩崖先生亲切地告诉我们，应该尝试通晓一本“经典”。在经典中读人、读人生、读社会，从而提高自己的智慧。第三个环节是读书分享。作为当代大学生，我和大部分同学一样非常依赖电脑和网络，离开了电脑和网络便会焦躁不安。胡建文老师为我们讲述了他从一名体育生到文人、作家的转变。幽默风趣的语言让我们忍俊不禁，当他谈及父母对于自己读书的支持时，我仿佛看到了叔叔那一代的读书与艰辛。同时我也明白了读书是为了成为更好的自己，所谓的“黄金屋”“颜如玉”，最终都不能解决内心的困惑、慌张与焦虑。

读书，是要回到最原始的快乐。读书使人美丽，鼓舞人奋进，培养人的灵魂。读书是一种人生态度，也是一种生活方式。我们作为年轻一代，不能整日沉溺在电脑和网络中，要让阅读成为我们的一种生活方式。

在这个轻松、和谐的读书沙龙中，我感受读书的魅力，认识了更多新朋友，同时我也会把读书之美分享给更多的人。

（作者周婉珍，马克思主义学院 2015 级政教班学生）

还没来得及说话，你已懂我眼神里的分享

◎ 许乐清

一个小小的地方，微黄的灯光，几张茶几，几把凳子，还有一群有着共同理想和情怀的书友。这个地方叫吉首大学的“立人读书沙龙室”。

我记性不太好，有趣的人、事、话记不完整，但参加读书沙龙时那种说不清道不明，跟棉花糖一样甜的感觉久久不会散去。印象最深的一次读书会是“浅浅书香留人醉”，一位老师忍不住当场向大家读了一篇《人生的指路明灯》，这样的一个举动，在我眼里，是像孩子般情不自禁地想向所有人分享自己的喜爱之物，想要获得心灵上的共鸣，因为我也常常忍不住这样。读书是孤独的，又是热闹的，孤独是有时自己须一个人体会文章里的酸甜苦辣，热闹的是有时我的阴晴圆缺可以和所有人分享。读书会上，有几位学长学姐、学弟学妹分享了他们的读书体会和心得。在他们小半生的时光里，藏着一本又一本的书籍，他们也成了一本妙趣横生，耐人寻味的未完结的书籍。在这些我已经当作朋友的人的分享里，我再一次体会到，书籍给予我们力量，赠予我们朋友，赐予我们云淡风轻念过往的从容和勇往直前不畏将来的勇气。因为书籍，我们永不会孤单，一直在成长。

字数有限，不再废话，我希望以后的一生有书相伴，有友相知。在吉大已有的时光里，多参加几次读书沙龙会，多体会一些寂静如水却落地有声的精神交流。

（作者许乐清，生物资源与环境科学学院2015级学生）

我是你“中读”不浅的粉丝

——致立人读书沙龙

◎ 向 朝

第一次知道“立人读书沙龙”是在大二，当时看到一张海报，上书“立人读书沙龙”六个大字，我顿时眸光一闪，高兴得就像捡了一个金元宝——这不正是我一直在寻的，那个思想碰撞的风云际会吗？沙龙会是在周五晚上，那一次开讲的恰是张建永教授，一个博学可爱、放荡不羁的“老顽童”。他操着沧桑洒脱的普通话站在台上，讲了一段沈从文与丁玲爱恨交织的历史。嬉笑怒骂，亦庄亦谐，张教授讲得很是痛快，我们听得更是兴意盎然。后面，我还大胆提了一问，因此喜获了一幅书法作品的奖励。

之后一遇沙龙，只要得空我便欣然追去，一听一问之间，我们进行着思想与知识碰撞的“板块运动”。

最后一次参加沙龙是在毕业典礼来临的前夕，这一次我自然又提问了，并且还得到了胡老师一套书的馈赠。会末胡老师热忱地说：“有人问我，为什么把沙龙取名‘立人’？我觉得，‘立人’在我的心里有三层含义。一是立人，读书能树立和塑造人的思想与品格，这也符合我们吉大的‘立人’精神；二是丽人，古人常言‘书中自有颜如玉’，读书能美丽和润养人的心灵；三是励人，凿壁偷光这个故事告诉我们，读书还能励人志向。所以，人生中最美好的事，莫过于读好书立好人。”这番意味深长的话，一下子写进了我的脑海，写进了我的内心，并成为我的人生这张即将向社会展开的白纸上第一个美好的寄语。

从第一次相会到最后一次道别，真的十分感恩有读书沙龙陪伴的这些日子，在一个少年认识和塑造自我的阶段，给了我强大心志的知识和思想。如今虽然已不在校园，但是我依然还是那个“中读”不浅的粉丝。来工作的地方时，我的行李中带的最多最重的就是书，工作忙完后，一个人、一本书、一盏灯、一间屋，我继续着自己的“立人读书沙龙”。

（作者向朝，文学与新闻传播学院2013级学生，现服务于由耶鲁大学和哈佛大学的中国毕业生联合创办，民政部批准成立的全国性公益组织黑土麦田）

让心灵得以安放

◎ 刘 群

罗曼·罗兰曾说，从来没有人为了读书而读书，只有在书中读自己，在书中发现自己或检查自己。而我觉得，我在读书沙龙中读自己，在读书沙龙中发现自己，在读书沙龙中检查自己，进而完善自己，并找到心灵的栖居之地。

在喧嚣忙碌的大学生活中，有这么一个大隐隐于市的地方，清新雅致，书香袅袅；有这么一群师生，谈古论今，和乐美好；有这么一段时间，读书交流，远离烦恼……这就是我们的吉首大学立人读书沙龙。

第一次去参加立人读书沙龙时，班导邱亮老师带着我们全班近五十位同学一起跨越两个校区，来到摆满一把把藤椅的砂子坳校区的读书沙龙的现场。很快，我就被那充满古朴典雅气息的沙龙室吸引了，以至于之后的每次沙龙我都罔顾来往于两个校区的不便，积极参与到火热的读书交流与讨论中。那时的我满怀刚步入大学的欣喜，对这种学术名家与普通学生面对面读书论道的形式很感兴趣，也对学术大家们严谨的治学态度与平易近人的学术风范崇拜不已。

参加了几次，我渐渐地发现，在嘈杂的大学生活中，静下心来学会读书并坚持读书实在是不容易，幸好胡老师组织了立人读书沙龙，并且已经颇具规模。在这里既可以得到名师、大家的答疑解惑，又可以跟同学们“坐而论道”，畅谈读书。

我很想大声说，立人读书沙龙是我心灵的栖息地。

（作者刘群，文学与新闻传播学院 16 中文班学生）

夜晚十一点的月光

◎ 刘　斌

2015 年 4 月，在一个海棠春，我在大田湾校区读书，与砂子坳校区隔了几里风的距离。吃饭时，我偶然听得了读书沙龙的消息，于是心生向往，一路快马加鞭而去。

席慕蓉说："在四月的末梢，生命正酝酿着一种芳醇的变化，一种未能完全预知的骚动。"我与读书沙龙，便是这一场天时、地利、人和的相逢。

主持读书沙龙的胡建文老师谈吐儒雅，眉宇间又格外英气，阴阳相济，仿若一个行走着的太极八卦图。可能是这环绕的竹藤椅和清新随意的氛围暖了我的心吧，我总觉读书沙龙有种江湖煮酒，围炉诗话的别样色彩。于是卸下这一身仆仆风尘，结下与沙龙的缘。

在读书沙龙这里，胸中所感、脑海滞困、昨梦录乃至天南地北之杂言，皆可以取来与到场嘉宾一一笑谈。我是个安静的姑娘，在这里却格外"话痨"，不去则已，去则定与旁人来一番"金话筒"争夺之战。

在这里，我认识了很多小伙伴、老师、校外爱书人士，他们十分有趣。其中更有毕业多年的学姐周改玲，我俩心性相投，谈天谈地。至今，我们仍旧保持着亲密的联系。

沙龙结束时往往已经星辰漫天，我从砂子坳校区赶回大田湾时，老钟也已响了 23 下。车子转身离去后，给我独自留下一段很长的玉兰路，或明或暗的灯火走在我左侧，我不愿与多事的闲风说话，只埋头，想着方才的事——在人生的任何镜头里，都应该有这样一个夜晚，满载一船思绪在星辉斑斓里缓缓归矣。此刻，享受过知识润泽的我，内心是丰盈的。

我静静地看着月亮，把自己站成一棵浓夜中的小树。风止时，沉默；风起时，飞舞……

（作者刘斌，文学与新闻传播学院 2014 级中文班学生，现为安徽大学硕士研究生）

附录：

立人读书沙龙汇总

（2016—2018）

第 26 期

主题：文化创意与乡村旅游

主讲嘉宾：张建永教授（教授、著名文艺美学家、文化创意学者）

第 27 期

主题：彩墨大湘西

主讲嘉宾：毛光辉（著名画家）　田涌（多元艺术家）

第 28 期

主题：阅读改变命运

主讲嘉宾：吴昕孺（著名作家、诗人，湖南教育报刊社编审）

第 29 期

主题：一个媒体人的自白

主讲嘉宾：欧阳仕君（《团结报》资深记者）

推荐书目：《华尔街日报是怎样讲故事的》（威廉·E. 布隆代尔）

第 30 期

主题：《平凡的世界》魅力何在

主讲嘉宾：贺绍俊（著名文学评论家、原《文艺报》常务副总编辑，《小说选刊》主编）

谭五昌（北京师范大学教授，著名文学评论家）

荐书目：《平凡的世界》（路遥）

第 31 期

主题：活在珍贵的人间——海子其人其诗

主讲嘉宾：谭五昌（北京师范大学教授，著名文学评论家）
刘大兴（诗人）
推荐书目：《海子的诗》（海子）　《面朝大海，春暖花开》（谭五昌）

第 32 期

主题：修身正己，为国为民
主讲嘉宾：尹砥延（教授）
推荐书目：《论语》《老子》《孟子》等

第 33 期

主题：2016 年度诺贝尔文学奖，为什么是他——鲍勃·迪伦？
主讲嘉宾：刘泰然（博士、教授、青年评论家）
林铁（博士、副教授、青年评论家）
黄摩崖（青年作家、词人、湘西州作家协会常务副主席）
欧阳文章（青年作家，湘西州作家协会副主席）
推荐书目：《答案在风中飘》《像一块滚石》（鲍勃·迪伦）

第 34 期

主题：小说创作与阅读心得
主讲嘉宾：王跃文（湖南省作家协会主席，著名作家）
推荐书目：《红楼梦》（曹雪芹）、《国画》（王跃文）、《朝夕之间》（王跃文）、《大清相国》（王跃文）

第 35 期

主题：人文精神：在“上帝之手”与“擦边球”之间
主讲嘉宾：龙佩林（教授、硕士生导师）
万义（博士、副教授）

第 36 期

主题：中国农业向何处去
主讲嘉宾：蒋辉（博士、副教授、硕士生导师）
推荐书目：《改造传统农业》（舒尔茨）

第 37 期

主题：像散文诗一样生活

主讲嘉宾：冯明德（著名诗人、《散文诗》总编辑）
推荐书目：《散文诗》（冯明德）

第 38 期

主题：重建中国文化的高贵精神
主讲嘉宾：刘泰然（博士、教授、青年评论家）
　　　　　黄摩崖（青年作家、湘西州作家协会常务副主席）

第 39 期

主题：沈从文的生命态度与生命张力
主讲嘉宾：张建永（教授、著名文艺美学家、文化创意学者）

第 40 期

主题：大学校园新闻写作
主讲嘉宾：戴林富（研究员、硕士生导师）

第 41 期

主题：用“心”闻写新闻
主讲嘉宾：李洪雄（副研究员）

第 42 期

主题：话说“湘西风骨”
主讲嘉宾：舒湘汉（教授、画家）
　　　　　吕华明（教授）
　　　　　刘泰然（博士、教授、硕士生导师）

第 43 期

主题：心的深处有个宇宙——从现代诗中醒来
主讲嘉宾：吴昕孺（著名作家、诗人，湖南省诗歌学会副会长）
推荐书目：《心的深处有个宇宙——从现代诗中醒来》（吴昕孺）

第 44 期

主题：“掌心朝上”致青春——石慧琳诗歌赏读会
主讲嘉宾：吴昕孺（著名作家、诗人，湖南省诗歌学会副会长）
　　　　　陆群（教授、博士生导师）
　　　　　刘泰然（博士、教授）

黄摩崖（青年作家、湘西州作家协会常务副主席）
欧阳文章（青年作家、湘西州作家协会副主席）
推荐书目：《掌心朝上》（石慧琳）

第 45 期

主题：天空高远，生命苍茫——胡建文诗歌品读会
主讲嘉宾：田茂军（教授、硕士生导师、湘西州文艺评论家协会主席）
陆群（教授、博士生导师）
刘泰然（博士、教授）
黄摩崖（青年作家、湘西州作家协会常务副主席）
欧阳文章（青年作家、湘西州作家协会副主席）
推荐书目：《天空高远　生命苍茫》（胡建文）

第 46 期

主题：王阳明的“知行合一”学说
主讲嘉宾：易小明（教授、博士生导师）

第 47 期

主题：湖湘文化漫谈
主讲嘉宾：郑佳明（著名文化学者，原湖南省委宣传部副部长）
黄伟祥（知名媒人，湖南名人网总编辑）

第 48 期

主题：浅浅书香留人醉
主讲嘉宾：吉首大学第二届“立人”杯读书征文比赛获奖代表

第 49 期

主题：把青春写成一篇最美的散文——“90 后”校园作家刘斌散文集《我与笔茧的苦恋》品读会
主讲嘉宾：田茂军（教授、硕士生导师、湘西州文艺评论家协会主席）
覃新菊（教授、硕士生导师）
刘泰然（博士、教授、硕士生导师）
张昌爱（作家、《旅游散文》总编辑）
欧阳文章（青年作家、湘西州作家协会副主席）
推荐书目：《我与笔茧的苦恋》（刘斌）

第50期

主题：《毕兹卡族谱》——湘西边城的百年孤独

主讲嘉宾：尹砥廷（教授）

黄青松（作家、湘西州作家协会主席）

欧阳文章（青年作家、湘西州作家协会常务副主席）

推荐书目：《毕兹卡族谱》（黄青松）

第51期

主题：校园新闻写作漫谈

主讲嘉宾：戴林富（研究员，硕士生导师）

第52期

主题：如何发现新闻

主讲嘉宾：欧阳仕君（《团结报》资深记者）

第53期

主题：高校校园文学社团的困境与出路

主讲嘉宾：何小平（博士、副教授、硕士生导师）

第54期

主题：乡村振兴与雪峰山旅游扶贫模式探索

主讲嘉宾：张建永（教授，著名文艺美学家、文化旅游研究专家）

推荐书目：《乡村振兴与雪峰山旅游模式探索》（张建永）